L'éveil de votre enfant

Chantal de Truchis

L'éveil
de votre enfant

Le tout-petit au quotidien

Préface du Pr Bernard Golse

Illustrations de Ginette Hoffmann

Albin Michel

Collection « Bibliothèque de la famille »
dirigée par Mahaut-Mathilde Nobécourt

À Gilles et à Manuel.
À Séverine.

Préface à la 3ᵉ édition

C'est évidemment un grand plaisir pour moi que d'avoir été invité à préfacer la troisième édition du livre de Chantal de Truchis, psychologue de la petite enfance dont les réflexions viennent à point nommé dans notre contexte socioculturel si particulier.

Depuis 2007, j'ai l'honneur de présider l'Association Pikler-Lóczy de France, et c'est dans ce cadre que j'ai eu l'occasion de rencontrer et d'échanger avec Chantal de Truchis.

Comme elle, je suis impressionné par les travaux de l'Institut Pikler-Lóczy de Budapest, qui a été fondé en 1946 par la pédiatre Emmi Pikler afin d'accueillir de très jeunes enfants, rescapés de la tourmente qui s'était abattue sur l'Europe, et notamment sur l'Europe centrale du fait de la deuxième guerre mondiale, institut qu'elle a voulu faire bénéficier de toute son expérience acquise au domicile des familles.

Certains de ces enfants étaient littéralement privés d'histoire, sans prénom, sans nom, et sans récit possible de ce qu'ils avaient vécu.

Les équipes de Lóczy ont alors pu mesurer à quel point il était difficile de s'occuper d'enfants dont l'on ne sait rien, et elles ont, de ce fait, développé une remarquable professionnalisation des soins qui a fait école depuis, dans le monde entier, et notamment en France, grâce aux travaux de Myriam David et Geneviève Appell[1].

---

1. M. David et G. Appell, *Lóczy ou le maternage insolite*, CEMEA, Éditions du Scarabée, Paris, 1973 et 1996, et Érès, coll. « 1001 BB – Bébés au quotidien », Ramonville-Saint-Agne, 2008.

Depuis sa fondation, plus de 4 000 enfants ont été accueillis dans cette institution très originale, qui demeure en grande partie « pilote, » en dépit du temps qui passe, et dont les réflexions inspirent désormais plus d'une trentaine d'associations dans le monde qui se réclament de « l'atmosphère thérapeutique » conceptualisée à Lóczy, en cherchant à utiliser les principes qui la sous-tendent dans le soin aux enfants en difficulté, mais aussi, et ceci de plus en plus, dans le soin aux enfants tout-venants qui peuvent, eux aussi, en tirer un très grand profit.

Et c'est là que cette réédition remaniée du livre de Chantal de Truchis m'apparaît aujourd'hui si utile et si nécessaire.

Il y a en effet une tendance lourde dans nos sociétés occidentales actuelles à ne plus laisser le temps suffisant aux bébés, d'être bébés.

Ceux-ci sont de plus en plus rares, et donc de plus en plus précieux, mais en même temps de plus en plus tardifs dans la vie des couples : on leur demande alors d'être de plus en plus vite autonomes, en les privant ainsi d'un droit à l'enfance qui fait pourtant intégralement partie des droits de l'enfant.

Or la qualité de chaque étape du développement conditionne, bien évidemment, la qualité des étapes ultérieures, de même que les fondations d'un édifice conditionnent la solidité des étages supérieurs.

Cette vision de l'enfant et de l'enfance par nos sociétés s'avère, en fait, profondément ambivalente dans la mesure où elle idéalise les bébés (qui seraient notre dernière utopie...) tout en les rendant prisonniers de nos anticipations anxieuses et de nos attitudes de forcing qui renvoient à une culture de l'efficacité et de la rapidité.

Il me semble que cette ambivalence se trouve liée à celle que tout adulte entretient à l'égard de sa propre enfance, mais qu'elle se fonde aussi sur un rapport de pouvoir auquel les adultes ont beaucoup de mal, en général, à renoncer envers les enfants.

Renoncer à ce pouvoir suppose, en effet, de faire véritablement confiance à l'enfant, à ses rythmes internes de développement (dont dépend l'harmonie des acquisitions), aux bienfaits de la liberté motrice et au fait, finalement, que sur le fond d'une attente tranquille de la part des adultes, les différents apprentissages **se font toujours en leur temps**, sans qu'il soit besoin d'accélérer les choses de manière inconsidérée.

Chantal de Truchis est une observatrice attentive des tout-petits, et elle a accumulé une expérience extrêmement précieuse, pour les professionnels de la petite enfance, mais aussi – et d'abord – pour tous les parents.

Il importe donc que ce livre soit lu, bien entendu, par les parents eux-mêmes, mais aussi par les professionnels de la petite enfance (puéricultrices, éducatrices de jeunes enfants, assistantes maternelles...), par les médecins et par les pédiatres qui pourront ainsi le conseiller aux parents ou futurs parents, car il n'est en rien un manuel théorique ou abstrait.

Il est empli d'informations précises et de conseils tout à fait concrets, simples et profondément cohérents avec les perspectives évoquées ci-dessus, mais il cherche surtout à aider les parents à trouver leurs propres solutions dans une démarche compréhensive des difficultés de leur enfant, et à aménager ainsi les conditions d'un développement harmonieux.

De ce fait, en cas d'interrogation des parents sur les attitudes à avoir pour aider leur enfant à grandir, ou devant telle ou telle difficulté de leur enfant, ce n'est plus leur impuissance ou leur inquiétude devant l'expertise supposée des professionnels qui prévaut, mais bien au contraire la qualification ou la requalification des parents. Ils peuvent alors reprendre confiance en leur aptitude et leur compétence personnelle à trouver des réponses adéquates à leurs bébés, et qui soient leurs propres réponses, véritablement.

Par rapport aux éditions précédentes, quelques remaniements et modifications ont vu le jour, mais l'architecture d'ensemble demeure.

Parmi les huit chapitres qui composent l'ouvrage et qui sont tous fort instructifs, je suis personnellement particulièrement sensible à ceux qui traitent des soins quotidiens, de la liberté de mouvement, des jouets et des aménagements propices et, enfin, du droit à l'émotion.

Il me semble, en effet, qu'on y retrouve des éléments clefs de l'expérience de l'Institut Pikler-Lóczy : notamment des éclairages sur la manière dont les parents peuvent aider leur enfant à contenir ses émotions et à accepter les règles de la vie sociale, et sur la nécessité qu'il y a de savoir aménager les séparations, souvent trop banalisées, afin qu'elles ne viennent pas menacer la sécurité intérieure.

Oscar Wilde disait : « Donner des conseils est une mauvaise chose, en donner des bons est une catastrophe ! »
Ce livre fait, fort heureusement, mentir Oscar Wilde, en nous montrant comment des informations et des conseils très simples peuvent venir, au contraire, renforcer le sentiment de compétence des parents et des professionnels quand ce sont des conseils qui partent réellement de l'enfant, et de sa dynamique interne.

Merci, donc, à Chantal de Truchis pour la remise à jour de ce beau travail qui mérite incontestablement un large succès à une époque où une culture d'expertise vient souvent, hélas, renforcer un bien dommageable fantasme d'incompétence des parents alors même qu'ils ont, au contraire, fondamentalement besoin de se sentir qualifiés quant à leur capacité naturelle à savoir ce dont leur enfant a authentiquement besoin.

Professeur Bernard Golse[1]

---

1. Pédopsychiatre-psychanalyste / Chef du service de pédopsychiatrie de l'hôpital Necker-Enfants malades (Paris) / Professeur de psychiatrie de l'enfant et de l'adolescent à l'université René-Descartes (Paris-5) / Inserm, U669, Paris, France / Membre du Conseil supérieur de l'adoption (CSA) / Président du Conseil national pour l'accès aux origines personnelles (CNAOP) / Président de l'Association Pikler-Lóczy de France (APLF).

Introduction

« Le génie est l'enfance retrouvée à volonté. »

Charles Baudelaire

Depuis de nombreuses années, les médias se sont fait l'écho des découvertes sur les compétences du nourrisson. Le bébé est à l'honneur, sinon à la mode.

Pourtant, en 1930, le Dr Emmi Pikler, pédiatre à Budapest, avait déjà eu une intuition de ces « compétences », qu'elle put confirmer au cours de ses visites à domicile, où elle observait les bébés en présence de leurs parents. Elle remarqua en particulier à quel point le bébé est un réel partenaire, à qui l'on peut parler et qui est capable de développer ses possibilités motrices si on lui en donne l'opportunité. En 1946, elle prit la direction d'une pouponnière, l'Institut Lóczy, ce qui lui permit d'approfondir et de mettre en œuvre ses conceptions de l'épanouissement du bébé, et de définir ce dont il a besoin pour grandir de manière harmonieuse. En 1971, les centres d'entraînement aux méthodes d'éducation active (CEMEA) et, en 1973, le livre de Geneviève Appell et du Dr Myriam David, *Lóczy ou le maternage insolite* firent mieux connaître en France les travaux d'Emmi Pikler et de son équipe.

J'étais alors psychologue de la petite enfance dans un service de pédiatrie et dans des crèches de la région parisienne. Avec curiosité d'abord, puis avec de plus en plus d'intérêt, j'ai regardé les films et lu les écrits qui venaient de Lóczy, puis je suis allée voir sur place. J'ai pu alors observer chez ces bébés d'étonnantes capacités à agir par eux-mêmes et avec un grand plaisir, à faire de nouvelles expériences, mais à un rythme propre à chacun. J'ai vu chaque enfant progresser régulièrement. J'ai pu constater combien cette possibilité de « construction active de soi » était un atout important dans le développement harmonieux de la personnalité.

J'ai appris à regarder les bébés, à essayer de partager leur joie de grandir et aussi leurs tristesses, voire leurs souffrances, et j'ai vu comment un enfant pouvait progresser quand on lui faisait confiance. En même temps, je suivais avec le plus grand intérêt plusieurs séminaires de Françoise Dolto, qui appréciait elle-même vivement les travaux d'Emmi Pikler. C'est alors que la vie m'a fait cadeau de deux petits garçons : extraordinaire confirmation de tout ce que j'avais pu observer, mais aussi difficile remise en cause personnelle, qui rejoignait tellement ce que les parents, les mères en particulier, avaient pu me confier au cours de ma vie professionnelle.

Cette conception de l'enfant « acteur de son développement » (ainsi que le respect et les exigences qui s'y rattachent) est de plus en plus connue des professionnels, en France et à l'étranger (autres pays d'Europe, États-Unis et Amérique latine). Elle sert aujourd'hui de base à l'organisation de la vie des enfants dans un grand nombre de crèches et de lieux d'accueil. Beaucoup de puéricultrices, mais aussi de pédiatres, de psychologues, essaient de la faire connaître aux parents, aux assistantes maternelles et aux personnes qui s'occupent des jeunes enfants.

J'ai participé moi-même à ce travail et partagé l'intérêt souvent passionné pour tout ce que nous apporte la réflexion à partir des « idées de Lóczy » et des résultats de ces recherches. C'est dans ce sens que je souhaitais, à travers l'ensemble de mes expériences professionnelles et personnelles, vous communiquer ces découvertes, vous apporter des éléments de réponse à cette question : « Comment nous, parents, pouvons-nous aider notre enfant, concrètement, à être ce participant actif, à être acteur de sa propre croissance ? » Que toutes ces connaissances ne restent pas le privilège de spécialistes, mais soient largement diffusées dans le grand public.

C'est une affaire de confiance en lui – et en vous – mais aussi d'un certain savoir-faire et d'un savoir-être. Le bébé est là pour vous guider. Les indications qui vont suivre peuvent vous permettre de mieux le regarder et de vous faire vous-même votre opinion. En observant votre bébé, vous pourrez mieux le comprendre et savoir ce qui lui convient.

Vous verrez pourtant que la vie avec un bébé s'accompagne aussi de fatigues, d'incertitudes, voire d'angoisses. Ilya Prigogine, prix Nobel de biologie, a écrit : « Le vivant fonctionne loin de l'équilibre. » Aucune croissance d'enfant ne se fait sans à-coups, aucune vie d'adulte n'est idéale et sans difficulté. L'arrivée d'un enfant dans un couple remanie profondément la manière d'être de chacun des parents, réveille des émotions profondes, anciennes, souvent inconscientes et parfois très inattendues. Des difficultés surgissent inévitablement, qu'on les imagine venir plutôt de l'enfant ou de soi, de son conjoint ou de l'environnement. Il y a forcément des moments de souffrance, d'inquiétude, de déception peut-être, la vie est ainsi. Nul n'y échappe.

Pourtant, chaque être humain porte en lui la capacité d'être parent.

Ne redoutez pas tous ces spécialistes dont parlent les médias, et ne pensez pas que des professionnels feraient mieux que vous. Faites-vous confiance !

Les premières années de la vie sont importantes pour le bébé, mais aussi pour ses parents. Vous allez découvrir d'autres facettes de votre personnalité que vous ignoriez peut-être : amour, tendresse, attention, responsabilité, et tous ces sentiments protecteurs à l'égard d'un tout-petit. **Votre enfant fera de vous ses parents.** Vous trouverez aussi beaucoup de plaisir avec lui, de ce plaisir qui recharge en énergie.

Ce livre est une conversation, avec toute la spontanéité, la simplicité mais aussi les limites d'une conversation. Il serait plus simple de le lire avant la naissance de votre bébé, car vous pourriez ainsi vous familiariser avec ces idées et en parler entre vous. Vous pouvez aussi le lire en famille, si des grands frère(s) et sœur(s) attendent la venue du nouveau bébé : ils y trouveront également des idées pour s'occuper de lui, d'une certaine manière. C'est un livre que l'on peut lire et relire, en particulier les jours difficiles !

J'aurai toujours présente à l'esprit la grande diversité de situations dans lesquelles se trouvent actuellement les jeunes enfants :

• Il y a l'enfant qui est à la maison avec une maman n'ayant pas d'activité professionnelle à l'extérieur, et qui peut en être satisfaite ou exaspérée, les deux se produisant souvent en alternance et ce sentiment pouvant évoluer avec le temps.

• Il y a l'enfant qui est à la crèche ou chez une assistante maternelle pendant la durée du travail des parents, lesquels sont satisfaits ou non de cette situation, ou bien gardé à la maison par sa grand-mère ou par une personne étrangère.

• Il y a l'enfant unique et l'enfant entouré de frères et sœurs, les familles isolées et celles où l'animation est permanente, les grands-parents jeunes et présents ou au contraire très éloignés...

• Il y a toutes les différences entre enfants : l'un naît vif, rapide, et sera tout de suite dans le mouvement, l'autre est concentré, plus lent, plus intérieur ; l'un est tonique et en bonne santé, l'autre est fragile ou plus fatigable... Quelques-uns ont déjà vécu dans leur courte vie des moments difficiles : prématurité, maladie, hospitalisation, séparation d'avec leurs parents.

• Il y a enfin toutes les différences entre parents, selon l'éducation reçue, l'histoire de chacun, des convergences de vues à l'intérieur du couple ou au contraire de grandes différences.

• Enfin, il m'est apparu nécessaire d'actualiser mes propos du fait de l'évolution très rapide des modes de vie : l'hyperinvestissement des enfants petits avec des aménagements et des jeux de plus en plus sophistiqués, la pression exercée sur les parents pour qu'ils développent des activités proches de l'hyperstimulation, le souci que les enfants soient « constamment heureux »... Et, en même temps, une certaine légèreté dans la manière de les faire « garder », et leur inquiétude croissante devant l'exigence des petits, leur agitation parfois, leur difficulté à se concentrer. Nombre de parents se disent débordés par leurs enfants, même petits. Les observations que j'ai ici rassemblées permettent de trouver des éléments de réponse et des solutions adéquates à ces problèmes actuels.

Certains d'entre vous jugeront assez évident l'esprit de ce livre, ils y trouveront une confirmation et des idées concrètes pour mettre en application ce qu'ils pensent déjà. D'autres seront étonnés, voire inquiets, à l'idée qu'il n'est pas nécessaire de stimuler leur enfant ; ils auront du mal à se détacher de l'idée de précocité, de compétition. Certains, très consciemment ou non, donnent beaucoup de place à l'autorité. D'autres pensent : « On verra bien, ils sont encore si petits ! » Certains sont naturellement confiants, d'autres aussi naturellement inquiets ! Les situations matérielles, professionnelles, financières, de logement, etc., ont aussi une grande influence sur la manière d'être avec les enfants.
Pour ces multiples raisons, nous éviterons le systématisme d'une « méthode » qui serait infaillible : nous devons apprendre à écouter, à regarder et suivre alors, mais avec un certain savoir-faire, la voie que nous montre cet enfant, puisque maintenant nous savons qu'il porte en lui l'énergie vitale qui le fait avancer dans sa voie à lui, celle qui lui convient.

1
Découvrir un bébé

« Bien des mamans apprendront avec stupéfaction ce qu'est l'expression de la vie chez un bébé jusqu'à 18 mois, lorsqu'il n'est pas élevé en fonction de ce qu'il est bien ou mal de faire, mais en fonction de ce que l'enfant aime faire, c'est-à-dire jouer avec les difficultés. C'est l'exercice de ses possibilités qui fait de l'enfant un sujet sain dont on pourra plus tard solliciter des efforts auxquels il consentira librement, pour le plaisir de se sentir mieux vivre. »

Compte rendu d'une conférence faite en 1949 à l'École des parents, où le Dr Françoise Dolto évoque le livre, « remarquable », dit-elle, du Dr Emmi Pikler (*Que sait faire votre bébé*, La Bibliothèque française, 1948) qu'elle vient de découvrir.

La découverte du bébé est l'objet de ce livre, mais il s'agira de votre bébé en particulier. Pour l'instant, nous ferons rapidement le point des découvertes actuelles sur lesquelles tout le monde s'accorde, pour voir ensuite ce qu'ont apporté les recherches de l'Institut Pikler à Budapest et terminer ce chapitre par quelques mots sur le plaisir du bébé... et celui des parents !

Les découvertes récentes sur les bébés

Prolongeant les travaux des psychanalystes, les études récentes s'accordent à dire ceci : le bébé est une personne qui, dès le jour de

sa naissance (peut-être avant ?), va chercher activement à prendre conscience de ce qu'il est, lui, et de ce qu'est son entourage. Prendre conscience, s'apercevoir de la différence :
– entre lui, qu'il va commencer à connaître, et autrui, c'est-à-dire maman, papa, les autres ;
– entre lui et l'environnement, son lit, les objets.

• Rendez-vous compte que le bébé de quelques jours ne fait pas la différence entre son corps, ses bras, ses jambes et son lit, entre lui et le nounours que vous placez toujours à côté de lui... qu'il ne fait pas la différence entre lui et vous. La répétition régulière des sensations, des mouvements, des odeurs, des paroles va lui permettre très progressivement de repérer une succession, puis de différencier ce qui vient de lui de ce qui apparaît sans qu'il ressente quelque chose dans son corps (donc ce qui n'est pas lui).
Sachez que ce travail ne se fait pas automatiquement, comme la croissance physique, la digestion, etc. Dès le début de sa vie, un enfant est actif et possède un début de conscience.

> Cédric est né il y a une demi-heure, l'infirmière lui fait une toilette « active » (!) sous une forte lumière. Il pleure et se recroqueville. Quand elle s'arrête dans un coin plus sombre pour parler à sa collègue, le papa, qui l'observe derrière la vitre, le voit se détendre, soulever une paupière et arrêter de bouger quelques secondes « comme s'il se dépêchait de regarder où il était »...

• Un tout petit enfant cherche déjà à **comprendre le monde nouveau dans lequel il se trouve** : à 3 ou 4 mois, vous le verrez cinquante fois passer le bras devant son visage. Ne croyez pas qu'il s'agisse de gestes hasardeux et incohérents. Il expérimente une certaine sensation (que nous, adultes, savons être la sensation du mouvement de son bras) et une autre (que nous, adultes, savons être l'image de sa main passant devant ses yeux).
Un bébé passe son temps à découvrir quelque chose par hasard puis à rapprocher cet élément nouveau de ce qu'il connaît déjà. Il fait un nombre infini d'exercices en prenant conscience et en cherchant des rapports. Quel rapport existe-t-il entre la sensation de ce bras et l'image devant les yeux ?

• Puis surgira l'acte volontaire : il suscitera lui-même cette sensation (bouger son bras) et il verra apparaître l'image devant ses yeux. Par la répétition de cet exercice apparaîtra la notion que le lieu de cette sensation (le bras) est attaché à lui-même, qu'il n'y a que lui qui puisse la créer, etc. Quand vous voyez votre bébé de quelques mois remuer bras et jambes, sachez qu'il « pense » en même temps, d'une certaine manière, qu'il est continuellement en train de tirer un profit, un enseignement, de ce qu'il vit. Les milliards de cellules de son cerveau (les neurones), qui sont encore vierges, sont petit à petit et successivement traversées par une sorte de courant qui les anime (comme le circuit d'un ordinateur). Elles vont garder des traces, et chaque nouvelle expérience va enrichir l'ensemble des précédentes. C'est ainsi toute une activité absolument fabuleuse qui se passe dans le cerveau de votre bébé. Il ajoute chaque fois une infime pièce à l'immense puzzle qu'il a entrepris de construire.

Et vous pouvez avoir autant de respect que d'admiration devant un bébé qui, par exemple, a réussi à saisir un petit objet dans chaque main. Ses mouvements, mal dirigés, font qu'il frappe un objet contre l'autre et qu'il entend un bruit. Regardez son étonnement, il a dans le regard une sorte de perplexité, et, s'il a gardé en main ces deux objets, il va maladroitement agiter ses deux bras comme pour chercher ce qui a pu se produire, peut-être chercher à le reproduire.

Si vous essayez de vous représenter cet intense effort de compréhension d'une part, de maîtrise d'une sensation puis d'un mouvement d'autre part, vous ne pouvez qu'être impressionné(e) du travail que cela représente, de la concentration que le bébé manifeste. Et vous le respecterez assez pour ne pas l'interrompre...

• Mais, de même qu'il ne peut y avoir croissance physique sans nourriture, il ne peut y avoir croissance motrice, intellectuelle et affective sans sécurité affective et physique. On le sait depuis longtemps : dès sa naissance, et même avant, le bébé est un être de relation. Il ne peut se développer que dans les échanges avec les adultes (échanges d'amour, le mot amour n'ayant pas la même signification quand il s'agit des parents et quand il s'agit de personnes autres qui s'occupent de lui).

Comme le petit enfant est actif dans cette construction et que ses moyens sont très limités, il ne pourra construire une cohérence que si le nombre de personnes et d'expériences est limité.

Françoise Dolto a expliqué magnifiquement comment l'enfant va construire la représentation qu'il a de lui, son identité, en s'enracinant dans la relation à ses parents, biologiques ou non, à ce qu'elle appelle « la personne tutélaire » ; pour plus de commodité, nous dirons « sa mère et son père ».

Si l'enfant n'est pas assez nourri d'attention dans cette relation, ou si cette relation se trouve brusquement rompue – pour des moments courts ou longs –, le bébé perd en quelque sorte son support intérieur. Car c'est l'attention (en général l'amour) de sa mère et de son père pour lui qui le maintient en vie psychique. C'est grâce à cette attention qui d'une certaine manière passe à l'intérieur de lui que, peu à peu, il deviendra plus solide et, parallèlement, aura moins besoin de ses mère et père.

• Le dynamisme interne du bébé ne peut donc se libérer pleinement que si celui-ci se sent en **sécurité affective**, et physique aussi bien entendu. Dans la mesure où le bébé cherche lui-même à se repérer, à prendre une place et à développer ses possibilités, c'est pour lui un réel travail, source de fatigue mais aussi d'inquiétude dès qu'il se révèle trop difficile.

Un bébé est fragile, il peut rapidement devenir inquiet, voire angoissé, pas forcément à cause de « l'angoisse de sa mère » (ce qui est un cliché facile) mais parce qu'il ne peut pas réussir ce à quoi son dynamisme interne le pousse : comprendre le monde nouveau dans lequel il se trouve et développer ses capacités (c'est trop difficile ou, à l'inverse, l'environnement est trop pauvre pour lui permettre d'investir ses possibilités).

Quand vous parlez à un tout-petit en vous adressant bien spécifiquement à lui, il vous regarde intensément. Vous sentez qu'il y a en lui quelque chose qui cherche à comprendre et à communiquer.

Nous savons que ses capacités de compréhension par le langage sont étonnantes, bien que nous ignorions par quels mécanismes un bébé de quelques heures intègre tant de choses des mots qui lui sont adressés[1].

Nous savons que le comportement d'un bébé change quand nous lui expliquons

1. M. Szejer, *Des mots pour naître*, Gallimard, 1997.

très simplement ce qui se passe pour lui : nous « mettons des mots » sur ce qu'il est en train de vivre. Nous en verrons ici beaucoup d'exemples concrets. Il a alors des éléments pour découvrir que les événements, les émotions ont un sens, pour commencer à « comprendre ».

À ces découvertes récentes et reconnues par tous, nous allons ajouter dans ce livre une autre découverte originale et peu connue : la capacité d'activité libre chez le tout-petit.

La capacité d'activité libre chez le tout-petit

Le dynamisme intérieur du tout-petit

Les recherches et les résultats d'observations que je vais vous communiquer permettent d'affirmer ceci : non seulement l'enfant est actif, mais **il porte en lui la capacité de découvrir et de grandir par lui-même**. C'est-à-dire qu'il existe un dynamisme intérieur qui porte à la croissance intellectuelle et motrice, comme il existe un dynamisme biologique qui porte à la croissance physique.

• Ainsi, dès qu'il est sorti de son lit, vous verrez que votre bébé va chercher de lui-même à bouger, puis à ramper, puis à se mettre assis, puis à se tenir debout, puis à marcher. De lui-même, il va faire mille expériences par jour (comme quand il découvre sa main ou le bruit de deux objets frappés l'un contre l'autre).

Ainsi, le bébé peut faire pratiquement sans arrêt un très grand nombre d'expériences, en s'interrompant régulièrement pour intégrer ce qu'il vient d'expérimenter, changer de posture, reconstituer ses énergies et reprendre ensuite son activité.

• On croyait qu'il était nécessaire de le stimuler, d'agiter des objets, de lui donner des jouets sophistiqués. Eh bien, il n'en est rien ! La découverte scientifique, c'est qu'un bébé, toujours dans ces bonnes conditions affectives que nous détaillerons plus loin, est capable de développer par lui-même :

– toute la motricité globale et fine (se mettre assis, se tenir debout, marcher, grimper, saisir les objets...) ;
– toute la connaissance des personnes, des objets qui l'entourent et des relations concomitantes dans l'espace et dans le temps.

Il acquiert de cette façon une grande aisance et une autonomie fondées sur la confiance qu'il a en lui. On a pu observer ainsi tout ce qu'apporte la liberté motrice chez le tout-petit, découvrir comment la vie psychique et le développement intellectuel s'enracinent dans cette activité motrice libre. On a découvert qu'il avait la capacité d'alterner lui-même ses moments d'activité et ses moments de repos, se donnant ainsi des temps de pause pour récupérer. Mieux on peut « écouter » les manifestations d'un tout-petit, mieux il se développe.

L'Institut Pikler

Ces découvertes s'appuient sur les recherches de cette pouponnière de Budapest dont le principe de base est de permettre aux enfants, très entourés affectivement, de vivre dans une totale liberté d'activité et de mouvement. Elles sont maintenant connues et approfondies dans de nombreux pays d'Europe (Congrès internationaux à Budapest en 1991, 1996 et 2006). Elles ont toujours été pratiquées spontanément par certains parents, mais ils étaient peu nombreux et rien n'autorisait jusqu'alors à affirmer qu'ils avaient raison.

• Emmi Pikler, pionnière en ce domaine, est née et a exercé la pédiatrie à Budapest à partir des années 1930. Après avoir été interne dans le service de pédiatrie de l'hôpital de Vienne, où existait un courant d'« éducation nouvelle », elle formula quelques idées de base : le nourrisson devait pouvoir bénéficier d'une grande liberté motrice, il était apte à comprendre le langage qui lui était adressé et pouvait être considéré, en particulier au cours des soins, comme un partenaire actif. Ces idées étaient tout à fait révolutionnaires pour l'époque.

Pédiatre, elle allait au domicile de chaque famille une fois par semaine et observait le bébé en présence de sa mère. Toutes deux discutaient ensemble de son comportement. La maman notait pendant la semaine ce qu'elle remarquait de l'évolution de son enfant. Emmi Pikler put ainsi, pendant une quinzaine d'années, vérifier certaines de ses idées, les expérimenter, les enrichir et élaborer tout un ensemble de principes cohérents.

En 1946, le gouvernement hongrois lui demanda d'ouvrir une pouponnière pour les enfants privés de parents. Elle y accueillit des nourrissons et chercha à organiser les soins et toute la vie de la pouponnière de telle sorte que les bébés puissent avoir un développement aussi proche que possible de celui des enfants observés dans les familles et qui étaient épanouis. Elle utilisa évidemment l'ensemble de ses découvertes, et ce fut une nouvelle occasion de les vérifier et de les enrichir avec la collaboration des personnes qui s'occupaient des enfants avec elle. Elle attachait une importance toute particulière à la sécurité affective du bébé.

Les observations effectuées sur le développement de chaque bébé, avec toutes ses particularités individuelles, furent consignées avec soin, d'abord pour s'assurer que le bébé allait bien, puis pour percevoir les petits détails de son évolution. Emmi Pikler put ainsi, après plusieurs années, prouver que sa façon d'appréhender les grands mouvements et la liberté motrice accordée au jeune enfant donnait des résultats satisfaisants sur le plan de la souplesse, de l'assurance, mais aussi du développement global de la personnalité : on remarquait une activité riche, une grande sécurité intérieure, une confiance en soi et une conscience de soi déjà précises chez les enfants élevés selon ses principes.

• C'est ainsi que sa pouponnière est devenue un lieu de recherches fondées sur un très grand nombre d'observations extrêmement précises concernant les différents aspects du développement du bébé. Mais le souci premier y reste de manière absolue le bien-être physique, affectif et psychique de chaque bébé, la recherche des conditions optimales pour que lui, tel qu'il est, puisse se développer au mieux.

C'est maintenant l'Institut Emmi-Pikler, institut méthodologique d'éducation et de soins du tout-petit, attaché à l'université de Budapest. Il est situé rue Lóczy, d'où le nom de « Lóczy » qui lui est habituellement donné. Les enfants changent, mais les observations sont toujours faites avec le même respect et les mêmes exigences, le plus discrètement possible pour ne pas gêner. Il n'y a jamais d'expérimentation, jamais un enfant n'est mis dans une situation particulière pour que l'équipe puisse étudier un aspect de son comportement ; il est observé dans sa vie quotidienne, « naturelle ».

Les observations rédigées par les nurses elles-mêmes ou par des personnes plus extérieures sont soigneusement classées puis analysées. Elles nous donnent donc des informations fiables sur ce que les très jeunes enfants sont capables de réaliser quand ils sont placés dans des conditions de sécurité affective et de liberté motrice totales. Elles nous apprennent beaucoup sur le fonctionnement des enfants « à l'état pur » en quelque sorte, quand ils sont peu influencés par les interventions directives des adultes.

Lorsqu'on voit les enfants de Lóczy, sur place ou dans les films qui en viennent, on est frappé par leur aisance motrice rare chez les tout-petits, par l'harmonie de leurs gestes, par leur concentration, en même temps que par leur gaieté et par le plaisir qu'ils ont à échanger avec les adultes.

Les résultats statistiques de ces observations et leurs utilisations concrètes dans la vie quotidienne ont été confirmés puis enrichis dans la plupart des pays d'Europe par la collaboration avec les professionnels de la petite enfance, spécialement dans les lieux d'accueil : non seulement les résultats concordent, mais l'épanouissement et la joie de vivre des enfants, l'amélioration du comportement de ceux qui étaient en difficulté, l'intérêt porté par les parents et même le changement d'atmosphère dans les institutions qui les mettent en pratique troublent les plus méfiants...

PAS DE PRÉCIPITATION

Regardez un bébé, discrètement, sans le solliciter tout de suite. Regardez-le vivre. Quand vous vous approchez, même souriant(e), attendez un peu. Les premières réactions viendront de lui : il prendra l'initiative de l'échange et vous pourrez alors lui répondre sans le devancer. Il aura le temps et l'« espace » pour pouvoir manifester ce qu'il est maintenant.

Un regard différent

Plutôt que de savoir a priori ce qu'il faut pour un bébé, il s'agit de l'écouter, de le regarder pour répondre ensuite à ce qu'il manifeste. **Le suivre, le découvrir, lui faire confiance...**
Attitudes qui vont s'enrichir au fur et à mesure que l'enfant grandit, mais dont le principe de base reste toujours valable même si la formulation doit changer quelque peu après le deuxième anniversaire : certaines informations de la part des adultes deviennent alors nécessaires, mais l'expérimentation personnelle demeure toujours la base d'un bon développement intellectuel et intérieur.
Ces affirmations peuvent vous paraître péremptoires : regarder votre bébé vous permettra de vous faire votre idée. Les deux idées forces de ce livre sont ainsi la confiance que vous pouvez avoir en lui, et la part active qu'il prend à son développement dans la relation avec vous.

La confiance

Vous pouvez donc faire confiance à votre enfant car il naît avec ce potentiel particulier, toujours extraordinaire, qu'il aura le désir et la capacité de réaliser. Le problème n'est plus alors de faire correspondre l'enfant à des normes qui sont les vôtres (ou celles des médecins, des voisins, des revues spécialisées...), il est de lui donner la possibilité de développer ses propres capacités au rythme qui est le sien, de développer son originalité.
Après en avoir observé des milliers, on s'aperçoit que dans ces conditions les enfants ont plus confiance en eux, qu'ils sont moins dépendants des adultes. Leurs réalisations sont variées, accomplies avec plénitude : elles viennent « de l'intérieur ». Votre travail sera de mettre l'enfant dans des conditions telles qu'il puisse réaliser ces capacités.

Une relation de collaboration

Vous devenez ainsi, en quelque sorte, le collaborateur de l'enfant dans son travail de découverte et de construction de lui-même, celui qui soutient, aide, rend possible, et non l'éducateur auquel il incombe de modeler la personnalité (comme on pensait autrefois qu'il était nécessaire de le faire). Attitude tellement plus « légère » alors même qu'elle ne diminue en rien notre responsabilité.

L'enfant est le sujet de l'aventure, l'**être actif** si vous lui permettez de le rester. Vous êtes là, comme en second, pour l'accompagner. Sa totale dépendance première porte en elle le germe de l'autonomie.

Le plaisir

Je compléterai avec cet autre regard plus centré sur les parents. Quand nous trouvons du plaisir avec un enfant – plaisir à vivre avec lui, à le regarder, émerveillement devant ce qu'il est dans son originalité –, il est détendu, sa joie de vivre le rend actif et il se trouve dans les meilleures conditions.

• Évident quand tout va bien, cela ne l'est plus autant quand nous sommes fatigués, angoissés, déçus, ou simplement à certains moments de la vie quotidienne, puisque la vie avec un petit enfant (comme avec tout être d'ailleurs) s'accompagne obligatoirement de moments de saturation, de découragement, de grande fatigue, des moments dont nous n'osons pas toujours parler.

C'est là qu'il faut respirer profondément (à part un problème médical bien particulier, qui peut nous en empêcher ?), retrouver un plaisir à vivre tout simplement, à regarder cet enfant, sa beauté... quel enfant n'en a pas ?

Le plaisir nous accompagnera tout au long de ce livre, spontané, évident ou plus volontairement recherché. Il ne s'agit plus d'une philosophie ou de bons sentiments, il s'agit d'une réalité... observable !

• On peut voir là une convergence avec certaines réflexions actuelles sur le besoin de détente du corps, la valeur de la respiration, l'utilité de retrouver ses énergies : yoga et travail sur soi-même, valorisation de la vie physique et du sport... « Il n'y a pas de plus grand plaisir que de se sentir bien fonctionner », a écrit Bettelheim.

Ce plaisir ne correspond pas à la propriété de biens matériels ni à la satisfaction immédiate de ses besoins, mais à une sorte de concordance, d'harmonie avec soi-même et avec l'autre. Un plaisir à vivre, à regarder autour de soi, même si les conditions sont difficiles. Alors le bien-être s'instaure, le fonctionnement est meilleur et il engendre à son tour le plaisir.

• Ce travail permanent, nous, parents, devons le faire sur nos angoisses, nos infantilismes, nos désirs de puissance… dont nous ne sommes pas « coupables » puisqu'ils sont aussi le fruit de notre constitution et de notre histoire, mais que nous devons dépasser peu à peu pour devenir un peu plus nous-mêmes. C'est alors que nous pouvons accueillir les informations d'un livre comme celui-ci, réfléchir et **nous faire confiance.**
Ce qui, de cet ouvrage, peut pénétrer en nous va cheminer ; nous l'assimilerons peu à peu tout en gardant notre originalité. Il y a trop de richesses en chacun, diverses, multiples, en nous comme dans le bébé, pour ne pas les faire vivre… mais pas de n'importe quelle manière. Amour et bon sens ne suffisent pas toujours.
La vie est trop loin de l'équilibre statique, trop riche, trop multiple pour qu'il puisse y avoir un modèle d'éducation, un modèle de parents. S'il y a amour et réflexion, respect, confiance en l'autre et en soi, il y aura du plaisir et la vie nous orientera sur un bon chemin.
Pourrons-nous aider nos enfants à développer tout de suite leur personnalité originale, leur évitant ainsi un peu de travail à l'avenir, ainsi qu'à avoir plaisir à « fonctionner », diminuant ainsi leur dépendance ? Les attitudes éducatives qui sont décrites ici peuvent leur permettre de prendre un meilleur départ, une orientation plus positive.
Le décor est planté. Maintenant, regardez votre enfant. Nous allons pénétrer dans les petits détails de sa vie quotidienne.

Écrire de temps en temps sur un cahier ce que fait votre bébé est bien agréable à relire plus tard. C'est aussi très précieux à un moment difficile : vous arrêter et écrire permet de prendre du recul, un peu comme si vous parliez à quelqu'un.

2

Les soins quotidiens, moments d'échange, moments privilégiés

« L'air frais du matin et le bonheur d'être en vie.
[...]
Être là
Dans la paix du ciel gris
Dans le silence initial
D'une vie nouvelle. »

Christian Bulting, *Les Éléments des poètes*,
Hachette Jeunesse, 1990.

Vous trouverez beaucoup de détails concrets dans les livres de puériculture, mais vous n'y trouverez pas encore décrites ces attitudes, cette approche globale qui consiste à regarder votre bébé, à lui faire confiance et à lui offrir ce dont il a besoin, c'est-à-dire ce qui va l'orienter vers plus de confiance en lui, plus de conscience de lui. Même si elles semblent surtout adressées aux mamans, les observations qui suivent intéresseront tout autant les pères, les grands frères et sœurs, et ceux qui sont en contact avec le bébé.

Comment prendre et porter votre bébé

Il est important pour un nouveau-né d'éprouver le plus grand bien-être possible : si les premières expériences de son corps sont positives, il

*Bien regarder l'enfant en lui disant
qu'on va le prendre et pourquoi ;
l'important est alors le mouvement des mains...*

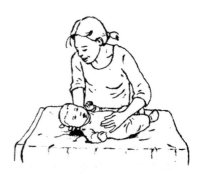

*... qui consiste à soulever doucement
la tête de la main droite..*

*... puis à glisser la main gauche sous la tête,
libérant ainsi...*

... le bras droit pour le glisser le long du dos.

*La tête vient alors au creux du coude,
la colonne vertébrale est bien allongée
sur l'avant-bras, et les fesses à peu près
dans le creux de la main :
le bébé est complètement à l'aise,
détendu et en sécurité.*

attendra les suivantes avec confiance. C'est sa toute première représentation de lui-même qu'il est en train de constituer.

Choisissez tout de suite une manière de le prendre, puis de le tenir, qui évitera que sa tête ne parte en arrière, et qui lui donnera (ainsi qu'à vous-même) un sentiment de sécurité.

On prend généralement un bébé en passant la main sous ses épaules, ce qui fait que sa tête part en arrière avant d'être rattrapée. On sent bien que c'est désagréable pour lui, mais comment faire autrement ?

Si vous essayez de le prendre comme les dessins ci-dessus vous le proposent, vous verrez sans doute qu'il n'y a pas que lui qui aimera cette position. Il est très agréable de porter un enfant de cette façon : vous le sentez détendu, et vous l'êtes vous-même puisqu'il ne risque pas de glisser, son visage est proche du vôtre, vous pouvez vous sourire et vous parler tous les deux.

Bien sûr, la position verticale contre vous peut être précieuse quand il est tout petit et que vous êtes tout(e) à lui : vous lui tenez la tête, c'est un corps-à-corps, un moment de retrouvailles intime et profond. Mais vous sentirez vite que vous aimez les échanges par le regard et vous observerez que, lorsqu'il est allongé sur votre bras, sa colonne vertébrale est étirée au lieu d'être « tassée » comme en position verticale, sa respiration peut être plus profonde ; il n'éprouve aucune fatigue puisqu'il n'a pas à tenir sa tête. Vous verrez qu'il commencera bientôt à la tourner librement et aussi, sans doute, qu'il sourira plus volontiers. Il est probable qu'il se sentira ainsi en sécurité « profonde » et d'une certaine manière plus en liberté.

Vous apprécierez cette manière de procéder chaque fois que vous devrez le prendre et le déplacer, le porter de son lit à la salle de bains, le nourrir, ou simplement le garder dans vos bras parce qu'il y est bien et que vous voulez l'avoir un peu contre vous...

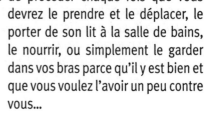

Il est une personne... et cherche le contact par le regard. Faites bien attention de toujours tenir sa tête, qu'elle ne « parte » pas en arrière, ce qui est très désagréable pour lui...

Lors d'un voyage en train, j'observais une jeune femme très attentive à son bébé de 4 ou 5 mois. Elle le tenait assis sur ses genoux ou debout contre elle. Il « tenait sa tête », c'est-à-dire qu'il pouvait la tenir droite mais, souvent, elle ballottait en avant ou en arrière et il la redressait bien vite. Il est resté ainsi un quart d'heure, vingt minutes, puis il s'est mis à pleurer ; sa maman lui a parlé gentiment, l'a changé de position ; ne comprenant pas, elle lui a proposé un biberon qu'il a refusé. Ce n'était pas encore l'heure… Ce bébé devait être fatigué par l'effort permanent qu'il faisait pour tenir sa tête : cela pouvait contribuer, sinon suffire, à expliquer ses pleurs. Le tenir allongé, incliné peut-être, la tête bien soutenue, l'aurait reposé.

Si vous êtes surpris(e), si vous doutez : « Mais il ne se muscle pas, il va devenir mou », voyez ce que nous dirons de l'activité du bébé quand il est allongé sur le dos au chapitre suivant. Vous comprendrez mieux, et vous verrez qu'il aura largement l'occasion de se muscler et de se dynamiser ! La tête d'un bébé est très lourde par rapport au poids de l'ensemble de son corps ; comme il manque encore de force, de capacités de coordination suffisantes, tenir sa tête longtemps lui demande un effort considérable qui le fatigue. Par contre, le promener ainsi, pendant qu'il regarde les arbres, les lumières, les livres ou tout ce qu'il aime est souvent un vrai plaisir.
Si vous constatez qu'il préfère vraiment une autre position, allongé, par exemple, sur votre bras mais sur le côté, son dos contre votre poitrine, ne l'en privez surtout pas. Mais pensez au poids de sa tête et à la sensation de bien-être que procure un dos bien étiré.

Les soins du corps

La toilette

◆ *Préparer le moment de la toilette*

Il est dans son lit, éveillé, vous allez lui donner son bain ou faire sa toilette. Mettez-vous face à lui pour qu'il puisse vous voir et expliquez-lui (même s'il n'a que quelques jours) ce que vous allez lui faire.

Regardez ses réactions. Attendez quelques secondes qu'il ait le temps de « réaliser » un peu que vous êtes là et que vous lui parlez, qu'il va se passer quelque chose. Puis prenez-le doucement, en le regardant toujours.

Vous pouvez continuer à lui parler et à observer ses réactions : a-t-il l'air content, inquiet, fatigué ? Posez-le doucement sur la table de change en faisant le même mouvement que pour le prendre : tenez sa tête de votre main gauche pendant que vous retirez votre bras.

Vous allez passer un bon moment. Veillez donc à être bien installé(e) – la table de change ne doit être ni trop haute ni trop basse – et placez-vous si possible en face de lui pour que vous puissiez bien vous voir tous les deux. Vous pouvez aussi lui montrer ce que vous avez préparé pour la toilette puis le déshabiller en le regardant toujours et, doucement, lui dire ce que vous faites : « Je prends ton bras, j'enlève ta brassière... Regarde le coton, je vais le passer sur ton visage, sur ta joue, sur l'autre joue... » Plus tard vous le solliciterez : « Donne-moi ton pied pour que j'enlève ton chausson... »

Mais vous ne parlerez pas toujours. **Pensez à l'écouter, à le regarder, à lui laisser le temps de manifester ses propres réactions** : recevez, laissez pénétrer en vous ce qu'il vous apporte... Peu à peu ses mimiques, ses vocalises vont devenir de plus en plus riches. Ne tombez pas dans l'excès du « bain de paroles » où l'on parle sans écouter l'enfant ni se demander s'il a le temps de comprendre quelque chose de ce qu'on lui dit.

Car il vous dit des choses à travers ses vocalises, ses mouvements, ses mimiques. Vous le sentez, mais peut-être croyez-vous que vous bêtifiez ? Pas du tout. Vous pouvez savourer ces moments, la plénitude que vit votre enfant à travers votre plaisir et votre écoute... Vous êtes déjà réceptif (ive) à ce qu'il vous donne. Vous êtes comme rempli(e) à nouveau par lui, mais vous lui laissez l'initiative, vous donnez « corps » à ce qui vient de lui.

Un bébé, qui est au départ ignorant de tout, commence à se constituer une première représentation de lui-même entièrement et uniquement à travers ces petites expériences quotidiennes qu'il va vivre.

◆ *Un isolement bénéfique à deux*

Ne vous laissez pas distraire par les personnes qui sont autour de vous. Vous vivez là un moment privilégié tous les deux, un moment intime, tranquille. Vous comprendrez peu à peu pourquoi il est tellement précieux pour votre bébé de le vivre ainsi.

Si on lui parle peu et si on le manipule adroitement et gentiment peut-être, mais rapidement et sans que ce soit en relation avec lui, il ne peut pas faire l'expérience qu'il est important, et que l'on tient compte de lui. Il peut difficilement se remplir de ce bien-être qui donne un sentiment de plénitude.

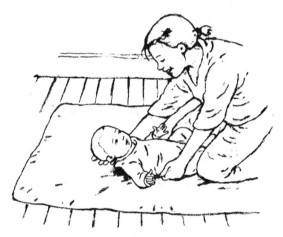

◆ *Une participation grandissante du bébé*

Peu à peu, vous pouvez essayer de répondre à ses vocalises plutôt que de lui parler toujours le premier ou la première : vous verrez alors comment vous donnez déjà à votre enfant l'occasion de développer une attitude d'initiative dans l'expression (initiative de la pensée peut-être déjà) et pas seulement une attitude de réponse, active certes, mais secondaire à l'intervention de l'autre. Toute une série d'observations sont faites à Lóczy sur la manière dont les bébés, dès l'âge de 2 ou 3 mois, peuvent « appeler » l'adulte. Ils commencent à se manifester d'eux-mêmes, à pouvoir prendre une initiative dans la relation.

Votre enfant va grandir, vous pourrez le laisser toucher ou prendre quelques objets qui sont à portée de sa main (le sachet de coton, la brosse à cheveux, etc.), le laisser jouer avec[1].

Pourtant, vous comprendrez vite qu'il est plus utile pour lui d'être attentif à ce que vous lui faites (vous mettez de la crème sur son visage, vous enlevez sa couche, etc.) que de se distraire avec des objets : il se laisse alors manipuler comme un paquet en étant totalement absorbé par autre chose. Ces petits gestes peuvent vous paraître insignifiants, vous en comprendrez mieux la signification au fur et à mesure de la lecture de ce livre.

Lorsque vous devez le mettre sur le ventre, pour défaire des boutons par exemple, tournez-le doucement en le prévenant d'abord ; vous verrez que, si vous dégagez le bras du côté où il va pivoter, en mettant celui-ci à plat dans le prolongement du corps au-dessus de sa tête, votre bébé continuera le mouvement non seulement sans aucun malaise mais avec une participation active.

Au fur et à mesure qu'il va grandir, votre aide diminuera et c'est lui qui effectuera la plus grande partie du mouvement. L'esprit est toujours le même : essayer de lui donner la possibilité de participer à ce que vous êtes en train de lui faire afin qu'il ne prenne pas l'habitude d'être un objet qui se laisse manipuler, de manière agréable peut-être, mais passive.

◆ Un moment intense dans la vie du bébé

Vous vous apercevrez très vite que le déshabillage et la toilette deviennent des moments de vie très intenses pour le bébé – et pour vous aussi. Si vous lui dites : « Je prends ta main, je prends ton pied », il éprouvera au même moment une sensation dans cette main, dans ce pied. Si vous réussissez à être discret(ète), vous verrez les manifestations de son intérêt.

---

1. À Lóczy , la table de change est entourée d'une petite barrière qui permet à l'enfant de se tourner sans danger du dos sur le ventre ou l'inverse, puis de se mettre debout quand il en est capable.

Émilie, 6-7 mois, est intriguée par le changement de son pied quand la chaussette est enfilée. Elle regarde alternativement chacun de ses pieds dans le plus grand silence. Si on le peut, on lui laisse les quelques instants nécessaires à son observation. Un peu plus tard, elle fait sortir elle-même ses doigts de la manche, en riant et en y prenant un grand plaisir.

Vous voyez comment vous accompagnez ainsi votre enfant dans la **découverte de son corps.**

La découverte de ce corps qui est le sien, et qui est lui-même, se fait dans le plaisir et dans la relation avec vous, dans le plaisir et dans l'amour. Peut-il y avoir un meilleur commencement ? Car c'est la première conscience qu'il a de lui-même et de son corps, conscience qui va se trouver inscrite à l'intérieur de ses cellules et qu'il gardera au fond de lui pendant toute sa vie.

C'est pourquoi, si vous ne pouvez pas vous occuper complètement de lui, organisez-vous pour lui donner le plus souvent possible les soins de toilette et de repas. C'est pendant ces moments que, par les contacts corporels, les caresses, les paroles qui prennent un sens, le petit enfant éprouve les limites de son corps, sa peau, la différence entre lui et l'autre... c'est là que se nourrit l'intensité, la force de la relation avec vous.

Il est évident que, si votre bébé a vécu des périodes difficiles (maladie, hospitalisation, séparation...), vous cultiverez ces moments pour lui permettre de se rassembler, de se récupérer dans cette relation où vous êtes entièrement disponible pour lui.

J'ai observé un bébé de 4 mois qui avait été hospitalisé pendant tout le premier mois de sa vie. Alors que sa nurse le prenait doucement, il était agité, remuait bras et jambes dans tous les sens sans regarder l'adulte qui pourtant lui parlait.

La nurse lui a alors donné les soins comme je les décrivais, « en écoute », en lui passant lentement un peu de crème sur les articulations. Au fur et à mesure, on a vu le bébé détendre peu à peu ses jambes et ses bras ; puis tout son corps s'est allongé ; enfin, seulement, son regard a plongé dans celui de l'adulte qui, à ce moment, ne l'avait pas particulièrement sollicité. La nurse tenait ses deux mains ouvertes le long du torse du bébé, toujours allongé sur le dos, et lui, il la regardait mi-interrogatif, mi-heureux – peut-on savoir ? – mais visiblement « plein », reconstitué, calme, commençant proba-blement à ressentir son corps comme une unité.

*Dès qu'un enfant tient debout sans difficulté, il est facile et agréable de l'habiller
et le déshabiller pendant qu'il est debout : il voit ce qui se passe et y participe
avec plaisir. Voyez cette petite fille enlever elle-même sa couche, la jeter, puis
participer à l'accrochage de l'autre et remonter elle-même sa culotte.
Le tabouret bas permet à l'adulte d'être à bonne hauteur, sans se faire mal
au dos. Inutile de se faire mal en voulant soulever un enfant déjà lourd !*

Pouvez-vous savoir comment faisait votre mère avec vous ? Était-elle très attentive, enveloppante, ou vous laissait-elle plus à vous-même ? On se comprend mieux soi-même quand on sait ce que l'on a vécu enfant...

Un grand nombre d'observations de cet ordre montrent qu'un bébé « écouté » de cette manière fait lui-même ce travail de rassemblement. Mais l'attitude réceptive de l'adulte est nécessaire pour que ce soit lui qui fasse le travail.

Un bébé se construit lentement à travers **un grand nombre d'événements répétés.** Si votre bébé est en pleine forme, il y réussira de toute façon. Mais, s'il a déjà vécu des expériences perturbantes, si vous l'avez adopté, vous l'aiderez beaucoup en lui permettant ces expériences cent fois renouvelées. Vous verrez comment, ensuite, il pourra jouer seul, dormir tranquillement. Là vous pourrez vous faire remplacer sans dommage pour lui.

◆ *Habillage, déshabillage*

Pensez à remonter le vêtement le long des bras ou des jambes du bébé plutôt que de tirer sur ses membres. Très vite, vous pourrez lui montrer la brassière, le chausson, la couche que vous allez lui mettre et vous l'inciterez à collaborer avec vous : « Tu me donnes ton bras ? tu me donnes ton pied ? » Ou : « S'il te plaît, donne-moi ton bras ! »

Attendez un peu et peut-être pourrez-vous profiter du moment où il a le bras levé pour lui mettre la manche. Les jours passant, vous verrez qu'il soulève de plus en plus souvent le bras, et un jour viendra où il vous le tendra réellement. Bien sûr, vous n'attendrez pas toujours que le bras soit soulevé pour enfiler la manche ! Mais vous sentez que c'est là une manière de lui permettre de participer à ce que vous faites, d'être actif. Au fur et à mesure qu'il grandira, regardez ce qui se passe si vous le laissez faire les choses nouvelles dont il est capable : se mettre sur le ventre ou revenir sur le dos en étant très peu aidé, tirer un peu sur la culotte que vous enfilez, enlever les chaussons, etc.

Un jour viendra où il saura se mettre debout seul, puis il marchera : si vous voulez lui permettre d'utiliser ses capacités nouvelles, vous pourrez l'habiller en partie debout, soit en installant en hauteur une petite barrière pour qu'il ne risque pas de tomber, soit en vous asseyant sur un tabouret bas et en l'habillant par terre. Vous sentirez très vite que c'est plus valorisant pour lui que d'être habillé allongé alors qu'il tient déjà très bien debout. On voit pourtant des enfants de 18 mois ou 2 ans, délurés mais pas encore « propres », portés par leur mère, posés sur la table de change et changés les jambes en l'air comme des nourrissons...

Y AURAIT-IL UNE FAÇON PARTICULIÈRE DE PARLER À UN TOUT-PETIT ?

Si nous reprenons ce qui a été dit sur ses capacités de compréhension, sur son dynamisme à participer activement à sa croissance, la réponse apparaît simple : lui parler avec le plus de simplicité et de clarté possible, mais sans infantilisme et en vous mettant bien en face de lui pour qu'il vous voie sans difficulté.

Puisqu'il est une personne à part entière à qui vous vous adressez comme toute autre, pourquoi lui parler à la troisième personne : « Oh ! Émilie a mal, oh ! qu'elle est malheureuse ! » Ou : « Regarde ce que Maman a préparé pour Arthur ! » Est-il une chose dont on parle ? En lui disant : « Que tu as mal ! Regarde ce que j'ai préparé pour toi », vous êtes en relation bien plus directe, toute simple et vraie avec lui.

À partir de quoi, vous vous laisserez évidemment aller à votre propre manière de parler à votre bébé : la tendresse qui est la vôtre, vos petits mots qui sont un peu votre secret à tous les deux, toutes ces douceurs que l'on ne vit qu'avec un tout-petit et dont il serait triste de se priver l'un et l'autre.

◆ Un apprentissage essentiel

Si vous vous laissez ainsi conduire par ses progrès, vous y trouverez un très grand plaisir mais aussi un très grand intérêt : les soins ne sont plus quelque chose de mécanique qu'il faut faire bien et le plus rapidement possible, mais un moment d'**intense relation** où l'on sent que l'enfant effectue un apprentissage profond et intime, précieux pour lui, pour son avenir. Vous lui donnez quelque chose qui est une qualité d'être : s'« habiter » pleinement.

Ces attitudes n'empêchent pas la toilette d'être un moment de jeu, où l'on chante, où l'on se sourit, où l'on prend beaucoup de plaisir.

Après quelques jours pendant lesquels les moments d'attention, une sorte de contrôle de vous-même, sont nécessaires, comme pour apprendre les bons gestes, vous aurez assez d'aisance pour vous retrouver détendu(e). Il peut y avoir une sorte d'alternance entre des moments d'écoute, de grand calme, où vous vous contrôlez un peu éventuellement pour l'« écouter », et des moments plus spontanés où vous jouez.

J'attire seulement votre attention sur certains jeux un peu bruyants, sur les chatouilles... auxquels l'adulte semble parfois (souvent ?) prendre davantage de plaisir que le bébé, qui semble plus excité que réellement joyeux. Il devient un objet, un jouet pour l'adulte. Là encore essayez d'être attentif aux réactions, aux réponses de votre bébé. Chaque enfant est différent : vous ne pouvez savoir si le vôtre aimera ces jeux beaucoup ou moyennement, et plus ou moins selon les moments.

◆ *Le bain*

C'est souvent un moment d'appréhension, puis de grand plaisir, pour les mamans ! Peut-être voyez-vous mieux maintenant comment procéder ?

Votre bébé se sent bien soutenu par la main passée sous ses épaules, sa tête s'appuie sur le poignet et l'avant-bras.

Au début, mettez peu d'eau dans la baignoire du bébé ou dans le lavabo et prenez-le comme nous l'avons indiqué : allongé sur votre bras, sa tête au creux de votre coude. Puis laissez glisser les fesses sur le fond de la baignoire : sa tête s'appuie sur votre avant-bras et votre main gauche tient fermement le haut du bras et l'épaule. Il est ainsi presque entièrement dans l'eau mais, bien tenu, il n'éprouve aucune inquiétude, il ne risque pas de glisser, de se sentir mal à l'aise, et vous, vous n'avez pas peur qu'il se sente mal.

Avec l'autre main, faites venir un petit peu d'eau sur le dessus de son corps pour qu'il se familiarise tout doucement. Vous n'avez même pas besoin de le lâcher pour le sortir et le poser à nouveau sur la serviette. Vous faites simplement le mouvement inverse : votre main gauche descend le long de son dos jusqu'à le tenir à hauteur des fesses ; sa tête repose alors au creux de votre coude, et il est toujours aussi à l'aise.

Ainsi, pendant toute la durée du bain, vous n'avez pas lâché sa tête. De votre main droite, vous aurez pu le savonner tout doucement, un bébé n'est pas tellement sale ! Vous verrez qu'il prendra – et vous aussi sans doute – un très grand plaisir à ce savonnage à main nue, sans gant de toilette, semblable à une caresse. Vous verrez sans doute assez vite que, si sa tête est confortablement posée au creux de votre main ou de votre bras, votre bébé ne risque rien. (Faites attention à vos ongles, ils ne doivent pas être agressifs pour le corps du bébé.)

Chaque bébé a des réactions très particulières par rapport au bain. Certains l'aiment beaucoup, d'autres moins. Certains aiment flotter, d'autres préfèrent qu'il y ait peu d'eau. Ainsi, une mère de deux adolescents me disait son étonnement devant les réactions diffé-rentes de chacun lorsqu'ils étaient bébés. Le premier aimait y passer de très longs moments, s'étirait dans l'eau, agitait les jambes, les bras, etc. : il était dommage de l'en retirer. Le second, au contraire, s'y trouvait bien quelques instants puis remuait d'une manière un peu tendue et elle comprenait que cela suffisait : il n'avait pas envie d'y rester.

L'important est le bien-être de votre bébé tel qu'il est. Sans mots, sans conscience claire, il va vivre l'expérience que ses goûts sont respectés, ses appels entendus. (Et vous, comment répondait-on à vos goûts quand vous étiez enfant ?)

Ne vous faites pas de soucis pour l'avenir : de ces deux adolescents que j'ai cités, qui ont maintenant 20 et 25 ans, je ne sais lequel nage le mieux et lequel affronte le plus volontiers les vagues en pleine mer !
Respirez, détendez-vous ! Vous pouvez vous faire confiance, vous verrez que, en réalité, ce n'est pas si difficile. Mais essayez de suivre ces quelques indications, en particulier en tenant bien votre bébé. Des glissades inattendues, du savon dans les yeux... peuvent laisser des souvenirs qui mettront du temps à s'effacer, en lui et en vous.
Comme sur la table de change, mais peut-être plus encore parce qu'il est dans l'eau, vous le verrez se détendre s'il en a besoin, puis se reconstituer tranquillement, sûrement, si vous lui en laissez le temps. Pensez de temps en temps à nommer les parties de son corps : « Je savonne ton bras, tes fesses, ton dos, tes cuisses, etc. » Très vite vous y mettrez le ton, les sourires, voire l'humour qui vous sont personnels !
Peu à peu votre bébé grandira, vous vous sentirez à l'aise et vous verrez tout naturellement ce que vous pouvez lui laisser faire, quand le lâcher complètement (bien entendu sans le quitter du regard), le laisser assis tout seul, etc. Il pourra participer activement : utiliser le savon, le gant...
Comme la toilette, le bain est généralement un moment de plaisir partagé : l'enfant est tout entier impliqué dans ce qu'il fait et dans ce qui est fait pour lui. Son corps est détendu, il semble se sentir vraiment très bien.

◆ *Faut-il beaucoup de temps pour ces soins ?*

Vous pourriez croire que cette manière de donner les soins va prendre beaucoup de temps ; il n'en est rien. Peut-être au début est-ce un peu plus long que si vous manipuliez rapidement votre bébé, mais très vite vous le voyez devenir coopérant, participer à ce qui est fait pour lui. Il manifeste alors très peu d'opposition ; le déroulement des soins est harmonieux, vous « ne perdez pas de temps » et vous vous fatiguez peu quand il est ainsi calme et détendu.
Une chose importante qui vous aidera : préparez tout avant de sortir le bébé de son lit. Pensez à ce dont vous aurez besoin : la couche, la chemise, la brassière, la crème et les produits divers, le coton, etc. Vérifiez que vous n'avez rien oublié, vous éviterez ainsi beaucoup de fatigue,

d'énervement et même d'angoisse ! Ayez tout à portée de la main, vous n'aurez pas à laisser votre bébé seul sur la table de change ou à le transporter pour aller chercher une couche juste au moment où, évidemment, il fait pipi sur votre bras !

Il est souvent facile de fixer quelques étagères, éventuellement provisoires, au-dessus de la table de change. Les objets nécessaires ne sont ni lourds ni encombrants, et le fait de pouvoir les saisir facilement, voire d'une seule main, permet d'être plus détendu(e), plus disponible à l'écoute et au plaisir : cela vaut bien deux heures de bricolage et quelques trous dans le mur !

Les soins désagréables

Couper les ongles, nettoyer le nez, mettre un suppositoire ! Des moments d'appréhension qui me font sourire maintenant !

Deux solutions opposées :

– arriver subrepticement et faire très vite ;

– montrer à l'enfant l'« objet du délit » et le prévenir auparavant : « Ça va faire un peu mal, tu n'aimes pas ça... on va essayer de faire vite, après ce sera fini. »

• Première solution : au début c'est efficace, mais peu à peu l'enfant s'attend à ce que le désagrément arrive à tout moment. Il risque d'être un peu inquiet en permanence, un peu tendu. On a l'impression de le trahir.

• Seconde solution : il se raidit au moment où vous le prévenez de ce qui va être désagréable. Vous lui montrez le coton, le pansement, en lui disant que vous partagez son désagrément : « On va accomplir cette tâche tous les deux... » Il peut pleurer, manifester son mécontentement. Puis le « c'est fini ! » représente un soulagement pour tous les deux.

Il comprend ce qui va se passer, il prévoit, puis ressent le désagrément... mais avec vous. Il fait l'expérience presque consciemment que « ce n'est pas terrible », que la souffrance ne détruit pas. Apprenant à la connaître dans un climat de sécurité et de tendresse, il éprouvera moins d'angoisse si un jour il doit y être confronté plus durement.

• « Pourquoi toutes ces précautions ? » penseront certains. Parce que la première étape est d'emmagasiner de bonnes expériences pour se constituer une idée positive de la vie et de soi-même, et devenir plus fort quand on sera ensuite confronté à des situations vraiment difficiles...

Pour ma part, j'ai été impressionnée du soulagement que j'éprouvais. Je me sentais moins « méchante », plus encourageante, plus positive, et j'aimais la joie partagée du « c'est fini ! ».

La participation de l'enfant devient peu à peu plus effective. Il tient le sac de coton ou la boîte de suppositoires. Plus tard, ce sera lui qui sortira le suppositoire de la boîte ou qui tiendra la pipette de sérum physiologique en même temps que sa maman ; elle appuiera seulement un peu plus fort pour aider le sérum à sortir.

Prenez toujours un bébé en venant face à lui. Sinon, il ne peut pas comprendre ce qui lui arrive, il est une « chose » que l'on déplace...

L'enfant qui participe beaucoup à sa vie personnelle assume plus facilement les situations difficiles lorsqu'il peut y prendre une part active. Il se sent plus fort et moins à la merci de l'autre. Il a une certaine maîtrise de la situation, quelque chose à faire... Nous retrouvons là notre idée de base : l'enfant est un être actif et non un être qui cherche à s'en remettre à des mains attentives.

J'ai souvent observé une différence dans les moments qui suivent : l'enfant prévenu et participant semble se remettre plus vite. Y a-t-il, dans le cas contraire, une vague inquiétude d'un « ça peut recommencer » ?

Celui qui, au fil des semaines, fait l'expérience que les sensations douloureuses sont toujours annoncées (sauf, bien sûr, quelques imprévus !) n'imagine pas qu'elles peuvent survenir à n'importe quel moment. Il n'est donc pas sur le qui-vive, il est confiant. Et quand il sait que le moment désagréable va arriver, il a le droit de pleurer, on ne le gronde pas, on partage avec lui. Il sait que « ça va finir ». Il peut en quelque sorte maîtriser la situation. Il peut utiliser ses facultés.

Les soins médicaux

Les médecins sont maintenant de plus en plus nombreux à s'adresser directement à l'enfant, si petit soit-il. Il apparaît en effet évident qu'il est bon de lui expliquer :
– ce qui va se passer ;
– si ça va lui faire mal, où et longtemps ou non ;
– pourquoi on le fait : parce qu'il a mal au ventre ou parce qu'il tousse ; ou au contraire pour qu'il reste un petit garçon ou une petite fille en pleine forme.

• Si l'atteinte est plus sérieuse, expliquez-lui ce qui arrive avec des mots simples mais qui vous sont personnels et en fonction de ce que vous sentez nécessaire : « Tu as avalé quelque chose qui peut faire mal à ton ventre, il faut donc aller voir ce qui se passe. » Ou : « Quelque chose te gêne dans tes poumons pour respirer. La dame ou le monsieur [kinésithérapeute] frappe sur ton dos et ta poitrine pour faire partir les choses qui te gênent, c'est très désagréable mais après cela ira mieux. » Ou encore : « Cette eau froide ce n'est pas agréable, mais ta tête est trop chaude, il faut la refroidir sinon tu auras encore plus mal à la tête », dans le cas du bain d'eau tiède lorsqu'il a une très forte température.
Attention : ces mots ne vont pas supprimer la souffrance ou la peur, **ils vont donner à votre enfant des moyens d'y faire face**. C'est lui qui va pouvoir les utiliser, mystérieusement d'ailleurs s'il est très jeune... on ne sait par quel mécanisme.
Ne croyez pas que votre enfant va arrêter de pleurer ou de refuser le traitement. Mais il deviendra une personne non détruite par l'inconnu, l'inattendu, l'appréhension, capable de manifester activement ses sentiments de colère, de refus, de peur... ou autres.

• L'habitude est de dire « ce n'est rien, ne pleure pas ! » ou bien de détourner l'attention du bébé pour qu'il ne se rende pas trop compte de ce qui lui arrive. Peut-être, au contraire, trouverez-vous les mots pour lui parler de sa souffrance et de sa peur. Il ne se sentira pas abandonné mais saura qu'il est entendu, et c'est alors seulement que les jouets familiers pourront l'aider à supporter cet état douloureux et souvent inconnu...

Si vous voulez qu'il puisse prendre en main ce qui lui arrive, ne cherchez pas à nier ou à minimiser la peur, le désagrément ni la souffrance. Les pleurs lui sont en général nécessaires pour décharger sa tension. Il aura besoin de votre attention, de votre protection (sécurité) et probablement de votre contact physique ; gardez-le dans vos bras quelques instants. Essayez de vous mettre à sa place, d'imaginer ce qu'il ressent mais en vous laissant guider par lui, parce que sa manière de sentir lui est personnelle. C'est à lui de saisir et d'utiliser la perche que vous lui tendez. Vous pouvez donner, mais c'est lui qui utilisera. Même si vous étiez la meilleure mère ou le meilleur père du monde, vous ne pourriez pas faire les choses à sa place et, en le faisant, vous ne lui rendriez pas service.

• Nous aimerions avoir le pouvoir de supprimer la souffrance, la tristesse. La vie n'est pas ainsi. Le pouvoir que nous avons, c'est celui d'offrir des moyens au bébé. Ensuite c'est lui qui fait le travail : il est, même tout petit, un être séparé de nous. Nous l'accompagnons. C'est à la fois dur pour certains d'entre nous, et très apaisant. Si nous pouvons le vivre ainsi, il a toutes les chances de devenir un être plus responsable de lui.
Si cette situation reste pour vous très douloureuse, pensez que les enfants se remettent en général vite de la souffrance physique. C'est de l'angoisse, surtout si elle n'est pas partagée ou comprise par quelqu'un d'autre, qu'ils ne se remettent pas.

Les contacts corporels

Un moyen de « faire connaissance »

Il vous sera peut-être naturel de tenir votre bébé nu contre vous, nu(e) également (pourquoi ne serait-ce pas valable pour les pères ?). Sinon, pensez-y, surtout à la maternité et même si cela doit scandaliser quelques infirmières. C'est le contact intime, sans problème, quand le bébé est endormi ou éveillé, totalement détendu et doucement caressé par votre doigt.

Et si vous avez adopté ce bébé, même s'il a déjà quelques mois, n'hésitez pas[1]. Alors il fera connaissance avec votre peau, les pulsations de votre cœur et votre rayonnement, qui ne sont pas ceux qu'il avait connus mais qui en sont proches et avec lesquels il vivra maintenant. Y a-t-il manière plus intime, plus emplie de paix, de démarrer sa nouvelle vie ?

C'est souvent un si grand émerveillement et aussi une telle source de calme, de reprise d'équilibre en quelque sorte, comme si c'était sa respiration et les battements de son cœur qui à nouveau nous emplissaient...

Si votre personnalité fait que ces contacts très proches vous gênent – mais pourquoi ne pas essayer seul(e), sans spectateurs ? –, vous en trouverez d'autres : un bébé grandit, se construit dans l'interrelation avec ses parents tel qu'il est lui, tels qu'ils sont eux, chacun. Votre relation à vous se fera sur un autre mode, qui sera aussi « bon » s'il vous correspond.

Les massages et les caresses

J'ai profondément aimé les massages. Je les ai pratiqués en utilisant le livre *Shantala* de Frédérick Leboyer (voir bibliographie), assise par terre, les jambes allongées et mon bébé étendu dessus. Mais vous pouvez aussi faire ces massages quand votre bébé est sur la table de change ou dans un endroit qui vous convient à tous les deux.

Il est face à vous et vous le massez légèrement (ces massages sont très simplement expliqués dans le livre), vos mains adoucies par de l'huile d'amande tiédie. L'un de mes enfants, un peu hypertonique quand il était petit, a d'abord été un peu surpris et n'a pas aimé tous les jours, puis, au fil des semaines, il s'est détendu. C'étaient là des moments intenses et de grande communication. Bref, vous devriez essayer ! Le livre a l'avantage de donner des idées, mais avec ou sans méthode, vos caresses-massages lui seront tout aussi précieuses.

Peu à peu, en grandissant, le bébé aimera toucher, caresser lui-même son corps, ses parties génitales. Vous nommerez celles-ci tout simplement, comme les autres : vulve, pénis, testicules (ou autres termes qui

---

1. Mais ne soyez pas brusque, prenez le temps.

ne soient pas dévalorisants). Un jour viendra où vous lui direz avec tendresse et/ou humour que c'est parce qu'elle est une petite fille comme maman ou qu'il est un petit garçon comme papa. Si vous pouvez observer ses découvertes avec tendresse et bienveillance, les quelques mots nécessaires à cet âge vous viendront tout naturellement : vous n'aurez pas encore d'explications très compliquées à lui donner.

Il n'y a pas lieu de disserter ici sur les caresses de la journée, les baisers, les contacts corporels au fur et à mesure qu'il grandit, qui sont des moments si joyeux et pleins de tendresse. Ils appellent cependant une remarque : les enfants les apprécient différemment selon les moments, la nature de chacun, etc. Regardez un bébé de quelques mois, bien tranquille. Un adulte le prend, le fait sauter, le chatouille, rit, le couvre de baisers : l'enfant rit aussi, mais ne trouvez-vous pas que l'on sent parfois une tension, quelque chose d'un peu artificiel, d'un peu forcé[1] ?

Si votre bébé est un peu tendu, nerveux, raide ou agité, prenez l'habitude de le caresser lentement. Tous ces bons moments contribuent à lui faire aimer ce corps qui est lui et qu'il est en train de découvrir.

Nous croyons facilement que nous sommes « bien » (à la hauteur) avec un petit enfant quand nous savons le faire rire. Et si nous étions « bien » aussi quand nous savons le laisser vivre, lui, comme il en a envie. Ces moments, sources de plaisir... d'abord pour nous, peuvent agacer, déranger le bébé : certains enfants savent le faire remarquer par un éloignement, un regard, c'est un message et une aide pour nous !

Avec du recul, nous nous apercevons que nous gardons longtemps un droit sur leur corps : caresser la joue ou les cheveux, tapoter le dos, les fesses, affectueusement bien sûr. Mais quand ils sont déjà grands, occupés à un jeu, **ils le ressentent parfois comme une intrusion**, un désagrément. Ce n'est pas parce que l'on est père ou mère que l'on peut toujours avoir ou trouver la bonne attitude ! Un enfant sait, sent ce qui lui convient... et il a des moyens de l'exprimer. Mais, savons-nous écouter : « Que me montre-t-il qui est bien pour lui ? »

Je veux évoquer là les comptines ou « jeux de nourrice » (« la petite bête qui monte », « quand le roi va à la chasse », etc.), bien rythmés

---

1. Même un très jeune bébé a parfois un air étonné et pas forcément ravi.

et accompagnés de gestes repérables, toujours les mêmes, que le bébé attend et qu'il retrouve avec le plus grand bonheur. Ce sont des moments de tendresse active qui permettent d'anticiper, d'attendre, de découvrir son corps... trésors qui remontent à la nuit des temps et qu'il ne faut surtout pas négliger !

Le sommeil

Il est beau et réconfortant de voir un bébé dormir en paix, confiant, avant de reprendre ses explorations. Vous aimerez que ce soit toujours pour lui un bon moment, comme pour ce petit garçon de 3 ans qui disait : « Hmm, mon lit c'est mon plus bon ami ! » C'est un moment de retrouvailles avec lui-même et avec son passé dans tout ce qu'il a de bon, mais aussi un moment de séparation, de solitude, un peu inquiétant ou triste parfois... Vous veillerez donc tout naturellement à ce que, dès les premiers jours, son lit soit l'espace protégé et protecteur où il retrouvera les odeurs qui sont les vôtres : peluche et objet qui vous représente, vêtement léger que vous avez porté et qui conserve votre odeur, une bonne chaleur douce. Plus tard il aura son « doudou », objet transitionnel qu'il choisira lui-même, on ne sait pas très bien comment, ni pourquoi celui-là... Vous pouvez le faire dormir dans un de ces sacs de couchage-combinaisons appelés « turbulettes », d'où les bras sortent mais qui ne peuvent pas remonter sur le visage.

Vous veillerez aussi à ce que, les premières semaines, son corps ne se trouve pas dans une sorte de « vide » : les bébés, même en grandissant, ont souvent besoin que leur tête, parfois leur dos, soit contre quelque chose, sans doute pour se sentir tenus, pour avoir une « enveloppe ». Encore une fois regardez le vôtre, vous comprendrez ce qu'il aime.

Son lit sera un lieu calme où vous éviterez de mettre des jeux (nous le verrons plus loin) car les enfants ont besoin de périodes de repos plus ou moins longues. S'ils vont bien, leur corps aime le repos, la détente, et si à certaines périodes – grande activité, désir d'être le (la) plus fort(e), inquiétude – un petit enfant peut refuser d'aller dans son lit ou de s'endormir, votre fermeté bienveillante et votre confiance l'aideront à « lâcher prise ».

SUR LE DOS OU SUR LE VENTRE ?

Vous le coucherez sur le dos ou légèrement sur le côté, en évitant à tout prix la position sur le ventre (bien qu'elle ait été longtemps préconisée par de nombreux médecins) : des études entreprises depuis plusieurs années et dans différents pays ont montré que faire toujours dormir les nourrissons sur le dos diminuait de façon significative les accidents au cours du sommeil. Une grande campagne a été entreprise en France, sous l'égide du ministère de la Santé, pour recommander de toujours coucher les nourrissons sur le dos et de veiller à ce qu'ils n'aient pas trop chaud pendant leur sommeil.

Si des difficultés persistent, c'est que votre bébé est en train de « dire » quelque chose : reportez-vous au chapitre 5.

Les repas

Manger, introduire quelque chose de bon, d'un peu chaud, dans son corps est d'une importance capitale pour les bébés (ceux qui font des difficultés à certains moments sont sans doute gênés par quelque chose ; nous y reviendrons). C'est encore l'occasion de contacts corporels et de merveilleux moments d'échange.

Préparer le moment du repas

Lorsque vous allez le chercher pour le repas, faites-le avec le même soin que quand vous le prenez pour sa toilette : en vous mettant bien en face de lui, en lui expliquant ce qui va se passer, en tenant bien sa tête et en le gardant allongé s'il est encore tout petit. Vous pouvez déjà lui mettre sa petite serviette : Audrey, à 1 mois, frétille quand sa maman lui montre et lui met son bavoir ; l'a-t-elle déjà reconnu comme un signe du repas qui va suivre ?

Portez tous deux des vêtements peu fragiles et bien protégés : la crainte de salir tout de suite le chemisier propre auquel on tient gâche vraiment le plaisir !

Si vous lui donnez le sein, regardez sa position et demandez-vous s'il est à l'aise, s'il n'a pas du mal à respirer, le nez trop collé contre le mamelon... Regardez si sa tête est bien tenue, si ses bras et ses mains sont libres (les bébés n'aiment pas avoir les bras bloqués sous la serviette ou sous le corps), si son corps est allongé et détendu. Quand il prendra le biberon, veillez à le retirer de temps en temps pour lui permettre de mieux respirer.

Installez-vous dans une position confortable pour tous les deux : sur un bon siège avec dossier, à une hauteur telle que vos jambes ne soient ni trop hautes ni trop basses (posez les pieds sur un tabouret ou prenez un siège bas). Ayez à portée de main un linge ou une éponge pour réparer les petits malheurs sans avoir à vous lever, et veillez à ce que le micro-ondes ou le chauffe-biberon se trouve à proximité. Comme pour la toilette, faites l'inventaire de ce qui vous est nécessaire avant de commencer.

Préparez-vous un bon moment !

Une nourriture affective et psychique

« Pourquoi tous ces petits détails ? »

Contrairement à ce que l'on semble encore penser trop souvent, le repas d'un très jeune bébé n'est pas uniquement le moment où il absorbe une nourriture matérielle.

◆ *Le calme et la régularité des repas*

Ce bébé bien « tenu » dans une relation tellement proche de vous, confiant, détendu, va se trouver nourri également dans tout son être affectif et psychique : quatre ou cinq fois par jour, il peut faire l'expérience d'un bien-être quasi total. Il en est à ses premières perceptions de la vie et, si ce sont là ses premières découvertes, il a de grandes chances d'être plus calme et de garder au fond de lui une sorte de confiance dans la vie, d'idée positive de son corps, de lui-même et de l'environnement.

Nous nous plaignons souvent du grand nombre d'enfants nerveux, agités, instables. Les causes sont multiples et différentes pour chaque enfant. Mais percevez-vous qu'un bébé peut être conduit sur cette voie s'il est interrompu pendant son biberon, si les voisins viennent parler, si on bouge sans cesse parce qu'on est mal installé, si on se lève brutalement parce qu'il vient de régurgiter sur le chemisier propre ? Ces saccades permanentes, ce malaise sont souvent renforcés par le fait que ce n'est pas toujours la même personne qui donne le biberon, elle n'a donc pas le même rythme, la même façon de le tenir, de résoudre les petits problèmes...

Vous verrez plus loin comment les professionnel(le)s ont réfléchi à ce problème et trouvé des solutions, dans les crèches en particulier. À Lóczy, on n'a pas le droit de déranger une nurse, sauf en cas d'urgence évidemment, ni de lui parler pendant qu'elle donne le repas à un enfant de moins de 12-15 mois.

Même dans des situations inconfortables, un petit enfant peut boire et manger des quantités honorables et satisfaire les adultes. Mais, lui, il est privé de quelque chose d'autre, qui est une expérience de paix, de bien-être profond, de « re-constitution » intérieure, de capacité à se repérer, à comprendre et même à prévoir ce qui va lui arriver, tout ce qui contribue à le rendre intérieurement calme et un peu plus solide.

◆ *La continuité du lien affectif*

On entend dire encore : « N'importe qui peut bien donner le biberon... il faut très tôt permettre à l'enfant de se familiariser avec des personnes différentes. »

Rien n'est jamais absolu ni rigide, mais les observations montrent que les enfants très jeunes ont besoin de continuité pour se repérer : commencer très tôt les apprentissages n'est pas un gage de réussite, bien au contraire.

Jusqu'à 3-4 mois, essayez de lui donner toujours ses repas vous-même. Ensuite, quand vous ne pourrez pas le faire, que ce soit le plus possible la même personne, et cela même sans protestation de sa part, car il peut certes s'habituer aux changements permanents, les accepter, mais on ne se rend pas compte de ce qui lui manque alors...

Si vous souhaitez que votre bébé soit calme tout en restant actif, réfléchissez à ce qu'est le repas pour lui : un ressourcement maintes fois répété. Vous comprenez bien que s'il se passe dans la paix, le calme, avec une constance qui lui permette de se repérer dans le déroulement des faits, votre bébé en retirera quelque chose de très particulier.

Si vous avez des jumeaux, il est important que chacun ait son moment de relation plein et entier. Vous essaierez donc de rester avec un seul, tout(e) à lui, en vous efforçant de ne répondre à l'autre que très discrètement, même s'il se manifeste très fort, et en lui expliquant que son tour va venir. Quand c'est régulier et clairement exprimé à chacun, les enfants s'habituent en général assez bien, comme si chacun savait que, en fait, il en tire bénéfice. Vous sentez bien ainsi qu'il serait dommage de donner le repas aux deux en même temps, une cuillère alternativement à chacun !

Si je peux vous donner un conseil pour l'avenir de votre bébé : ne lésinez pas sur cette qualité à donner au repas. Quand il est encore très petit, que ce soit vous, sa mère (ou son père, dans la continuité avec vous), qui les donniez le plus souvent possible. Là encore, si vous devez être aidé(e), demandez plutôt qu'on prépare le repas (ou que la personne soit là pendant les temps de jeu), mais donnez-le vous-même.

« Mais quand une mère est tendue, anxieuse, maladroite, ne vaut-il pas mieux que ce soit quelqu'un d'autre, de temps en temps, qui donne le repas, soulageant ainsi le bébé de l'angoisse de sa mère ? »

Peut-être... L'important étant l'expérience de sécurité, de bien-être, que le bébé va pouvoir faire : peut-être en effet peut-on demander l'aide de quelqu'un d'autre. Mais alors, que cette (ou ces) personne(s) fasse(nt) toujours référence à la maman : « C'est ta maman qui me demande de te donner à manger parce qu'elle pense que tu seras mieux ainsi. »

Il n'y a alors pas d'ambiguïté : c'est sa mère qui est la source de son bien-être, même si celui-ci lui est donné par quelqu'un d'autre. Le fil n'est pas rompu entre eux, l'autre n'est qu'un intermédiaire. La mère peut aussi être présente, préparer le repas avec l'autre personne ; il les voit toutes les deux. L'important est que ce repas lui soit donné dans la régularité, le calme et le bien-être.

Peut-être me trouverez-vous trop stricte ? « Quand on est plus nombreux, s'il y a des amis, certains aiment bien faire manger le bébé. C'est sympathique et il participe ainsi à la vie de tous. » Oui, mais regardez le bébé, votre bébé : comment est-il ? Détente du corps, gestes, regard, entrain à manger... Peut-être est-il content ? Il vous regarde et profite de quelqu'un d'autre, et c'est tant mieux. Souvent aussi (si vous vous permettez de le regarder lui, sans a priori), vous verrez qu'il ne sait comment se mettre : il se tortille un peu, il glisse, son visage n'a pas la même expression que quand c'est vous qui lui donnez son repas... Il y a un malaise, un étonnement.

Pensez toujours qu'il est une personne à part entière et que, avant un changement, vous devez le prévenir et tenir compte de lui comme vous aimeriez qu'on le fasse pour vous. Il n'est pas un jouet, un objet dont les adultes vont profiter. Cela étant dit, et pensé, pourquoi ne vivrait-il pas de temps en temps des expériences différentes, voire un peu désagréables ?

S'il est tout petit, vous sentirez sans doute vous-même que cette expérience est à éviter. Et s'il est plus grand ? Est-ce une bonne occasion pour lui de découvrir que quelqu'un d'autre peut s'occuper de lui avec gentillesse, ou lui impose-t-on ce relatif malaise pour le plaisir d'un adulte ? Lui retire-t-on, ou non, un moment de recharge précieux pour lui auprès de sa maman ?

À vous de voir. Chaque bébé est différent des autres, chaque famille aussi. Mais prenez toujours les mêmes précautions : « Aujourd'hui, ce n'est pas moi qui te donne ta purée, c'est Charlotte. Regarde, je lui dis comment tu aimes bien te mettre... je reste là. » Chez certains bébés, l'appétit est très fluctuant selon le bien-être ou le mal-être qu'ils ressentent.

Je ne crois pas connaître de mère qui supporte aisément que son bébé mange mal. La spirale peut alors se mettre rapidement en place : le refus du bébé augmente la tension de la mère, qui augmente à son tour le malaise du bébé. Laisser à quelqu'un d'autre le soin de donner quelques repas peut être sage à condition de prendre les précautions dont nous avons parlé.

J'évoquerai là un point dont on reparlera plus loin : la relation d'une mère avec son bébé peut être si intense qu'elle est parfois difficile à vivre pour celles d'entre vous qui sont assez isolées – et donc pour le bébé lui-même. Être seule avec un bébé toute la journée alors que le père ne rentre que le soir, ou ne rentre pas du tout si elle l'élève seule,

Plus un nourrisson vivra dans la sécurité, le bien-être, la régularité, plus il aura de chances d'être calme et ouvert à la vie... et donc d'avoir bon appétit !

peut se révéler pénible, surtout évidemment si le bébé manifeste un malaise ou une opposition quelconque. Si c'est votre cas, ce n'est sans doute pas vous qui êtes trop fragile ou anxieuse : des relations à la maison ou à l'extérieur sont indispensables afin d'éviter un face-à-face dans la solitude.

Pour exprimer tout ce dynamisme, le petit enfant a besoin d'« espace » ; prenez le vôtre, soyez aussi un peu à distance. Qu'il ne soit pas l'unique objet de votre... intérêt ! Pensez donc à sortir pour vous-même, ne négligez pas votre relation de couple, votre bébé mangera – et dormira – mieux !

La participation active du bébé

Vous commencez à percevoir que vous pouvez suivre les initiatives de votre bébé beaucoup plus qu'il n'est proposé dans les manuels.

◆ *Les initiatives du bébé au cours du repas*

Regardez le moment où il commence à toucher puis à tenir son biberon, puis le verre, le morceau de pain ou de gâteau, la cuillère. Montrez-lui toujours le biberon avant de le lui donner : attendez si possible qu'il ouvre la bouche avant d'y mettre la tétine. S'il veut toucher le biberon avec ses mains, ne l'en empêchez pas. Certains bébés aiment très tôt mettre et enlever le biberon de leur bouche, bien avant de pouvoir le tenir tout seul. Laissez-les faire.

Cette volonté de maîtrise appartient probablement à leur caractère et n'a rien de dangereux, au contraire ! Vous pouvez déjà faire confiance à ce qu'ils vous montrent de leurs capacités. Leurs initiatives sont un langage que vous pouvez comprendre et auquel vous pouvez répondre comme vous répondez à n'importe quelle personne qui vous parle... Mais ne soyez pas non plus trop pressé(e) : proposez-lui le verre ou la cuillère et regardez ce qu'il en fait plutôt que de vous demander : « à quel âge doit-il boire au verre ou manger à la cuillère ? »

Quand vous voyez naître une possibilité, laissez-la se développer en aménageant ce qu'il faut. Chacun a un rythme qui lui est propre, il peut être rapide dans un domaine, plus lent ou moins actif dans un autre (je pense à un bébé très développé sur le plan moteur qui mangeait proprement mais n'a bu seul au verre que vers 14 ou 15 mois).

Faites confiance à votre enfant tel qu'il est : vous découvrirez que son dynamisme intérieur lui fait franchir au mieux toutes les étapes de sa croissance (vous en verrez beaucoup d'autres illustrations au prochain chapitre). Inutile de le bousculer : il continuera à manifester sans cesse de nouvelles possibilités !

Les nurses de Lóczy tiennent le biberon par son extrémité inférieure pour que le bébé ait toute la place de mettre ses mains. Biberons et verres sont toujours transparents, pour que le bébé puisse en voir le contenu.

◆ *Le bébé sait s'il a faim*

Vous pouvez vous laisser guider par son appétit : des observations ont montré qu'un bébé peut régler lui-même la quantité de lait et de nourriture qui lui est nécessaire.

« Nous nous inquiétions, raconte une mère, de ce que notre petit garçon de 5 mois était un peu gros ; une amie puéricultrice de grande expérience m'a alors donné ce conseil étonnant : "Laisse-le boire tout ce dont il a envie, même s'il double la dose, il se réglera ensuite de lui-même."

« Après réflexion, je l'ai laissé boire deux biberons d'affilée, ce qui m'inquiétait fort et mon mari encore plus : "Il va devenir obèse…" Pendant sept ou huit jours, il a ainsi pratiquement doublé la dose. Puis, tout en restant très "gourmand", vorace même parfois, il a peu à peu et de lui-même diminué les quantités absorbées, à notre grand soulagement. Quelques coups de téléphone à l'amie puéricultrice avaient tout de même été nécessaires pour tenir le coup ! Six mois après, il ne mangeait pas plus que les enfants de son âge. À 7 ans, il est toujours un enfant qui aime manger, mais il se règle de lui-même ; il a plus d'appétit à certains repas qu'à d'autres, mais il est capable de refuser les desserts, que pourtant il aime beaucoup. C'est un petit garçon fin et élancé, ne portant plus aucune trace de ses rondeurs de bébé. »

« Depuis que nous laissons les enfants choisir eux-mêmes leur quantité de nourriture, nous n'avons plus d'obèses ni d'enfants anorexiques dans nos crèches », disent les puéricultrices qui, depuis de longues années, ont adopté cette attitude[1].

---

1. Aux adultes, par contre, de faire attention à ce qu'ils proposent.

À l'inverse, arrêtez de le nourrir quand il vous fait comprendre qu'il n'en veut plus. Il utilise un langage, vous le comprenez et vous en tenez compte ; plus vous le comprendrez, plus sans doute il vous « parlera ». Des médecins, des grands-mères ou amies vous tiendront des propos différents... essayez de vous faire votre idée et de la suivre.

Le bébé se vit actif : que ses initiatives soient suivies contribue à lui permettre de se constituer de lui une image positive. Il apprend à écouter son corps, ses besoins, et à les suivre. Ce qui sera sans doute un atout pour l'avenir.

Le médecin vous donnera une indication moyenne, mais vous pouvez alors faire comme cette mère : « plonger », et faire confiance à votre bébé. Laissez-le prendre ce qui lui convient, arrêtez quand il n'en veut plus. Et vous ferez probablement la même expérience qu'elle (je ne parle pas là des horaires mais des quantités de nourriture).

L'importance de cette découverte se situe non seulement au niveau du poids de l'enfant, mais aussi au niveau de l'impact profond : « En vivant cela, dit cette mère, j'ai fait un grand pas dans la confiance que je pouvais avoir dans les possibilités de ce bébé. Je crois que toute ma conception de l'enfant en a un peu changé. Ce fut une prise de conscience étonnante et utile. »

À l'inverse, certains enfants se trouvent bien en mangeant peu et refusent une grande partie du repas préparé.

Eux aussi règlent la quantité de nourriture qui leur convient. Si la baisse d'appétit survient brutalement et dure, peut-être le bébé manifeste-t-il quelque chose d'un besoin ou d'un malaise. La lecture de ce livre vous permettra peut-être de trouver les réponses. Si elle persiste, parlez-en tout simplement à quelqu'un de compétent mais sachez que – sans doute à cause de ce dynamisme de base présent chez tous les enfants – un bébé ne va jamais jusqu'à se « laisser mourir de faim » (en l'absence de problème médical bien sûr, ce que votre médecin vérifiera facilement).

À l'inverse, certains troubles de l'appétit chez les bébés sont une protestation de leur dynamisme qui ne peut se manifester.

Je vois à l'hôpital Maria, 8 mois, hospitalisée pour anorexie[1] depuis huit jours. Tous les examens s'avèrent négatifs et je l'observe pendant un repas avec sa mère : celle-ci lui donne un yaourt à la cuillère en lui tenant solidement les bras « pour qu'elle n'en mette pas partout ». Refus du bébé, qui tourne la tête obstinément.

Nous parlons. Chacune se détend et je propose de regarder ce que Maria va faire si on la laisse libre de ses mouvements... Immédiatement, elle prend le yaourt comme un verre et le boit goulûment.

Le travail avec cette mère a été tout simplement de lui montrer qu'elle avait une petite fille très précoce, adroite et revendiquant son autonomie. Et que l'on ne risquait rien à la laisser utiliser ses possibilités. Maria a quitté l'hôpital et en quinze jours à trois semaines l'appétit est redevenu normal (consultation de psychologie dans un service de pédiatrie). Toutes les anorexies ne se résolvent pas aussi facilement, mais cet exemple illustre la protestation d'un enfant dynamique à qui on ne donne pas la possibilité de s'investir dans des actes à sa hauteur.

◆ *L'envie de jouer avec la nourriture*

« Mais il mettra les mains dans l'assiette, il en jettera partout ! »
Nous en parlerons plus loin. Ne vous inquiétez pas, la maturation neurologique et motrice se fait en dehors de vous et ce qui n'est pas possible aujourd'hui va le devenir dans une semaine, dans un mois. C'est sûr, il réussira à manger proprement ! Quelle importance que ce soit à 12 ou à 18 mois si ce n'est pour l'amour-propre des parents, qui n'a pas grand-chose à voir avec le rythme de l'enfant ?

Alors, faites-lui confiance. Ne lui demandez pas de réussir ce dont il n'est pas encore capable : vous allez souffrir et le faire souffrir ! Si vous en demandez beaucoup, il risque d'acquérir l'idée qu'« il n'est pas satisfaisant, pas à la hauteur ».

Votre enfant boira seul au verre, il mangera seul à la cuillère puis à la fourchette, et proprement. Si vous le bousculez, demandez-vous sérieusement ce qui vous y incite.

Lorsqu'il commence à vouloir prendre la cuillère, l'enfant « calme » peut en avoir une dont il se sert à son rythme tandis que vous, vous en utilisez une autre plus « efficace ».

---

1. Refus de la nourriture ; le bébé ne prend pas ou prend peu de poids.

L'enfant plus pressé ou encore très maladroit peut en avoir une aussi, mais c'est vous qui tenez l'assiette et il n'y puise que quand vous pensez qu'il en arrivera quelque chose dans la bouche. Vous pouvez aussi lui donner dans la main un morceau de pain ou de fromage qu'il peut porter à la bouche quand il le souhaite. Ainsi, il peut vivre une certaine autonomie dans des limites acceptables. On peut souvent limiter les dégâts en utilisant un matériel adapté : par exemple, une assiette à céréales, plus haute et moins large qu'une assiette à soupe et plus stable qu'un bol, risque moins d'être renversée.

Mais deux enfants ne répondent pas de la même manière à des attitudes identiques des parents, et on a parfois intérêt à faire le vide autour d'un enfant explosif ; on peut limiter les occasions de conflit et attendre qu'il soit plus proche de la réussite pour lui donner des instruments supplémentaires ! Il a envie de grandir et d'agir comme il le voit faire ; ne vous inquiétez pas, ne vous mettez pas en colère et n'ayez pas d'idées négatives de lui.

Les expérimentations périlleuses durent peu chez la plupart des enfants si on leur signifie clairement que ce n'est pas ainsi qu'il faut faire. Il est assez facile, quand ils commencent à vouloir « patauger » dans l'assiette, de leur dire « non, ça ne se fait pas ! » et de tenir l'assiette un peu à distance.

En revanche, ils peuvent tenir le verre, le gâteau, manger des morceaux avec leurs doigts. Leurs gestes se précisent et deviennent moins malhabiles. Les enfants en général désinvestissent alors le fait de mettre les doigts dans la purée. Peu à peu, avec lui peut-être, vous verrez comment il est installé, la taille du verre, la forme ou le poids de la cuillère et de la fourchette. Après la chaise haute, quand ils commencent à être autonomes, les enfants réussissent mieux quand ils sont installés à une table basse leur permettant d'être bien assis, les pieds touchant le sol (table qui peut être installée provisoirement à côté de celle des adultes : l'enfant participe quand même au repas des grands !). Il peut sortir seul quand il a terminé. Et... savoir qu'il sort quand il a terminé : il n'aura donc plus rien après... Ceci donné comme une information tranquille et ferme.

Si vous observez avec bienveillance, vous verrez comme il est long et difficile pour certains enfants de comprendre comment faire, puis de réussir les gestes nécessaires pour « manger proprement ». Ils

« voudraient bien » mais ne réussissent pas et souvent se font gronder... d'où les réactions de tristesse ou de colère selon le tempérament... Souvent, ils ont l'impression de faire ce que nous leur demandons ; ils croient parfois faire bien et ne comprennent pas ce que nous voulons. Essayez d'observer en vous interrogeant : c'est le début d'un travail que vous ferez tout au long de sa croissance !

Pensez à permettre au vôtre, en dehors des temps de repas, de jouer avec de l'eau dans la baignoire ou dans une grande cuvette, de faire de la « patouille » avec du sable, du riz, s'il ne le porte pas trop à la bouche (là encore, en général, après deux ou trois expériences, il ne trouvera pas ça bon et n'aura pas très envie de recommencer...). Certains adultes pensent que mettre les mains dans l'assiette est une manière de faire connaissance avec la nourriture.

> « J'ai pensé que mon petit garçon devait avoir besoin de toucher la purée, le fromage blanc, le yaourt, mais pour connaître en touchant et pas en aspergeant, raconte une maman. Il a donc pu calmement, la première fois qu'il l'a voulu, mettre le doigt dans la purée et observer l'effet produit. « Bon ! maintenant tu sais ce que c'est. La purée ça se mange avec la cuillère, pas avec les doigts. »
> Après une ou deux expériences semblables et quelques rappels doux et fermes (« Maintenant tu connais »), c'était fini. J'ai peut-être eu de la chance, mais je n'ai pas eu à mettre un masque ni à laver par terre après chaque repas. »
> Chance ? Sans doute... Elle a eu depuis un deuxième petit garçon qui n'avait pas le même caractère. Il a longtemps mangé avec ses doigts : « Je pourrais nourrir trois poulets avec ce qui tombe sous ta chaise », lui disait-elle en s'efforçant de rire avant de commencer à gronder, exaspérée.

Les enfants se saisissent différemment de ce qui leur est proposé... Ce qui signifie qu'il peut toujours être bon d'essayer ! Mais, lorsque vous avez décidé quelque chose, efforcez-vous de le tenir : sa première représentation de l'autorité est en train de se constituer. Nous aborderons cet aspect plus longuement au chapitre sur l'apprentissage des règles : je vous dirai déjà ici, rapidement, que beaucoup des comportements qui provoquent notre exaspération disparaissent sans que nous nous en apercevions vraiment (jeter la cuillère par terre, patauger dans la nourriture, en mettre beaucoup trop dans la bouche, plus tard inonder la salle de bains). On se dit un jour : « Tiens, je ne me bats plus pour cela. » Eh oui, maintenant, il est capable de réussir ! N'en tirez pas trop de gloire. Votre enfant a envie de grandir, vous pouvez lui faire confiance : ce n'est pas (toujours) pour vous qu'il fait des progrès ! Suivez donc votre enfant à vous, permettez-lui de réaliser ce dont il devient capable et ne le comparez pas aux autres, sauf si c'est pour observer avec intérêt les caractéristiques de chacun. Si vous êtes très pressé(e) que votre enfant progresse, demandez-vous pourquoi !

Les enfants se sentent très dépendants du désir de leurs parents. Vous le verrez de plus en plus au fur et à mesure qu'ils grandissent ; les situations des enfants petits étant plus faciles à régler, il peut être encourageant de s'en apercevoir tôt...

Lorsque les exigences pèsent trop lourd et que les enfants sentent qu'ils ne réussissent pas à satisfaire leurs parents, la confiance qu'ils ont en eux diminue et l'on observe :

• soit un effort pour se conformer aux désirs des parents, avec une tendance à la soumission ;
• soit une opposition pour « se maintenir soi » face à ce désir, avec des risques de lenteur dans le développement (au moins dans ce domaine particulier) ou au contraire et très souvent des comportements d'opposition dans tous les domaines ;
• soit un malaise accompagné de tristesse ; une jeune femme se souvient combien la fourchette lui paraissait lourde, lourde, quand elle était petite et combien elle se reprochait de la laisser tomber.

Vous voyez que vous mettez alors votre enfant en situation de dépendance ou de doute de lui, alors qu'il aurait réussi harmonieusement un peu plus tard si vous aviez respecté son rythme.

La composition des repas

◆ *Un enfant doit-il manger de tout ?*

Éternelle question. Du point de vue qui nous occupe, il est toujours utile de soutenir un enfant dans ses découvertes. L'inciter à goûter de nouveaux aliments semble aller dans ce sens. Mais, lorsqu'il grandit, faut-il insister s'il est réticent ? Pourquoi pas ? Il faut alors garder bien présent à l'esprit que c'est dur pour lui et faire en sorte qu'il sente notre bienveillance.

Est-ce bien utile de vouloir absolument faire manger de tout à un enfant ? Les goûts changent. Ce qu'un enfant vous réclamait tous les jours, il le refusera peut-être l'année suivante et vous demandera ce dont il ne voulait pas auparavant. Pensez toujours que votre enfant est curieux par nature et qu'un jour il voudra goûter : peut-être alors trouvera-t-il que c'est bon ? Surtout d'ailleurs si cela se passe chez un copain et pas chez vous !

Je me souviens du cri de victoire de mon petit garçon de 4 ans : « Maman, maintenant, j'aime la salade ! » Quand aimer, goûter les choses nouvelles, est ressenti comme une promotion, ne vous inquiétez pas : un jour viendra où il vous en demandera.

Il n'est pas interdit d'essayer quelques aménagements en fonction de ses goûts : sucrer, saler, mettre un peu de sauce tomate (sans que cela devienne un jeu où on fait marcher maman !). Comme les goûts changent, il n'y a pas vraiment de danger d'habituation...

TIC DE LANGAGE !

Lequel d'entre nous n'a pas dit à un enfant en train de manger son assiette de légumes : « Hummm ! que c'est bon ! » avec une conviction exemplaire. En y réfléchissant, n'est-ce pas un peu ridicule ? Surtout adressé à un enfant qui ne se précipite pas sur ces légumes. C'est lui qui mange ! C'est lui seul qui peut savoir s'il les trouve bons ou non.

Si l'enfant (qui entre dans le monde des adultes et non l'inverse) n'aime pas ce que vous lui avez préparé, n'entrez pas dans le jeu qui consiste à essayer successivement toutes les choses qu'il vous demande : vous le laisseriez exercer sur vous un pouvoir excessif...

Il peut aussi, en grandissant, apprendre à manger un peu de ce qu'il n'aime pas : chaque famille trouve ses attitudes. Ces quelques éléments de réflexion vous y aideront peut-être. Mais il paraît indispensable qu'il ait le droit de dire : « Je n'aime pas ça ! », ce qui permet de reconnaître son effort.

Les horaires

◆ *Faut-il imposer des horaires de repas ?*

Là encore, **l'environnement et l'éducation reçue** par nos parents entrent en ligne de compte. Pourtant, il n'est pas difficile de se rendre compte qu'il y a contradiction entre faire confiance au bébé pour la quantité de nourriture qu'il va absorber et ne pas lui faire confiance pour le rythme auquel il va profiter de cette nourriture. Tous ceux qui vivent près des nourrissons vous diront que, laissés libres de leurs horaires, ils les régularisent peu à peu. Il est donc préférable de nourrir un tout-petit à la demande.

Mais, si l'âge importe, **l'organisation de la vie aussi.** Au fur et à mesure qu'un enfant grandit : 3, 5 puis 8 mois, il est de plus en plus intégré à la vie sociale. Sa mère est un peu moins « toute disponible pour lui ». Il est nécessaire, pour qu'il acquière peu à peu sa vie autonome, qu'elle commence à avoir, elle, une vie autonome.

Entre la rigidité qui consiste à régler le bébé « parce qu'il est l'heure » et le libre choix complet où rien ne peut être organisé dans la journée parce qu'on ne sait pas à quelle heure il va se réveiller et manger, il y a sûrement place pour une troisième voie où les horaires sont prévus, avec une certaine marge mais prévus quand même.

Il paraît donc logique, vers 4-5 mois (ou avant, c'est à vous de voir), de considérer les horaires que l'enfant choisit le plus souvent et ceux qui vous arrangent, vous, puis de fixer ces horaires.

Lorsqu'une liberté totale est laissée trop longtemps au petit enfant, la mère se sent l'objet de ce bébé, elle est incapable de faire des projets. Son exaspération et le maintien du sentiment de toute-puissance du bébé – qui effectivement fait d'elle ce qu'il veut – sont également dangereux.

Entre l'écoute totale des premières semaines et la vie organisée, il y a une période charnière, peu facile à aménager parce qu'on se demande ce qui est mieux pour soi, pour le bébé, ce qui est à privilégier, etc. : « Est-ce que je fais du bruit pour qu'il se réveille ou est-ce que je le laisse dormir le plus longtemps possible ? » C'est là un des moments où un regard extérieur vous est bien utile : pas le regard de celui qui « conseille », prêt à vous faire sentir qu'il sait, lui, et vous pas encore, mais le regard qui permet de prendre une distance, de parler de l'enfant, de ses horaires, de son sommeil, de ses jeux, et de ce que, vous, vous avez envie de faire, de ce que vous ressentez, des questions que vous vous posez.

Vous pouvez ainsi vous décharger un peu de toutes ces émotions du moment (le désir de bien faire, la fatigue, l'agacement de se sentir « attachée », etc.) et ensuite décider plus en connaissance de cause, avec un peu de recul.

◆ *Entendre les messages du bébé*

Pendant les soins que vous donnez à votre bébé, l'important est donc la relation avec une petite personne qui se manifeste déjà très clairement : votre enfant deviendra d'autant plus vivant et expressif que vous l'entendrez et que vous tiendrez compte de ce qu'il vous « dit ».

Vous l'écouterez avec un double objectif :

• qu'il soit bien : chez le bébé, il ne s'agit pas encore d'apprentissage, il est centré sur la découverte de son corps, de l'extérieur (qu'il différencie encore à peine de lui-même), il constitue les bases de l'image qu'il se fera de lui-même et de la vie ;
• que ses initiatives soient prises en compte de telle sorte que, d'une part, on réponde au plus près de ce qui lui correspond et, d'autre part, se forme en lui **l'idée que ses manifestations sont importantes** ; il va apprendre que ce qui émane de lui est intéressant et reconnu comme tel.

Ne l'empêchez pas pour autant de découvrir qu'il grandit au milieu de personnes qui vivaient avant lui et qui continuent à vivre maintenant avec lui, mais aussi indépendamment de lui. Être écouté ne veut pas dire devenir le centre du monde. (Voir chapitre 6.)

Si vous réussissez à faire quelque chose de ce que nous avons décrit, il est probable qu'il pourra développer beaucoup de ce dont il est capable. Vous lui laissez le maximum de place pour réagir, donc pour être plus confiant. On peut penser que vos « maladresses » ne l'empêcheront pas de se manifester, donc ne l'enfermeront pas. À vous peut-être de l'écouter avec simplicité pour améliorer vos manières de faire.

Il est réconfortant de penser que, dès sa naissance, un bébé a du répondant, si on veut bien l'entendre. Il participe activement à sa croissance, ce qui signifie que tout ne dépend pas de nous, parents : il en a sa part. Nous sommes deux ou trois dans son éducation : nous et lui. Laissons-lui donc sa part et soyons soulagés d'autant.

> « La satisfaction des besoins naturels, primaires, apporte à l'enfant une sécurité, une confiance et une joie de vivre fondamentales qui, réunies, constitueront la base d'une capacité à établir des relations positives. »
>
> J. K. Stettbacher[1]

---

1. *Pourquoi la souffrance. La rencontre salvatrice avec sa propre histoire*, préface d'Alice Miller, Aubier, 1991.

3
Le temps « éveillé », ou la liberté de mouvement et d'activités

« La pleine exploitation de l'activité spontanée libre permet de mieux connaître les capacités étonnantes du bébé à faire par lui-même, son plaisir à le faire, l'intérêt qu'il y porte, l'ardeur qu'il déploie pour arriver à son but et en obtenir la maîtrise. »

Anna Tardos et Myriam David,
« Un travail à l'Institut E. Pikler »,
in revue *Devenir*, 1991.

« La capacité à être seul constitue l'un des signes les plus importants de la maturité du développement affectif. »

D.W. Winnicott,
De la pédiatrie à la psychanalyse,
Payot, 1969.

Nous venons de parler de tout ce que votre bébé peut recevoir de vous pendant les soins et les repas. Nous allons regarder maintenant ce qu'il peut vivre par lui-même quand il est éveillé et bien installé, gardant à l'intérieur de lui quelque chose de tout l'amour et de l'attention que vous lui avez donnés.

« ZE DÉBROUILLE TOUT SEUL »

Oui, surprenante découverte : « Ze débrouille tout seul », bien avant de pouvoir le dire...

On sait maintenant qu'il n'est pas nécessaire de lui apprendre à s'asseoir, à se mettre debout, à marcher, pour qu'un petit enfant y parvienne. S'il est dans un bon climat de sécurité affective, il porte en lui un dynamisme tel qu'il peut faire par lui-même toutes ces premières grandes acquisitions sans même que l'adulte ait besoin d'intervenir pour les lui montrer, avec bien-être, plénitude et parfois même jubilation.

Ce que nous pouvons observer

Ces observations m'ont d'abord remplie d'émerveillement et d'admiration, puis elles ont nourri toute mon expérience familiale et professionnelle. Concrètement, voici ce que nous voyons.

Sur le dos, tous les bébés sont actifs

Un nourrisson de 2, 3 ou 4 mois posé sur le dos pendant son temps éveillé, et si possible en dehors de son lit, passe beaucoup de temps à découvrir ses mains, ses doigts, puis la variété et la subtilité des mouvements possibles. Il s'intéresse spontanément aux objets placés autour de lui. Un peu plus tard, il dirigera ses mains dans leur direction, cherchera à les toucher puis à les attraper. On se rend compte qu'un bébé posé sur le dos a la libre disposition de toute son énergie : le corps est détendu, la colonne vertébrale est bien droite, la tête peut tourner sans effort à droite et à gauche.

Dans ces conditions, tous les bébés sont actifs et les activités s'enrichissent d'elles-mêmes à mesure des jours qui passent. Lorsque les adultes (dont on a vu par ailleurs la nécessaire qualité d'attention et d'amour) ne les incitent pas à faire telle ou telle chose, ne cherchent pas à leur apprendre quoi que ce soit et ne les aident pratiquement jamais, on observe cette chose étonnante : **les enfants sont poussés par une force** intérieure, un désir d'expérimentation de leur corps et des objets qui les entourent. On observe une progression permanente et un passage par une succession d'étapes communes à tous les enfants.

Quel émerveillement, mais aussi quelle retenue nécessaire, devant Thomas, 8 mois, qui commence à se retourner du dos sur le ventre. Il tend la main vers cette girafe entourée d'anneaux qu'il affectionne ; elle se trouve à quelques centimètres du bout de ses doigts. Il s'étire au maximum, pousse de petits cris gutturaux ; la girafe est toujours trop loin. Il semble qu'il l'effleure du bout des doigts, mais il ne peut la saisir. D'un coup de reins, il se met sur le dos ; la girafe se trouve alors de l'autre côté de lui ; il la cherche du regard, la trouve, tend l'autre main... elle est encore trop loin. Le regard est intense. Tout le corps est impliqué. Il poursuit ses efforts et ne réussit pas. Il s'immobilise quelques secondes, suce son pied puis se remet sur le ventre, pivote un peu et se retrouve près de la girafe, qu'il peut alors saisir. Il la prend, la suce, la secoue, puis regarde autour de lui comme pour comprendre d'où elle vient. Il a eu la possibilité de soutenir un effort prolongé, intense, de poursuivre son idée malgré des interruptions, de se forger probablement un début de représentation de cet objet qu'il convoitait. Il semble avoir déjà eu un « projet ».

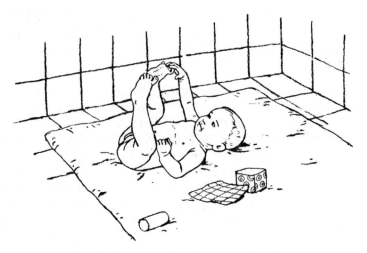

Les pieds sont aussi actifs que les mains...

Et Maxime, 7 mois, commence à ramper par terre. Il attrape une petite boîte à savon en plastique jaune. Je le vois la taper sur le sol, écouter le bruit, attendre, recommencer ; il la lâche, elle glisse, il s'étire et rampe pour la saisir à nouveau. Son regard tombe en arrêt devant une autre boîte de même forme et de même taille, mais de couleur différente. On sent alors un intense effort de réflexion : son regard passe de l'une à l'autre, il refrappe au sol celle qu'il tenait en fixant l'autre du regard ; il arrête, la retape au sol intrigué par... ? le mouvement de l'une et l'immobilité de l'autre ? l'intuition de la ressemblance-différence ? le bruit ?

Marine, 9 mois, dans sa famille, sait se mettre debout seule en se tenant à une table ou à une étagère. Je l'ai observée plusieurs jours consécutifs passant plus d'une demi-heure d'affilée à prendre un de ces anneaux que l'on enfile sur une tige et à faire une multitude d'expériences : ramper par terre et faire rouler l'anneau au loin ; se mettre debout en se tenant à sa petite table, prendre l'anneau par terre, ce qui suppose de se tenir d'une seule main, poser l'anneau sur le bord de la table, le regarder rouler et tomber ; faire un nouvel effort pour le saisir, se remettre debout, le reposer sur la table.

Cette fois, l'anneau se trouve au milieu et ne tombe pas. Geste involontaire du bras sur la table : l'anneau, poussé, tombe et roule un peu plus loin. Marine se laisse glisser, va à quatre pattes le chercher et le retrouve parmi d'autres jouets ; elle revient à la table, remonte, frotte l'anneau sur la table sans le lâcher, puis tape sur la table avec.

J'ai compté plus de huit expériences différentes rythmées par des descentes au sol. Marine ne s'occupe pas de ce qui se passe autour d'elle, puis tout à coup, gardant son anneau, elle se met debout en se tenant au mur et marche tout autour de la pièce en frottant l'anneau. Elle écoute le bruit sourd, sort sur le balcon en se tenant à la porte-fenêtre. Elle semble remarquer la différence de bruit quand l'anneau frotte la vitre. Elle arrive sur la terrasse : contre le mur de pierre, le bruit est strident... Marine continue à suivre le mur jusqu'à l'extrémité de la terrasse.

L'activité a duré plus d'une demi-heure. Gestes précis, réflexion intense. On est frappé par l'harmonie des gestes, le sérieux du regard. La respiration est rapide à certains moments, comme si l'intensité devenait plus grande.

Aucun adulte n'a montré quoi que ce soit à ces enfants, qui ne sont pas exceptionnels. Tous les enfants élevés dans ces conditions réagissent de cette manière.

Un rythme propre à chaque enfant

Les acquisitions se succèdent dans un ordre commun mais selon un rythme propre à chaque enfant (la précocité ne permet pas de préjuger de l'avenir et n'est pas toujours signe de capacités supérieures).

La petite Karine, 5 mois, est allongée sur le dos. Pendant six minutes, je l'observe : elle se met sur le côté, basculant vers la position ventrale mais ne parvenant pas à s'y mettre complètement parce que son bras gauche reste sous son corps ; elle ne réussit pas à le dégager malgré tous ses efforts. Le regard est concentré, intérieur. De temps en temps, ses mouvements entraînent tout le corps, qui se retrouve bien à plat sur le dos ; puis, d'un coup de reins, elle se remet près de la position ventrale. À la sixième minute, elle se retrouve encore une fois sur le dos, avise une boîte avec des dessins rouges : elle pivote sur le dos pour que sa main s'en approche et elle commence à la caresser en gazouillant.

Nous voyons comment elle retrouve toujours son équilibre, une position dans laquelle elle se sent bien. Deux jours plus tard, elle réussit seule à se mettre sur le ventre. Se remettre sur le dos va lui demander beaucoup plus d'efforts...

• Peu à peu, **et de lui-même,** un enfant va se mettre de plus en plus souvent sur le ventre, puis il essaiera de ramper, de se tenir sur trois points d'appui, enfin de s'asseoir.

Un petit enfant que personne n'a aidé à s'asseoir essaie puis réussit à le faire seul. Au début, il n'y reste pas longtemps, il se laisse tomber avec douceur sans se faire mal ; vous le voyez alors s'exercer un grand nombre de fois à se mettre dans cette position verticale et à la maîtriser de mieux en mieux. D'abord, il ne cherche pas à jouer pendant qu'il est assis, puis peu à peu, se sentant mieux dans cette position, il commence à avoir une petite activité dont la durée va augmenter...

> J'aimais bien regarder Karine. Trois semaines plus tard, elle se tenait sur trois appuis et passait de longs moments à jouer avec de petits objets. Puis on l'a vue, de temps en temps d'abord, de plus en plus souvent ensuite, se redresser en essayant de mettre son dos vertical. Elle se tenait un peu sur les fesses avec l'appui des talons, puis s'allongeait à nouveau. Un très grand nombre de fois, à des intervalles différents, elle a refait ce mouvement, souvent un peu plus haut, jusqu'au moment où son corps s'est tenu droit et où elle s'est retrouvée assise, ce qui n'a pas duré longtemps la première fois : elle est retombée sur le côté, mais cette chute, familière, ne l'a pas inquiétée. Allongée sur le sol, elle a ébauché un sourire. Comme emportée par l'élan, elle a roulé sur le ventre, poussé une petite balle, s'est immobilisée trois secondes environ, s'est remise sur ses trois points d'appui, s'est redressée, tenant à nouveau une ou deux secondes la position assise.
>
> Quelle émotion pour l'observateur... On ressent là ce qui peut s'imprimer en elle : confiance en elle-même et capacité à imaginer des situations inconnues, à les expérimenter sans se mettre en danger.
>
> Sa maman était souvent là, et ressentait une grande émotion devant ce nouveau progrès mais se retenait d'intervenir. Karine semblait très heureuse qu'on la regarde à ces moments, elle ne demandait rien et poursuivait son activité : joie partagée, intense, silencieuse, mais non dépendance (ce qui ne l'empêchait pas à d'autres moments de retrouver les bras protecteurs dans lesquels elle se sentait si bien...).

Dans toutes les crèches où l'on respecte ainsi la liberté d'activité des enfants, on les voit, sans incitations ni encouragements de la part des adultes, se mettre à quatre pattes, chercher des appuis pour élever le haut du corps jusqu'à se tenir debout, longer les murs, utiliser tout ce qui peut leur servir de support, lâcher une main puis l'autre, enfin se lâcher plus longtemps et... faire leurs premiers pas !

*Cet enfant est parfaitement stable sur ses trois points d'appui :
pieds, orteils, genou et côté droits s'enfoncent dans le sol ; le bras droit
est tendu et le « polygone de sustentation » est large : l'épaule,
le bras et la main gauche sont totalement disponibles à la manipulation
fine, en l'occurrence sentir sous le doigt la douceur
des différents brins de laine du tapis.*

Cela sans qu'il soit nécessaire de les y encourager (bien qu'évidemment en famille nous le fassions, ne pouvant retenir notre joie et notre désir de la partager avec eux !) et sans qu'ils aient besoin de modèles à imiter : **la progression est la même chez un petit enfant élevé seul dans sa famille.**

Vous serez surpris(e), tout au long de ce parcours, du calme, de l'aisance des mouvements, de l'absence de brusquerie, et de la grande concentration du visage : tout l'être est impliqué dans ce qu'il est en train de vivre, il ne regarde pas ce qui se passe autour de lui. La voix y est associée, les mimiques et les sonorités d'efforts sont très touchantes !

Surpris(e) aussi du temps assez long qui s'écoule entre le moment où un enfant est capable d'acquérir lui-même une posture (se mettre assis seul, par exemple) et le moment où il l'utilise et joue confortablement : plusieurs semaines parfois. Il assimile progressivement ses nouvelles acquisitions, il les affine, les varie à l'infini, comme s'il savourait toutes ces étapes intermédiaires... Il ne les utilise de manière habituelle que lorsqu'elles sont vraiment intégrées. Ce qui est naturel pour lui semble donc être de prendre le temps de se sentir complètement à l'aise, en harmonie dans une nouvelle posture ou dans un nouveau mouvement, plutôt que de passer rapidement au suivant.

Globalement, le rythme des acquisitions de l'enfant est le même, qu'il soit ou non stimulé par les adultes.

Nous verrons plus loin comment ces enfants, parfaitement à l'aise dans leurs mouvements, ne se lancent pas dans des entreprises qui les dépassent et ne se blessent pas...

• Les dates d'acquisition des grandes étapes de la motricité sont très variables selon les enfants, mais ce à quoi vous pouvez être sensible est la qualité de cette acquisition : avec quelle sécurité, quelle harmonie, quelle richesse le petit enfant va pouvoir l'exercer...
Ainsi, avoir acquis le stade de la marche peut signifier pour lui :
– faire ses premiers pas ;
– ou aller vers l'endroit qu'il a choisi, en marchant et sans avoir le souci de son équilibre ; son but est alors le déplacement qu'il a décidé de faire.
Ces enfants qui profitent d'une totale liberté de mouvement font parfois leurs premiers pas un peu moins tôt. Mais ils marchent plus rapidement, avec plaisir et aisance, sans se cramponner ni tomber.

Des manipulations fines

Vous serez étonné(e) de la richesse des manipulations fines dont ils sont capables. Nous avons regardé Thomas, Maxime... vous verrez le vôtre.

• Les bébés s'activent avec un seul objet d'abord, qu'ils manipulent en le tenant : regarder, toucher, porter à la bouche, faire tourner,

Donner trop tôt aux bébés de nombreux objets à manipuler peut empêcher ou gêner la découverte de toutes les subtilités des mouvements des mains et des doigts.

éloigner, frapper sur le sol, passer dans l'autre main... Vous verrez la finesse, la délicatesse des mouvements des doigts, la douceur et même la subtilité de certains gestes, parfois la force ou la brusquerie.

• Vers la fin de la première année, les activités s'enrichissent : l'objet n'a plus besoin d'être tenu, il y a une sorte d'interaction avec cet objet que le petit enfant éloigne, va rechercher, fait pivoter en attendant la fin totale du mouvement. Il recommence un grand nombre de fois la même expérience : les contacts peuvent avoir lieu du bout des doigts ou avec la main entière, etc. Il peut aussi porter son attention sur deux objets à la fois, les frapper l'un contre l'autre, essayer de mettre l'un dans l'autre (sans avoir encore aucune notion de la grandeur), les saisir alternativement puis en même temps. Il semble souvent les comparer.

Où s'enracine l'intelligence

Sentez-vous déjà comment le développement de l'intelligence s'enracine dans cette activité qu'on appelle sensori-motrice et comment tout le corps y participe ? L'expression du visage, le sérieux, la concentration montrent que des pensées commencent à surgir.

À travers toutes ces expériences qui ne sont jamais interrompues par l'adulte, le bébé se constitue des représentations mentales : il garde en lui l'image du jouet qu'il ne voit plus, il se pose des questions, commence à évaluer physiquement, avec son corps, la proximité et la distance, la disparition et la possibilité de retrouver ; il éprouve les différentes qualités de toucher, de poids, de résistance, les odeurs, les goûts, etc. Il semble avoir des objectifs, des projets. Il cherche lui-même des solutions et s'aperçoit qu'il peut souvent en trouver. Quel travail ! On a appelé cela un « mode de penser corporel », toute l'énergie et les mouvements du corps s'y trouvant impliqués. Bref, le bébé s'entraîne à mettre en place des mécanismes actifs de sa pensée, amples, stables, qu'il utilisera de plus en plus au fur et à mesure de sa croissance, de l'élargissement de ses possibilités et de son « champ d'expérimentation ». On peut penser que ces mécanismes seront un outil précieux pour sa vie scolaire et pour toute sa vie intellectuelle.

La richesse de ses expériences émotionnelles

Pendant ce temps, nous sommes frappés par l'énergie, la détermination, les efforts qu'il manifeste, par la grande richesse et la variété de ses expériences émotionnelles. Nous percevons souvent chez lui un grand intérêt, comme un plaisir « viscéral ». Mais il peut y avoir colère,

Cette petite fille jouera très longtemps à taper le bateau contre la cuvette, puis à écouter le bruit quand elle l'aura lâché dedans, étonnée, attentive.

Ensuite, très intriguée par le silence lorsqu'un mouvement brusque aura fait sortir le jouet, elle essaiera de nombreuses fois de le faire se reproduire. Concentrée sur son activité, elle ne fait pas appel à sa maman qui la regarde, toute proche.

agacement ou jubilation, cris de victoire ou de soulagement lorsqu'il arrive en haut de la marche ou saisit enfin le gobelet convoité... Il peut y avoir préoccupation voire inquiétude lorsqu'il ne voit plus le jeu qu'il tenait, étonnement ou soulagement lorsqu'il le retrouve[1]. Vous le verrez par exemple grogner, voire crier, parce que le gobelet a roulé trop loin, poser la tête sur le sol, puis la relever, regarder autour de lui, saisir un autre objet et le manipuler. **Il a dominé lui-même sa petite frustration.** Installé dans un transat, serait-ce possible ?

Nous verrons plus loin que les émotions venant de ce qu'il vit par ailleurs – joie, fatigue, tristesse, excitation... – peuvent aussi s'exprimer sans contrainte et se soulager au cours de cette activité totalement libre.

La capacité d'autorégulation

• Nous observons par ailleurs que toute cette activité est rythmée par des temps d'arrêt ou de repos : périodiquement, nous voyons le petit enfant se remettre en position allongée, étirer son corps, souvent poser sa tête sur le sol pour un temps plus ou moins long, puis reprendre la même activité ou une autre.

Pendant que cette activité se poursuit, parfois assez longuement, il change fréquemment de posture : il fait de grands mouvements, se met sur le ventre, puis à nouveau sur le dos, pivote, s'allonge sur le côté en s'appuyant sur le coude, etc., ce qui ne l'empêche pas de continuer mais semble au contraire permettre une détente de tout son être.

Il s'agit là d'une autre découverte : il existe une « capacité d'autorégulation », qui permet au tout-petit de régler lui-même moments d'activité et moments de récupération. On sait aujourd'hui qu'elle est commune à tous les enfants. Si on ne les bouscule pas, ils gèrent eux-mêmes ce rythme.

L'adulte qui est là peut observer – et respecter – la reprise d'activité. Si l'arrêt se prolonge, c'est souvent un signe de fatigue ; le bébé a besoin d'être recouché, ce que nous pouvons lui expliquer : « Je crois que tu es fatigué et que tu as besoin de dormir un peu. »

---

1. Le plaisir qu'un bébé trouve à ces mouvements (de tout son corps) et à ces manipulations fines est une compensation joyeuse – et souvent utile – à l'époque du sevrage ou du passage à la cuillère.

• Cela rejoint curieusement d'autres occasions d'autorégulation :
– la capacité à manger la quantité de nourriture qui lui convient, dont nous avons parlé ;
– l'alternance que nous observerons aussi, plus tard, entre ces moments d'activité remuante ou bruyante et des moments calmes ou silencieux (qui peuvent parfois être étonnants par leurs contrastes : « Pourquoi t'agites-tu alors que tu étais si calme tout à l'heure ? ») ;
– l'autorégulation d'un petit « corps-esprit », qui porte en lui à la fois des possibilités de réflexion intense et une énergie pulsionnelle parfois débordante.
Cela peut nous aider à accepter des rythmes parfois surprenants. Mais surtout, **le bébé peut apprendre à suivre ses propres rythmes, à les respecter**. Quel atout pour maintenant et pour l'avenir : savoir écouter son corps, pouvoir aller dormir ou s'étendre quand on en ressent le besoin et pas seulement quand les parents l'exigent ! Plus tard, ces enfants seront peut-être plus portés à écouter les besoins de leur corps et à en tenir compte que les enfants pour lesquels les parents, avec beaucoup de dévouement sans doute, auront tout décidé.

Une sécurité intérieure

Les enfants acquièrent par l'autorégulation une sécurité intérieure qui explique sans doute en partie ce calme, cette absence de tension qui nous frappent.

• Rappelez-vous Karine quand elle commençait à se mettre sur le ventre. De nombreuses observations comme celle-là nous montrent que le bébé faisant l'expérience un peu inconfortable de se retrouver sur le côté, en déséquilibre, sent qu'il peut toujours lui-même revenir à la position dorsale, confortable et connue – et le fait. Il renouvelle cette succession d'expériences un grand nombre de fois.
Il récupère toujours son équilibre et il en est sûr puisque c'est toujours ainsi : on voit tous les enfants faire des mouvements de plus en plus difficiles, mais juste un peu plus difficiles, jamais au-delà d'un point où ils ne seraient pas capables de retrouver eux-mêmes leur équilibre.
Ils sont d'autant plus tranquilles que, pour obtenir ce « confort », ils ne dépendent de personne. **Pendant les soins, ils vivent dans la sécurité**

de la présence de l'adulte : là, ils font l'expérience d'une autre sécurité qui, elle, vient d'eux-mêmes.

• Vous verrez la même chose quand un bébé est allongé sur le côté car il ne sait pas encore s'asseoir seul : il se met sur trois appuis puis il se soulève, se tient un peu sur les fesses avec l'appui des talons, puis il s'allonge à nouveau. Un très grand nombre de fois, les enfants qui vivent cette liberté se soulèvent à nouveau, un peu plus haut, jusqu'au moment où le corps tient droit et où ils se retrouvent assis, ce qui ne dure généralement pas longtemps. Ils retombent alors sur le côté mais ils connaissent cette chute, elle n'est pas inquiétante pour eux. Ils sont prêts à reproduire l'expérience, ils n'ont pas besoin d'appeler un adulte. Retomber à terre, même de la position verticale, fait partie très tôt de leurs expériences naturelles : ils savent tomber souplement, souvent en s'orientant sur le côté, la tête un peu rentrée entre les épaules. Ils pleurent peu quand ils tombent et ne se font jamais très mal.

Tout enfant est capable de s'asseoir seul sans qu'on l'ait jamais mis dans cette position, de se mettre debout seul et de marcher seul sans qu'on le lui ait jamais appris.

• Il n'est peut-être pas besoin de mots supplémentaires pour que vous sentiez ce qui s'imprime en eux : confiance en soi-même et capacité à prendre de petits risques qui ne font pas courir de danger. L'autre peut être là, ressentant une grande émotion devant ce nouveau progrès, et l'enfant semble alors très heureux qu'on le regarde à ces moments : joie silencieuse partagée, mais non dépendance... C'est le contraire d'être « en solitude ». L'intensité de l'émotion admirative, encourageante, qu'il sent évidemment, le nourrit, lui fait vivre son corps en mouvement dans un grand sentiment de bonheur – mais c'est son corps à lui, non « manipulé » par les adultes. À côté de l'adulte, il est pleinement lui-même.

Jamais (ou presque, rien n'est absolu !) un adulte n'a proposé aux enfants observés de faire quelque chose dont ils n'étaient pas capables. Jamais il ne leur a dit : « Allez, vas-y, essaie encore. » Jamais ils n'ont été incités à atteindre un objectif que l'adulte leur avait proposé : « Regarde cette balle comme elle est belle, allez, vas-y, attrape... Allez, mais si, recommence... »

C'est donc une découverte proprement incroyable et pourtant maintes fois observée : les très jeunes enfants portent en eux un dynamisme tel que, si l'environnement leur en fournit la possibilité, ils vont d'expérience en expérience et progressent sans arrêt avec une harmonie et une détermination qui surprennent les observateurs.

Tant que des adultes n'avaient pas pratiqué ce type d'attitude de manière systématique, on ne pouvait pas savoir que les bébés avaient cette capacité. Les enfants qui nous l'ont appris n'étaient pas favorisés puisqu'ils étaient en pouponnière, leurs parents ne pouvant ou ne voulant s'occuper d'eux.

Nous reverrons à la fin de ce livre combien c'est dans notre « nature » d'êtres humains de porter en nous un potentiel original et unique, une énergie, un dynamisme qui nous poussent, tout au long de notre vie, à mettre en valeur, à exprimer ce potentiel, notre richesse... Mais il est étonnant d'observer comment ce dynamisme – qui aura continuellement besoin d'être soutenu, encouragé, canalisé chez l'enfant grandissant, puis adolescent – s'exprime de manière spontanée chez le tout petit enfant. Alors, regardez votre bébé et faites aussi l'expérience, vous verrez que vous avez raison de lui faire confiance...

Ce qu'apporte la liberté de mouvement[1]

L'harmonie des gestes

On est d'abord frappé de l'harmonie, de la plénitude des gestes, qui sont calmes, sûrs[2]. Ces enfants se tiennent droits, marchent bien plantés sur leurs deux pieds. Ils savent se protéger lors des chutes car

---

1. Les films font apparaître, mieux que les mots et les photos qui sont statiques, l'aisance avec laquelle ces enfants effectuent leurs mouvements.
2. Regardez autour de vous : on voit de nombreux enfants de 10, 12, 14 mois et plus marcher sur la pointe des pieds, le derrière très en arrière, les jambes écartées et quelquefois arquées. Beaucoup tombent souvent et appellent au secours dès qu'ils sont par terre. On dit qu'ils sont casse-cou et on pense que c'est leur caractère.

*Le matelas est haut pour lui... C'est seulement quand il réussit
à y monter tout seul qu'il peut en descendre seul
sans difficulté et sans se faire mal.*

ils apprennent dès leurs premiers mouvements à ne compter que sur
eux-mêmes : c'est un autre élément d'observation de s'apercevoir qu'ils
ne s'aventurent (presque) jamais dans des situations trop difficiles pour
eux. Ils ont fait mille expériences de leur corps dans toutes les positions, avec une concentration d'esprit qui a dû les aider à acquérir une
conscience précise de ce qui se passe en eux.

Comment vous communiquer l'étonnement, l'émotion que l'on éprouve
en regardant ces enfants évoluer ainsi, acquérir une aisance, une
élégance même, une tranquillité, une prudence, qui surprend les observateurs ? Leurs gestes deviennent précis, leur sens de l'équilibre est de
plus en plus grand. Et quel atout on leur donne ainsi pour l'avenir ! Au

contraire, observez l'attitude de certains adultes : ceux qui aident l'enfant avant même qu'il n'ait commencé, ceux qui ont déjà peur que l'enfant ne tombe, ceux qui interdisent sans cesse : « Ne cours pas, tu vas tomber ! » Vous verrez que les enfants très contrôlés ou trop aidés par les adultes se lancent parfois dans des aventures inconsidérées ; les adultes sont alors obligés de les suivre partout, car ils peuvent encourir de réels dangers.

> Julien, 22 mois, en arrivant sur une côte bretonne, s'est mis à escalader des rochers bien plus hauts que lui avec un calme et une détermination mais aussi une jubilation auxquels ses parents ne s'attendaient nullement, personne ne l'ayant encore fait devant lui. Évidemment ses parents le suivaient de près, mais il n'a demandé aucune aide : il était surprenant de voir que, lorsque le rocher à affronter était trop haut ou n'offrait pas de prises lui semblant suffisantes, il ne s'entêtait pas et cherchait une autre voie. Il ne se laissait glisser que lorsqu'il avait vu le sol proche de ses pieds. Il a plusieurs fois recommencé cette aventure et il était tout à fait étonnant de voir ce petit alpiniste sur de grandes parois plus hautes que lui : « Ohoh... cé duu... ohoh... cé duu ! » (« Oh... C'est dur ! ») Le père, médusé, était tout proche, prêt à parer une chute mais se gardant bien d'intervenir, et Julien ne semblait nullement s'apercevoir de sa présence.

Un schéma corporel très précis

Ces enfants, faisant une foule d'expériences, développent un schéma corporel très précis.

• Ils ne se cognent pas ou se cognent très rarement, ils peuvent passer sous les tables, sous les chaises avec une grande adresse et sans se faire mal. La notion de l'espace devient plus exacte.

> Coline, 14 mois, qui commence à marcher, traverse une pièce en tenant un balai presque horizontal sans rien casser et le sort par une porte de taille normale sans heurter les montants. Un peu plus tard, elle sera capable de pousser un tricycle sur un plan incliné.

• Ils sont très attentifs à tout ce qui se passe dans leur corps et autour d'eux, et on est étonné de leurs découvertes.

Julien a 2 ans et découvre pour la première fois une balançoire. Sa maman le laisse grimper dessus tout seul, ce qui lui prend déjà un bon moment, puis elle le pousse une seule fois doucement pour qu'il fasse connaissance avec le balancement. En restant à côté de lui, elle le laisse alors se débrouiller seul. Il fait des mouvements avec tout son corps, il essaie de faire bouger la balançoire en tendant son pied par terre. Petit à petit, il découvre le geste qui le fait se balancer de lui-même ; il a expérimenté tout seul ce mouvement de dos et de jambes.

L'enfant mesure ses possibilités

On a vu comment un petit enfant qui peut faire ces mouvements lui-même et à son rythme se place rarement dans une position dangereuse qu'il ne maîtrise pas. On s'aperçoit qu'il « sent » ses possibilités et qu'il ne les dépasse pas.

Julien a 8 mois, il explore la première marche d'un escalier improvisé[1].
Il réussit à monter dessus et atteint la deuxième, il la touche avec ses mains et redescend immédiatement sur la moquette. Plusieurs jours de suite, il répétera cette exploration sans monter sur le dessus de la chauffeuse qui constitue la troisième marche. Ce n'est que trois semaines plus tard qu'il ose aller jusqu'en haut, se mettre debout, essayer de descendre par le côté où il n'y a pas de marche intermédiaire : à plat ventre sur le dessus de la chaise, il lance sa main vers le bas, cherche à toucher le sol. Il n'y parvient pas, il se laisse alors glisser progressivement sur la première marche puis sur le sol. Il ne se lance pas dans le vide.
Deux jours après, il est encore sur le dessus de la chaise, il réussit à toucher le sol avec l'extrémité de son doigt et à ce moment-là il se laisse glisser tout doucement sur le côté où il n'y a pas de marche intermédiaire. Ses mains se mettent petit à petit à plat sur le sol, et il arrive ainsi à descendre.
C'est le même qui, à 10 mois, arrive pour une semaine dans une maison inconnue. Il ne marche pas encore, mais se promène à quatre pattes sur le grand palier d'où descend un escalier de pierre. Il se rapproche de la première marche, en contrebas, la tape avec ses mains, met un pied sur

---

1. Je vous donnerai plus loin des exemples d'aménagements faciles à réaliser chez vous. (Voir chapitre 4.) Il s'agit ici d'un escalier constitué par une boîte de lessive pleine placée devant une chauffeuse (chaise basse et rembourrée, assez large).

Un bloc de mousse, un carton rempli (de livres par exemple),
une chaise basse et un matelas sur la gauche. Il grimpe sur le premier,
explore le second de nombreuses fois et plusieurs jours de suite
avant de s'enhardir jusqu'à la chaise basse : étage supérieur où il parvient,
un jour, seul, sans rien dire ni demander... avec « seulement »
une grande satisfaction intérieure !

cette marche. Il se trouble et semble un peu inquiet. Il remonte alors sur le palier et expérimente ainsi plusieurs fois la première marche. Il semble avoir très envie de descendre mais, chaque fois, il remonte.

Pendant plusieurs jours il s'approchera de cette première marche, regardera vers le bas, babillera avec l'air de dire que vraiment il voudrait bien se lancer mais que c'est trop difficile pour l'instant, puis retournera sur le palier. Jamais il ne se lancera dans le vide de cet escalier (ce qui ne permet quand même pas à ses parents de le laisser seul à cet endroit).

On voit combien les enfants élevés de cette manière sont essentiellement prudents ! Nous y reviendrons. Ils ont très peu d'accidents. L'illustration impressionnante en est la pouponnière de Lóczy qui, après cinquante années de fonctionnement[1], n'a vu qu'un seul enfant se blesser lors d'une chute (arrivé quand il savait déjà marcher seul, il n'avait pas bénéficié de toutes ces expériences). Tous peuvent se déplacer librement dans leur lieu de vie, qui peut comporter quelques marches. Lorsqu'ils tombent, ce qui ne peut manquer d'arriver, on observe qu'ils ont acquis un réflexe d'autoprotection : ils rentrent la tête entre les épaules d'une manière qui fait qu'elle ne cogne pas lourdement ; grâce à leur souplesse générale (au niveau du tronc en particulier) et à l'étonnante coordination de leurs mouvements, ils se font moins mal que beaucoup d'autres.

Peu de sentiment d'échec

Ces enfants ont peu de sentiment d'échec, car ils n'ont pas l'idée de se donner des objectifs impossibles (c'est nous qui leur donnons cette notion en leur proposant de monter deux marches, de se mettre debout, de descendre du canapé où nous les avons perchés, etc.).

Leur objectif à eux est d'explorer, et, au fur et à mesure qu'ils explorent, leurs possibilités motrices s'améliorent. Ils sont alors amenés à explorer plus loin, et ainsi de suite. On n'observe pas – ou on observe peu – chez ces enfants de réactions de honte ou de fureur aussi fortes que chez ceux à qui on demande beaucoup et qui sont très vexés lorsqu'ils tombent.

---

1. ... et d'observations faites avec rigueur tout au long de ces années.

Nous avons un très joli film d'un petit garçon qui se met debout pour la première fois sans appui, au milieu d'une pièce. La séquence dure treize minutes : le petit garçon se met debout, il tombe plusieurs fois, d'abord assez sérieusement puis en riant de plus en plus et en y prenant un plaisir manifeste.

La maman, qui l'a filmé discrètement, n'est absolument pas intervenue. Leurs regards ne se sont pas croisés. Le petit garçon a fait cette expérience dans une immense joie, sentant sans doute la présence de sa mère et peut-être sa grande émotion, mais dans une espèce de communion silencieuse qui n'avait rien à voir avec de la stimulation. Ce petit garçon n'avait jamais fait l'expérience d'un adulte lui prenant la main et l'aidant à se tenir debout, ni d'un adulte l'encourageant à essayer tout seul.

Les enfants, de ce point de vue, n'ont ni bonne ni surtout mauvaise opinion d'eux-mêmes. Ils sont satisfaits puisqu'ils réalisent ce que leur dynamisme les porte à faire (nous verrons au chapitre suivant le rôle important des adultes dans l'aménagement de l'environnement). Sans doute ressentent-ils moins d'impuissance que ceux qui sont sans arrêt stimulés par l'entourage. La plupart de ces enfants sont calmes, indépendants et, somme toute, agréables à vivre...

Comme ils n'ont pas l'expérience de l'intervention habituelle de l'adulte, sauf bien sûr en cas de grandes difficultés (mais nous voyons qu'ils se mettent rarement dans cette situation), ils sont autonomes et non sans cesse à la traîne des adultes. Ils n'appellent pas à l'aide dès qu'ils tombent en courant dans un jardin ou s'ils ont grimpé sur un rocher un peu haut. On les voit regarder et chercher d'abord la solution... Ils aiment la compagnie des adultes et jouent souvent avec eux ou à côté d'eux mais ils ne sont pas crampons ni geignards, ne cherchent pas à attirer l'attention à tout prix.

Concentration et créativité

Sur le plan intellectuel, nous avons vu leurs capacités de concentration, leur intérêt pour l'expérimentation, leur imagination dans la recherche des solutions, leur créativité et leur capacité d'invention, qui leur donnent de bonnes bases pour l'avenir.

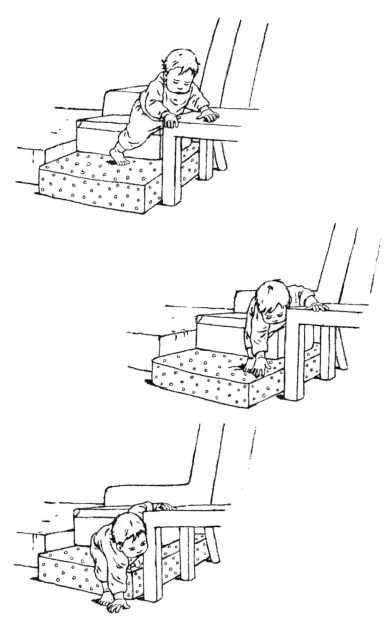

*Imaginez le sérieux, la concentration de ce bébé capable maintenant
de descendre seul, sans avoir eu aucune aide d'un adulte
au cours de ses explorations. Il a son idée et la suit jusqu'au bout.*

La capacité d'être seul

• Regarder un enfant, le laisser découvrir par lui-même, ne pas l'aider ne signifie pas ne pas s'en occuper, le laisser à l'abandon en quelque sorte. Non. Lisez bien, vous verrez qu'il y a beaucoup d'attention, de « présence » dans cette discrétion. Il ne s'agit pas non plus de ne pas jouer avec lui, dans ces moments de plaisir partagé que tout le monde connaît où, assis par terre, on renvoie la balle, on cache la girafe, on chante, on bouge, mais il s'agit alors de suivre son initiative plutôt que la nôtre... Bien sûr, il a besoin de rires, de chansons, d'activités communes, d'expressions de votre tendresse !

Nous les voyons également acquérir cette extraordinaire capacité à être seul en présence de l'autre qui fait qu'on est heureux que l'autre soit là, mais qu'on ne dépend aucunement de lui : on vit, on s'active par soi-même. Quand il y a par ailleurs des occasions d'échanges avec d'autres enfants et des adultes, peut-il y avoir meilleure préparation aux relations sociales que de les libérer du caractère de dépendance ou de pouvoir qu'elles ont souvent ?

Bien sûr, beaucoup d'autres enfants possèdent ces qualités sans avoir été élevés d'une manière spécifique et l'on en voit bien d'autres qui, plus tard, sont adroits, inventifs et concentrés. Inversement, certains enfants élevés dans des familles ou des lieux où l'on est pénétré de cette conception ne manifesteront pas plus tard toutes ces qualités, tant interviennent les facteurs personnels (les uns naissent avec de grandes capacités d'attention, de calme ; d'autres sont explosifs et impatients...) et surtout l'histoire familiale, les événements de la vie (santé, sépara-tions, changements, etc.).

• Ce qui me donne vraiment envie de vous communiquer ces découvertes c'est qu'il semble bien que nous puissions, en les utilisant, **donner plus de chances à un enfant** : il démarre avec plus d'autonomie, de confiance en lui et en ses capacités, il risque d'avoir plus de force pour affronter les difficultés inévitables de la vie, les insuffisances de notre part, etc.

Et, comme tous les enfants ne sont pas également doués, nous avons envie d'offrir à chacun les conditions lui permettant de développer au mieux les potentialités qui sont les siennes, et ce d'autant plus qu'il est démuni. Il y a des enfants et des familles suffisamment gâtés par le sort pour que, finalement, tout aille bien. Il y en a d'autres pour qui la vie est plus difficile et c'est peut-être plus encore pour ceux-là que je voulais écrire ce livre, en particulier pour les enfants porteurs de handicaps (voir la fin de ce chapitre).

Concrètement, quel est le rôle des parents ?

Vous avez peut-être l'impression qu'il ne vous reste pas grand-chose à faire... Pourtant, « on a tellement envie de tout apprendre à un petit », me dit-on souvent... Rassurez-vous ! L'accompagner sur sa route ne va pas sans une grande attention de votre part. Sous forme de règles d'or, nous allons voir ce qu'il vous « reste à faire » : les attitudes à avoir, bien concrètes, et celles qui sont plus intérieures. Ce n'est pas forcément simple, car faire ainsi confiance à un enfant peut paraître surprenant à certains. En outre, dans la confrontation quotidienne à un bébé, nous nous découvrons parfois bien différents de ce que nous aurions cru ! Vous verrez que ces règles d'or sont valables dans toutes les situations, que vous éleviez vous-même votre bébé ou qu'il soit accueilli pendant la journée dans une crèche ou chez une assistante maternelle.

Un enfant, répétons-le, ne peut développer une activité libre que s'il est entouré d'une relation de confiance et de tendresse, celle qu'il vit en général avec ses parents ou avec les personnes qui les remplacent si elles sont suffisamment attentives.

Après ces moments d'échanges qui se vivent très intensément pendant les soins, il porte en lui une force qui va lui permettre d'agir par lui-même. Au fur et à mesure qu'il grandit, le temps d'activité autonome augmente. Nous retrouverons longtemps cette alternance de moments d'échanges, de relations quasi exclusives et de moments où l'enfant, portant en lui quelque chose de sa mère, de son père ou de la personne qui s'occupe de lui, se découvre lui-même, seul.

Tout ce qui concerne l'aménagement matériel, le choix des jouets et des objets qu'il pourra expérimenter, cet aspect essentiel, vous l'avez senti, fera l'objet du chapitre suivant.

Voici les règles d'or qui pourront guider vos attitudes si vous souhaitez offrir à votre enfant cette liberté d'activité ; elles sont la suite directe de tout ce que nous venons de découvrir.

Ne posez jamais votre bébé dans une position qu'il ne maîtrise pas

Évitez de le mettre assis, calé par des coussins[1], avant qu'il ne s'assoie tout seul, de le mettre debout avant qu'il ne s'y mette par lui-même. Ceci l'empêcherait de vivre la situation de liberté motrice que nous venons de décrire avec tout ce qu'elle peut apporter de connaissance de son corps et d'acquisitions fondamentales et/ou subtiles. Mal à l'aise ou attentif à ne pas trop bouger, il serait limité dans ses expériences.

◆ La totale disposition de ses moyens

Imaginons qu'une petite Laura vienne d'arriver dans votre famille. Dès qu'elle commence à s'intéresser à l'extérieur, vous pouvez la poser sur une surface douce et ferme, bien allongée sur le dos, en pensant à sa nuque et en prenant les précautions que nous avons décrites au chapitre 2. Le petit moment de transition (et, plus tard, la présence de jouets convenablement choisis, voir chapitre suivant) est important.

S'ouvre alors pour elle un nouveau moment de vie, où elle est détendue et en totale disposition de ses moyens, sans crispation, tension ni appréhension. Vous verrez d'ailleurs que, le plus souvent, elle se met tout de suite en activité, d'abord en regardant des objets, des couleurs, des points lumineux, etc., qui attirent son attention.

Puis, elle va se mettre à jaser, en remuant les jambes, en commençant à tourner la tête sans aucune fatigue. Ensuite, elle va découvrir ses mains, les faire bouger ; les bras tout entiers, n'étant pas entravés, vont se mettre en mouvement. C'est bientôt tout son corps qui bougera et vous devrez commencer à aménager judicieusement son espace.

---

1. En particulier ces coussins qui se transforment en dossier pour « caler » le dos. Voir le chapitre sur les aménagements, p. 117.

Quand elle aura 6, 7 ou 8 mois et qu'elle commencera à ramper, à se mettre sur le ventre, continuez quand même à la poser sur le dos : c'est elle qui choisira la position qui lui convient ou le mouvement qu'elle veut entreprendre.

◆ *Les inconvénients de la position debout trop précoce*

« Mais les enfants aiment qu'on les tienne debout ! »
Oui, ils aiment souvent, comme nous, nous aimons le chocolat, le tabac ou l'alcool. Tout ce que nous aimons n'est pas forcément bon, c'est même quelquefois nocif. Ce qui ne veut pas dire qu'on ne mettra pas de temps en temps un enfant debout lorsqu'on le tient sur les genoux, mais on évitera surtout que cela ne devienne un besoin pour lui.

Beaucoup de parents sont fiers de voir leur rejeton se tenir très tôt droit sur ses jambes ou réclamer qu'on l'y mette. On les comprend un peu : il est vif, casse-cou, ce sont des attitudes très valorisées. Ils ne se rendent pas compte que leur enfant, placé debout et tout content, doit se tenir pour ne pas tomber, ce qui limite considérablement ses possibilités d'exploration et met son corps en tension.

Observez ce qui se passe alors : le corps est arqué, les fesses tendues vers l'arrière ; il se tient souvent sur la pointe des pieds sans aucune souplesse pour parer aux chutes. Le plus ennuyeux est sans doute que **le bébé n'explore pas les mille possibilités de son corps,** il n'éprouve pas son équilibre, son centre de gravité, il n'a pas l'expérience de rouler sur lui-même. La première représentation de son corps, qui risque de rester gravée en lui, est celle d'un effort, d'une tension pour tenir, d'une crispation ; ce n'est pas l'aisance, la détente, le plaisir. Et, pendant qu'il est ainsi occupé à se tenir, il ne peut découvrir le plaisir d'explorer, de manipuler les objets variés qui sont autour de lui. Il apprend à dépendre des adultes puisqu'il a besoin d'eux pour se relever.

Là encore, bien trop de facteurs interviendront plus tard pour que l'on puisse établir de strictes règles de cause à effet, mais ces enfants risquent d'être gênés longtemps dans leur corps, d'être moins sûrs d'eux-mêmes physiquement, de tomber plus fréquemment et de se faire mal plus souvent. Ils appellent volontiers à l'aide, et développent souvent excitation et agitation. Certains seront de bons sportifs plus tard, mais sous le signe du volontarisme plus que de l'harmonie...

Profitez des meubles tout simples de votre maison.
Ce bébé se met debout puis essaie de se retrouver sur le sol :
mouvement très lent dans lequel on perçoit la concentration, la prudence,
l'attention pour « s'assurer » (comme on dit en escalade).
Il cherche à bien tenir sur le sol : les pieds sont écartés,
les jambes légèrement fléchies, les orteils repliés agrippent le sol.
Il éprouve... et gère... un petit moment de vide quand il ne se tient plus
au meuble et ne touche pas encore complètement le sol.

◆ Les inconvénients de la position assise trop précoce

« Mais si vous ne le posez pas assis, il n'apprendra jamais ! » m'a dit un jour un docte médecin.

Nous avons vu que c'est inexact et comment les enfants sont capables de découvrir par eux-mêmes cette position, de la maîtriser parfaitement, même s'ils n'ont pas d'autres enfants autour d'eux.

Évitez donc à tout prix de l'asseoir contre des coussins. Observez un enfant dans cette situation : quand on a vu un bébé habitué à la liberté motrice, celui-ci fait peine, limité dans ses activités, risquant de tomber ou de glisser, inquiet ou passivement satisfait de son immobilité. Il ne peut attraper seul le jouet qui est face à lui ou sur le côté sans tomber, le corps tordu ; il lui est alors bien difficile de retrouver une position plus agréable et il doit sans cesse appeler à l'aide.

À une soirée sympathique, des parents étaient venus avec leur petite fille de 8 mois. Ils l'avaient installée dans son parc, calée contre un coussin avec un ours et quelques petits objets familiers, espérant bien profiter de la présence des amis...

Julie n'a jamais voulu rester dans son parc. Affalée d'abord, glissant le long des coussins, elle a fini par passer dans les bras de chacun. La petite fille au regard futé n'avait manifestement pas l'habitude de s'activer seule dans son parc, et les adultes n'avaient manifestement pas celle de la laisser trouver seule des solutions. La maman disait : « Un enfant, c'est quand même bien encombrant ! Avec elle, je n'ai jamais un moment à moi. »

Et ce n'est peut-être que le début, madame... Mais croyez-vous que Julie en soit la seule responsable ? Faites-lui découvrir d'autres plaisirs qu'elle peut maîtriser elle-même et bien des choses vont changer.

« Mais lorsqu'il est assis, le bébé voit le monde qui l'entoure sous un angle différent ! »

C'est possible. Rien n'est parfait en ce bas monde... Il voit aussi le monde d'une manière différente lorsqu'il se promène dans vos bras, mais c'est plus actif et plus confortable. Est-il vraiment nécessaire, pour lui faire voir des choses différentes, de lui faire éprouver des sensations désagréables ? Si vous le laissez évoluer librement sur le dos, il aura une multiplicité de visions différentes et il ne tardera pas à s'asseoir seul. Alors il l'aura, cette autre vue du monde !

◆ *Les inconvénients de la position sur le ventre*

« Mais il "faut" aussi les poser sur le ventre... »
Pourquoi, en dehors de courts moments où il peut avoir des coliques et
où vous sentez que cette position le soulage ? Pour le faire « travailler »
parce que cela l'oblige à soulever sa tête ? Parce que vous pensez que,
dans une position confortable, il ne « travaillera » pas ? Le voilà accusé
de paresse ou de risque de paresse[1] !

Nous avons vu que l'argument ne tient pas : l'enfant en bonne forme
s'active plus quand il se sent à l'aise. Or, en dehors de la tête qu'il
soulève avec effort, des bras sur lesquels il essaie de s'appuyer, que
peut-il faire « travailler » quand il est allongé sur le ventre ? Observez les
manipulations et les gazouillis dans les deux positions et vous verrez
vous-même la différence.

On observe, par contre, que les bébés toujours posés sur le dos peuvent
très tôt tourner la tête des deux côtés, puisque ces mouvements leur
demandent peu d'effort. Ils développent ainsi une musculature du haut
du dos, bien symétrique et correspondant à la variété des mouvements qu'ils
peuvent déjà faire : les bras peuvent s'élever dans l'espace autant qu'ils le
veulent, et d'avant en arrière. Cela sans la tension et la fatigue que suppose le
fait de lever et de tourner la tête quand on est sur le ventre : n'oublions pas que
la tête est très lourde par rapport à l'ensemble du corps.

Une grande partie de l'énergie est utilisée à soutenir la tête alors qu'elle pourrait l'être à découvrir et à manipuler des objets ; le plaisir et la sensation de bien-être dans tout le corps seraient plus grands.

La musculature du ventre se développe aussi puisque les jambes sont
souvent en l'air et peuvent aussi « battre » de droite à gauche (il « fait
des abdominaux » toute la journée !). Tout cela au rythme ressenti par le
corps, donc en totale harmonie. L'aisance ainsi acquise leur permettra
d'intégrer d'autres mouvements quand ils se mettront d'eux-mêmes
sur le ventre ou assis, puis debout. Cela avec déjà une grande solidité,
la capacité d'une large variété de positions et une souplesse qui les

---

1. Certains livres le conseillent pourtant ! Regarder votre bébé vous permettra
de vous faire vous-même votre opinion.

rendra riches, harmonieux, et qui les aidera à aménager leurs chutes pour éviter de se faire très mal quand il leur arrivera de tomber.

Nous observons, et les professeurs de gymnastique le confirment, que les enfants couramment posés sur le ventre ont un corps beaucoup plus raide. En cas de chute vers l'arrière, ils ont tendance à tomber comme un bout de bois, les bras le long du corps, et la tête, partant encore plus en arrière, frappe le sol très fort. Si la chute se fait vers l'avant, les bras restent raides et souvent le visage est touché.

Ceux qui ont eu l'habitude d'être sur le dos présentent tout de suite les bras et les mains s'ils tombent vers l'avant et, si c'est vers l'arrière, ils rentrent la tête dans les épaules, plient les genoux et tombent souvent sur les fesses. Ainsi, la tête est protégée. L'ensemble des membres étant plus souples, on voit bien comment les chutes peuvent être aménagées et on anticipe sur l'économie de temps à passer pour apprendre à tomber plus tard, dans les sports de combat par exemple...

Les bébés habituellement posés sur le ventre ont des mouvements souvent plus maladroits, un peu rigides, assez morcelés les uns par rapport aux autres. Les pieds sont en général légèrement rentrés l'un vers l'autre. Ces enfants peuvent devenir des grimpeurs actifs, mais souvent de façon tendue et en prenant des risques ; ou bien ils n'osent pas trop et peut-être, plus tard, regarderont-ils les autres avec envie.

Favorisez sa liberté de mouvement

Pour toutes ces raisons, vous limiterez vous-même l'utilisation de tout ce qui entrave la liberté de mouvement : transats, trotteurs, etc. Nous en parlerons longuement au chapitre sur les aménagements sous le titre « Quelques jouets à l'intérêt discutable » (p. 127).

◆ *L'habillement*

Il est évident qu'il vaut mieux choisir des vêtements souples, peu encombrants, qui ne serrent pas la taille (évitez les culottes ou pantalons qui s'arrêtent à la taille) ni les épaules, et qui n'empêchent pas de plier les jambes. Les salopettes et vêtements d'une seule pièce sont de loin et longtemps les plus pratiques. Dommage pour certains cadeaux sympathiques ou amusants... méfiez-vous de la mode : les petits peuvent être très gênés par des pantalons à la taille trop basse ou aux jambes trop larges (à ranger tout de suite ou échanger !). Soyez simples et efficaces, il y va d'un réel enrichissement pour votre enfant ; ni les copains ni les grands-parents ne sont tenus de connaître les avantages de la liberté motrice ! Mais vous, maintenant, vous les connaissez !

Dès que le temps le permet, diminuez les épaisseurs et, chaque fois que vous le pouvez, laissez-le tout nu ou avec seulement sa couche, vous le verrez tellement plus heureux !

♦ Le laisser pieds nus

Sur le dos, il aime frotter ses pieds l'un contre l'autre (regardez comme il les utilise pour saisir ou faire bouger les objets !) et, dès qu'il commence à ramper, vous verrez qu'il adhère beaucoup mieux au sol si ses talons et ses orteils sont libres. Ensuite, il pourra bouger plus facilement : les sensations au sol sont plus claires, il glisse moins, le pied se muscle et devient plus solide, les risques de pieds plats sont moins importants. À quoi bon mettre des chaussures ou des chaussons à semelles à un enfant qui ne marche pas ! Cela ne peut que rendre plus difficile son « implantation » sur le sol, la sécurité de la station debout. Plus le pied travaille lui-même, plus la musculature se développe.

Les bébés aiment le contact direct avec le sol, même sur le gravier ou le sable. Et c'est ce qui renforce le mieux la voûte plantaire.

Vous pouvez craindre le **froid**, sans doute, mais le risque est minime : si le corps est bien couvert, mains et pieds sont rarement froids. Les enfants ne sont pas plus malades dans les crèches où l'on pratique ce système que dans celles où ils gardent chaussures ou chaussons. Mais, si le sol est froid chez vous, il existe des chaussettes antidérapantes, qui, dès lors qu'elles ne sont pas serrées, laissent au pied du bébé sa liberté. Voyez de quelle manière les adultes, dans les séances de yoga, de gymnastique, de thérapies corporelles, essaient de sentir le sol avec leurs pieds nus, les jambes légèrement fléchies, pour se sentir solides, bien implantés, en contact avec la réalité, comme enracinés dans le sol. Si vous pratiquez le yoga, vous serez surpris(e) de voir ces enfants élevés en liberté motrice pratiquer spontanément certaines postures que nous nous efforçons de trouver... souvent avec difficulté.

♦ *Modifier les habitudes*

« Et s'il a déjà pris d'autres habitudes ? »
Bien sûr, votre bébé profitera plus de ses possibilités si vous le mettez sur le dos dès les premiers mois : ce sera pour lui la position naturelle. Par contre, il peut être un peu désorienté s'il a été habitué au transat ou à se sentir calé contre des coussins. Que cela ne vous empêche pas d'essayer si vous lisez ces pages. Si vous disposez autour de lui assez de jeux intéressants et que vous lui faites confiance, il serait bien étonnant qu'il n'y trouve pas bientôt un grand intérêt (mais peut-être en dix à quinze jours ou un peu plus... prenez le temps !).
Pendant qu'il est ainsi allongé par terre, vous pouvez vous pencher sur lui, lui parler, chanter si vous en avez l'habitude. L'idée étant d'associer cette nouvelle position au plaisir et à la sécurité d'être avec vous. S'il ne s'y habitue pas, il est peut-être particulièrement réfractaire ! Mais l'expérience montre que les réactions d'un bébé peuvent être un révélateur des attitudes intérieures des parents et, dans cette situation particulière, surtout des mamans ! Souvent, ce refus de rester sur le dos correspond chez la maman à une tendance à le garder, à vouloir que le bébé ait besoin d'elle, même si consciemment elle a l'impression de vouloir lui laisser toute sa liberté. C'est là un point sensible chez la plupart d'entre nous ! Il est utile d'en parler, parce que, si tel est le cas, nous risquons de continuer à exercer ce pouvoir quand l'enfant va grandir et ressentir davantage le besoin d'indépendance et d'autonomie. Il peut alors devenir opposant et négatif sans que nous comprenions pourquoi, alors qu'il s'agit d'une réaction de sauvegarde de lui-même comme individu séparé – preuve d'ailleurs de sa force psychique. Il peut aussi s'incliner et développer une attitude d'obéissance et de dépendance (cela étant aussi vrai pour une fille que pour un garçon !). C'est sans doute dommage.
Il n'y a pas de déshonneur à faire partie de ce groupe de mères, mais merci à l'enfant de nous aider à en prendre conscience assez tôt. C'est cela de gagné pour l'avenir !

Aidez-le très peu dans ses entreprises

Laissez-lui la plus grande partie du travail d'exploration et de recherche de la solution. Évitez de l'interrompre même si c'est pour le féliciter, l'encourager ou lui rappeler que vous êtes là et que bien sûr vous l'aimez ! Nos attitudes sont si facilement interventionnistes (toujours pour la bonne cause, bien sûr !).

Rappelez-vous Karine s'étirant au maximum pour saisir la boîte située à quelques centimètres de ses doigts, ou Julien « apprivoisant » son escalier improvisé. Regardez votre enfant qui cherche à grimper sur un fauteuil (autorisé !) ou à en descendre. Si vous vous précipitez pour lui rendre l'objet qui a roulé un peu loin, si vous l'aidez à arriver en haut du fauteuil, a fortiori s'il est dans le siège-relax et que vous êtes obligé(e) de lui redonner l'objet avec lequel il joue parce que celui-ci est tombé et qu'il est effectivement incapable de le rattraper, vous créez chez lui l'idée qu'il y a toujours un adulte qui peut lui donner ce qu'il veut. Non seulement il n'aura pas l'occasion de faire toutes les expériences que nous avons décrites, mais **il ne pourra pas grandir avec l'idée que c'est lui qui agit,** qui bouge, qui attrape, que c'est sur lui qu'il doit compter – et y trouver beaucoup de plaisir. Sa représentation de lui se crée à partir de toutes ces expériences quotidiennes.

Bien sûr, il ne faut pas être rigide, il est important de rester « bien » ensemble.

Il paraît légitime d'intervenir les premières fois où le bébé se retrouve complètement sur le ventre : certains pleurent, hurlent parfois avec rage, parce qu'ils ne peuvent pas se remettre seuls sur le dos. On a évidemment envie de les apaiser. Mais peut-être, plutôt que de les remettre nous-mêmes bien vite sur le dos, est-il possible d'accompagner doucement le mouvement pour qu'ils y participent. Découvrons et faisons-leur découvrir, par exemple, comment le bras ne les gêne plus s'il est remonté le long de la tête.

♦ *Autoriser les entreprises « dangereuses »*

Souvent, nous voulons intervenir parce que nous pensons qu'il ne va pas réussir ce qu'il souhaite ou parce que nous craignons qu'il ne tombe ou ne se fasse mal. Nous avons vu que c'est nous qui nous représentons ces objectifs. Si nous n'intervenons pas, lui va jusqu'au bout de ses possibilités et s'arrête... pour cette fois, car nous voyons qu'il ne s'agit pas de découragement : il reprend un peu plus tard et, comme ses possibilités augmentent très vite, il peut aller chaque fois un peu plus loin dans ses entreprises.

Quand il escalade le canapé ou l'escabeau, et surtout quand il veut en descendre, nous craignons la chute et nous voulons la lui éviter. Pourquoi ? Bien sûr, il y a des situations où il vaut mieux être tout proche, prêt à intervenir, mais nous pouvons rendre notre présence la plus discrète possible ; nos mains le suivent mais à une légère distance, il ne les sent pas, il ne fait donc confiance qu'à lui-même. Vous pouvez même parfois l'encourager discrètement : « Allez, je crois que tu vas réussir tout(e) seul(e). » Mieux vaut placer un coussin ou un matelas par terre et qu'il se reçoive en douceur que de le prendre ou de le tenir pour descendre.

> Je me souviens d'un petit garçon de 10 mois grimpant par l'intermédiaire d'un fauteuil sur un lit d'adulte bien plus haut que lui. Il aimait en redescendre par l'autre côté, s'agrippant de toutes ses forces au dessus-de-lit, tendant la pointe des pieds au maximum pour sentir le sol et, quand il y parvenait, il se laissait glisser et tomber doucement sur la moquette.
> Ses parents le regardaient, haletants au début, en se demandant s'ils devaient intervenir, puis émerveillés et amusés par les sons d'effort intense qui sortaient de sa gorge.

Nous verrons au chapitre suivant que le plus utile dans cette situation est de mettre un matelas, des coussins de fauteuil ou quelque chose de rembourré par terre aux endroits stratégiques – et sans doute de rester assez près au début ! Mais il y a quelque chose d'extraordinaire à regarder un enfant si petit faire une chose aussi difficile pour lui uniquement par plaisir et par intérêt profond, sans y être poussé en aucune façon ni avoir vu quiconque le faire avant lui. Si vous ne l'interrompez pas, il pourra développer en lui l'expérience d'efforts prolongés, d'abandon puis de reprise d'un objectif, ceci venant uniquement de son propre vouloir.

Chacun de nous, à des degrés différents, est interventionniste. Notre plus ou moins grande capacité à laisser notre bébé faire de telles expériences à son rythme nous permettra encore de nous connaître un peu mieux. Il est intéressant aussi de voir que, dès qu'un enfant reçoit un peu d'aide, il en redemande, se mettant ainsi très vite dans une situation de dépendance (comme quand il

Votre enfant n'a aucune expérience de la vie. Ce sont ces premières expériences qui vont commencer à lui apprendre ce qu'elle est ou, en tout cas, lui en donner une certaine connaissance.

commence à connaître les bonbons ou la télévision...). Il nous faut donc être attentifs : le plaisir intense que nous le voyons éprouver pendant son activité libre nous conforte dans l'idée que nous avons raison et que nous ne le frustrons pas, bien au contraire, en le laissant agir par lui-même. Mais c'est un plaisir qui a ses exigences.

◆ *Chez un petit, l'activité motrice est un besoin comme boire et manger*

À la crèche, dans le groupe des 10-15 mois, Olivier inquiète les adultes. Il ne s'intéresse pas aux jeux « éducatifs » disposés sur les étagères et se cramponne sans cesse à l'auxiliaire, qui ne sait que faire pour lui. Pendant un week-end, la directrice installe dans la pièce un meuble à grimper avec échelle, petit toboggan, etc. Le mercredi suivant, je ne reconnais pas Olivier, qui n'arrête pas de grimper, de glisser, de se laisser rouler avec un regard vif et pétillant. Sans doute avait-il besoin d'activité pour son corps tout entier...

Souvent l'enfant est difficile parce qu'il ne trouve pas d'occasions suffisantes pour investir ses possibilités du moment. Vous lirez aussi un peu plus loin l'exemple de Kim.

◆ *Le respect du rythme du bébé dans ses découvertes*

Un autre exemple assez drôle est celui des cadeaux ! Quels adultes offrant un cadeau à un petit enfant ont la patience de le laisser ouvrir et découvrir lui-même ce qui est pourtant maintenant à lui ? Regardez-les ! « Donne, je vais t'aider. Tire sur la ficelle... Mais non, regarde la boîte, elle s'ouvre comme ça. Ah ! comme c'est beau ! Regarde ! » Et on s'agite, parfois même on joue avec l'objet avant l'enfant. On est pressé qu'il découvre ce que l'on considère alors comme plus important... Au fait, lui, qu'est-ce qui lui plaît dans tout ça ? Que de choses à découvrir, et dont on peut profiter avant d'arriver au contenu de la boîte ! Jouer avec la ficelle, avec le papier, la boîte elle-même et ses couleurs, avant de s'apercevoir que dedans il y a encore quelque chose... À qui voulons-nous faire plaisir ?
Si vous laissez votre enfant agir par lui-même, vous verrez avec étonnement, mais je pense aussi avec une joie profonde et beaucoup de fierté, qu'il est capable d'une activité extrêmement riche. Il est possible qu'il n'ait même pas l'idée de vous demander de l'aide, et il trouvera des

solutions qui vous surprendront. Vous rendez-vous compte de la force que vous lui donnez en lui permettant ainsi de compter d'abord sur ses propres ressources ? Quel atout dans la vie s'il porte en lui l'idée, parce que c'est la seule qu'il ait connue, que souvent il faut compter essentiellement sur soi et sur ses propres forces – et qu'on peut le faire. Ce sont des choses que nous disons aux enfants plus âgés et nous voudrions qu'ils en soient persuadés. Il serait plus efficace de leur permettre de le vivre dès le début de leur vie.

◆ *L'acceptation de l'autonomie du bébé*

« Mais on aime que le bébé ait besoin de soi ! »
Peut-être en effet n'aimez-vous pas l'idée que votre bébé puisse ainsi passer de longs moments à s'activer seul, sans avoir besoin de vous. Comme dépossédé(e), vous vous demandez encore : « Mais alors à quoi je sers ? »
Oubliez-vous les moments de soins et de repas, l'attention nécessaire pour disposer autour de lui les jouets et les aménagements qui lui conviennent maintenant, les moments de rires, de chansons, de comptines, de jeux qui sont à son initiative ou au moment qui lui convient vraiment ?
Nous en arrivons encore à cela : si nous souffrons de le voir déjà nous échapper, il n'y a là rien de déshonorant ! Mais nous pouvons réfléchir : avons-nous vécu nous-mêmes auprès de parents trop protecteurs ou qui cherchaient à s'imposer ? Nous sommes-nous identifiés à eux et avons-nous tendance à reproduire le même comportement malgré notre impression d'être différents ? Ou bien aurions-nous aimé qu'on s'occupe davantage de nous ?
Peut-être un livre comme celui-ci vous fera-t-il imaginer un autre type de relation possible, plus léger. Il vous aidera à comprendre mais surtout à ne pas être blessé(e) par certaines réactions de votre enfant quand il vous dira, par exemple, comme mon petit garçon de 2 ans : « Maman, va dans ta kuigine ! » (autrement dit : « Va dans ta cuisine, je n'ai pas besoin de toi ! »). Ce qui malgré tout fait une drôle d'impression la première fois qu'on l'entend !
Oui, c'est dur de se sentir un peu exclu(e), comme plus tard quand il sera capable de nous écarter d'un geste ferme du bras parce qu'on se

propose de l'aider à monter sur son vélo ou de faire un câlin ! Mais, plus tard encore, n'est-il pas destiné à devenir un être indépendant de nous ? Où aurons-nous le plus de plaisir :

– à voir notre enfant évoluer peu à peu avec autonomie et confiance en lui ?
– ou à le garder, à tenter de le façonner dans le sens de notre désir et à sentir comme il a besoin de nous (ce qu'il vivra en soumission ou au contraire en opposition pour s'en défendre) ?

Vous me direz : « Cela contredit l'axiome selon lequel il faut se laisser aller à son instinct, à sa spontanéité ! » Eh bien oui. Il semble que notre spontanéité nous porterait souvent à entourer plus, à aider, à rester en relation proche, ou à être autoritaire, exigeant, en mettant toujours la barre très haut... Il y a des renoncements parfois difficiles. Dans ce domaine comme dans beaucoup d'autres, nous apprenons à choisir entre des plaisirs différents (voir le dernier chapitre).

Nos réactions, répétons-le, nous apprennent beaucoup sur notre réalité intérieure. Avec notre intelligence, nous pouvons être convaincus de l'importance pour un enfant de vivre par lui-même. Et puis nous nous apercevons que, dans la réalité plus indicible, nous l'entourons, nous sommes intrusifs, nous l'étouffons peut-être par... de l'angoisse, un trop grand désir de bien faire, un autoritarisme bien caché, un besoin que l'autre nous ressemble. C'est différent pour chacun de nous.

Dès que nos enfants nous permettent de prendre ainsi conscience de notre réalité intérieure, ils nous aident. Car c'est une chance : ils nous donnent l'occasion de libérer un peu de toutes ces capacités autres qui sont en nous, merveilleuses, efficaces, mais plus ou moins étouffées. Si nous pouvions être un peu plus nous-mêmes ! Qu'est-ce que je veux, moi, pour mon enfant ?

Ne lui apprenez à peu près rien au sens d'enseignement

Il n'est pas nécessaire de lui montrer, de lui faire faire, de lui faire refaire, d'insister, etc., avant qu'il ait 2 ou 3 ans. Ne lui communiquez pas des objectifs qui sont les vôtres.

◆ *L'apprentissage spontané*

Vous sentez bien que le stimuler est inutile, puisque, faut-il le redire, un enfant qui se sent bien dans sa famille, à qui on laisse faire toutes ses expériences comme nous sommes en train de le décrire, se met debout par lui-même, se met assis par lui-même, se lâche d'un point à un autre par lui-même ; ses jeux et toute son activité mentale deviennent extrêmement riches, même s'il n'a pas l'occasion d'imiter d'autres enfants.

Si, par exemple, vous avez l'habitude de le tenir pour lui apprendre à marcher, regardez-le : ses jambes semblent flotter sous lui ; ce n'est pas en lui qu'il a confiance mais en vos bras. Si vous le lâchez, il tombe et souvent se fait mal. Il vous tend les bras pour que vous l'aidiez à se relever.

> J'ai vu récemment un bébé de 10-12 mois qui « marchait », sa mère le tenant par les deux poignets. Il regardait avec intensité des garçons en train de jouer au ballon ; ses jambes avançaient mécaniquement, comme s'il n'était pas concerné... Il aurait eu besoin de s'arrêter, les jambes légèrement fléchies, impliqué tout entier dans l'observation de ce qui l'intéressait.
>
> Essayez d'en regarder un autre se mettre debout seul puis lâcher un tout petit peu son appui, osciller légèrement, sentir son équilibre, retrouver son appui, quelquefois tomber assis, en général bien droit (avec ou sans protestation véhémente !) se relever à nouveau...

Pères, soyez fiers de la ténacité de votre enfant, fille ou garçon, si vous le regardez dans ses entreprises : on est loin de l'image du bébé quémandeur et dépendant ! C'est un petit être décidé et déjà fort que vous avez devant vous ! Plus tard, il aura besoin de vos informations, démonstrations, pour enrichir ses découvertes. Mais avant 2 ans ou 2 ans et demi, c'est rarement nécessaire, au contraire. Cela est tout aussi vrai pour les activités « plus fines ».

> « Un jour, raconte une maman, des rires m'ont fait regarder discrètement ce qui se passait dans la chambre : debout contre son lit, Kévin (9 ou 10 mois) avait fait tomber le pyjama qui était suspendu. En tombant, celui-ci avait caché une boîte posée par terre avec laquelle Kévin jouait sans doute. Il était alors très excité de s'apercevoir que la boîte avait disparu et qu'en tirant maladroitement sur le pyjama, elle réapparaissait. En déplaçant encore maladroitement le pyjama, il ne la voyait plus. Cela semblait provoquer en lui à la fois un grand intérêt, un grand amusement et une réelle excitation. »

On pourrait avoir envie d'intervenir : « Ah, c'est drôle... on ne la revoit plus ! Encore ? » Cela ne semble pas nécessaire. Ce qu'on voit, en tout cas, c'est qu'un enfant découvre le fait de l'apparition-disparition, qu'il en profite et l'expérimente seul, avec un grand plaisir, sans qu'aucun adulte ne l'y ait engagé.

Bien sûr, quand vous jouez avec lui à mettre de petits objets dans une boîte, à faire rouler une balle, à cacher la poupée, à regarder les images du livre, c'est un moment de plaisir dont il peut en outre retirer des idées nouvelles. Mais ne l'obligez pas à refaire et refaire encore. Ce serait au détriment de toute son activité d'exploration, qui est infiniment plus riche. Il n'est pas encore à l'âge scolaire où tant d'apprentissages seront nécessaires.

Ce sont les choses que l'on a expérimentées par soi-même au moment où elles nous intéressaient que l'on intègre le mieux.

C'est pourquoi toutes les expériences d'hyperstimulation nous paraissent regrettables : les acquisitions restent le plus souvent extérieures et se font au détriment de toute la richesse intérieure que nous avons décrite. Ici, il s'agit au contraire d'un développement de l'aptitude à apprendre, à comprendre, à appréhender le monde, aptitude qui se trouve faire partie de l'enfant, capital qu'il ne peut perdre. Posséder n'est pas être... Dans les années à venir, le dynamisme et la créativité ne seront-ils pas souvent plus utiles que les diplômes ? L'un n'exclut pas les autres sans doute, encore ne faut-il pas étouffer la créativité.

◆ *Un regard encourageant*

Pendant tout ce temps, vous n'êtes donc pas inactif (ve). D'abord, vous êtes là et votre enfant aime que vous le regardiez. Vous suivez ses efforts, ému(e), vous vous retenez de l'aider. S'il vous sollicite, vous pouvez aussi répondre : « D'accord, mais regarde, tu le fais (presque) tout seul... C'est toi qui le fais... Formidable... » Ou bien participer en silence : c'est souvent ce qu'il préfère. Communion silencieuse car il sent évidemment l'intensité de votre émotion admirative, encourageante, qui le nourrit. À côté de l'adulte, il est entièrement, pleinement lui-même, il se « construit ». Vous, vous suivez ses progrès.

« Quelle émotion, raconte une maman, lorsque j'ai vu la petite tête émerger par-dessus la tête du lit : c'était la première fois qu'il se mettait debout seul, l'air ravi. Puis le jour où je l'ai vu apparaître dans la cuisine : il était sorti à quatre pattes de sa chambre, avait suivi tout seul un couloir assez long et il était arrivé tranquillement, très intéressé. Puis le jour où, alors que nous prenions notre petit déjeuner et qu'il était assis par terre, il s'est mis debout tout seul, sans se tenir à quoi que ce soit. Il est retombé aussitôt, assis, l'air toujours très intéressé.

« Le soir même, pendant plus d'une demi-heure (sur fond de "jazz vivant" sur France-Musique !), il s'est mis debout au milieu de la pièce sans, encore une fois, se tenir à quoi que ce soit, retombant aussitôt, se remettant debout, oscillant d'avant en arrière avant de se retrouver par terre. D'abord sérieux et concentré, puis riant, puis franchement hilare, ravi, restant debout un tout petit peu plus longtemps chaque fois. Je ne voulais pas le troubler et je suis restée là, le plus discrètement possible, pour le laisser tout à son expérience, mais malgré tout pleurant de rire... »

Vous ferez les mêmes observations pour tous les styles d'activités. On s'aperçoit ainsi qu'un enfant a besoin d'être regardé. Il ne souhaite pas toujours que vous interveniez dans son jeu, mais il veut que vous soyez là. Il y a quelque chose d'indicible dans cette manière d'être proche, ensemble, mais sans intervention active. Myriam David dit que le petit enfant a besoin d'être « regardé » comme tout adulte a besoin d'être « écouté ».

Ne suggérez pas d'objectifs irréalistes

Ainsi, ne vous pressez donc pas de lui donner les objectifs qui sont les vôtres. Montrer à un enfant, avant qu'il en soit encore capable et pour qu'il y parvienne, comment tenir sa cuillère tout seul, comment empiler des cubes, insister pour qu'il grimpe sur ce fauteuil ou qu'il mette ces anneaux sur la tige, a fortiori lui faire reconnaître des cartes avec des mots écrits ou des formes compliquées, c'est lui donner la représentation qu'il y a des choses à faire dont il n'est pas encore capable, donc lui communiquer un peu d'un sentiment d'infériorité, voire d'échec.

C'est aussi susciter un appel à l'adulte : il va demander de l'aide et se mettre ainsi en situation de dépendance et d'évaluation. L'adulte oublie que c'est sa propre intervention qui donne à l'enfant l'expérience d'un objectif auquel il ne peut pas parvenir seul.

• Offrez à un petit enfant de 8 à 10 mois une boîte de gros cubes. **Si vous le laissez découvrir,** il les manipulera, les jettera, les sucera... Il va par exemple en poser un sur un coin de table, donner de petits coups de doigt, voir comment le cube tombe plus ou moins loin. Vingt fois il le relèvera, le posera sur la table, essaiera de le faire rouler, tomber, etc. Vous entendrez sa respiration devenir rapide... la loi de la pesanteur : quelle découverte étonnante ! Il sera totalement silencieux ou vocalisera avec véhémence. À coup sûr, il ne vous regardera pas. Un jour peut-être, tout seul, quand personne ne le regardera, il découvrira qu'il peut en mettre un sur un autre.

Vous rentrerez ce jour-là dans sa chambre et verrez au milieu ces deux ou trois cubes empilés, témoins d'une grande activité, œuvre d'art surgie dans le désert. Quelle émotion ! Un peu plus tard, vous l'observerez discrètement faire et refaire des efforts pour que tienne cet empilement. La joie de la réussite sera le plus souvent discrète mais intense. Observez son regard, tout son corps tendu vers son œuvre ; puis la détente... Peut-être partira-t-il vers autre chose.

• Si vous offrez la même boîte de cubes et **si vous lui montrez tout de suite qu'il peut en faire une tour,** vous admirerez votre œuvre, lui aussi... ! Il la fera tomber et sans doute vous demandera-t-il de recommencer, ce que vous ferez avec amusement et le jeu continuera, sympathique, peut-être...

– Il fait alors l'expérience qu'il y a des choses difficiles que lui ne peut pas réussir. Bien sûr, cette prise de conscience doit se faire, mais pas trop tôt : qu'il puisse d'abord se constituer une bonne base de confiance en lui pour affronter la réalité sans risque de découragement.

– Il entre immédiatement en dépendance vis-à-vis de vous et vous demande de recommencer.

Observez... Souvent, ce jeu se termine dans la grisaille, vous en avez assez et vous lui dites finalement d'aller jouer tout seul. Lui semble un peu triste et grognon. Le plus fréquemment d'ailleurs, il n'essaiera pas de mettre un cube sur l'autre, il semble bien qu'il en soit incapable.

• Combien de fois avons-nous envie de suggérer : « Allez, monte sur le canapé. Vas-y, je te tiens. Oh, ça y est ! C'était dur... Encore... Tu recommences ? » Ou : « Regarde ! On peut tourner (ce cadran de téléphone si

Si vous intervenez dans une situation donnée, faites-le discrètement, à la suite de l'enfant et non en le devançant ou en vous substituant à lui.

fréquent en ce moment sur les jouets des tout-petits). Mets ton doigt ! Je le tiens... Oh, écoute, ça fait du bruit ! Regarde, ça change de couleur... Oh, un petit chat ! Et là tu peux appuyer, tutut, c'est joli ! »

Et l'enfant, sollicité, passe de l'un à l'autre **sans avoir le temps d'élaborer son expérience**, de réaliser ce qu'il vient de voir ou d'entendre, sans avoir la possibilité de le refaire lui-même à son rythme, à sa façon. Nous induisons une excitation et nous entendons dire que les enfants sont nerveux maintenant !

Peut-être nous croyons-nous obligés de faire quelque chose... « Je suis là, j'ai du temps... je peux jouer avec lui... » Ce peut être décevant de « n'avoir rien à faire ». Mais tant qu'il ne vous sollicite pas, soyez là, près de lui, savourez ce moment : il est profondément heureux... vous aussi. N'est-ce pas aussi bon qu'un moment d'activité ?

◆ *Aménagements et matériel de jeu*

Nous verrons plus loin comment vous pourrez aménager son espace. Votre travail à vous sera de diversifier tous les objets qu'il peut manipuler, le matériel qui lui permettra de faire des expériences de plus en plus variées. Donnez-lui du grain à moudre, mais à moudre lui-même ! Ce sera le sujet de notre prochain chapitre. Un dernier exemple illustrera notre propos :

« Lorsque Maxime avait entre 9 et 10 mois, racontent ses parents, il avait un grand espace plat dans la salle de séjour avec tous ses jouets ; nous pensions que c'était bien ainsi parce qu'il était très en relation avec tous les membres de la famille. Puis il est devenu un peu "terne" dans la journée, comme s'il s'ennuyait... Il n'était pas possible, à moins de bouleverser complètement l'espace et la vie familiale, de lui permettre de grimper sur quelque chose.

« Après hésitation, nous avons aménagé sa chambre, une pièce un peu éloignée, mais où il y avait un vieux canapé-lit ; nous avons mis à côté un fauteuil sur lequel il pouvait grimper et, de l'autre côté, un coussin par terre qui permettait de se laisser tomber sans risque de se faire mal et même une petite planche qui faisait toboggan ! La porte ouverte, il pouvait nous apercevoir, mais il était plus seul.

« Il s'est tout de suite approprié cet espace, grimpant sur le fauteuil, de là passant sur le canapé, descendant sur le sol la tête la première, prudemment, tendant ses petits bras puis déboulant, parfois un peu vite. Il a grogné quelquefois mais n'a jamais appelé au secours. En même temps son comportement général a changé, il babillait, il est devenu plus vif, plus actif pour tout... »

Pourquoi ces attitudes sont-elles si importantes ?

Un dernier exemple avant de conclure sur ce thème :

À la crèche, Laure, un bébé de 7 mois, se réveille. L'auxiliaire, occupée avec un groupe d'enfants, la lève, la pose gentiment sur le tapis, assise contre des coussins, lui met un hochet entre les jambes et repart. Laure la suit du regard, fait quelques mouvements d'avant en arrière pour maintenir son équilibre. Elle se penche en avant en regardant le hochet. Le bras droit ébauche un mouvement vers le jouet, ce qui tend à emporter le corps vers l'avant : Laure se sent en déséquilibre et se renvoie en arrière. Elle tombe alors sur le dos et se met à hurler.
L'auxiliaire arrive, lui parle gentiment, la rassied et lui redonne son jouet. Laure le regarde à nouveau, le prend d'abord avec douceur puis le secoue avec véhémence, ce qui le fait glisser. Elle s'immobilise vite pour ne pas tomber. Elle regarde autour d'elle. Après un court moment, elle est toujours assise, son menton se plisse, elle se met à pleurer.

On ne peut évidemment pas dire comment Laure aurait réagi si l'auxiliaire travaillait selon une autre optique. Mais on peut raisonnablement imaginer cela :

Laure se réveille et l'auxiliaire, occupée de la même façon par les autres enfants, la pose, allongée, sur le tapis, en lui parlant et en lui tenant la tête, avec plusieurs jouets autour d'elle. Cette position sur le dos lui est familière. Elle regarde partir son auxiliaire (dans l'observation faite, Laure ne semblait pas particulièrement triste ni inquiète), elle regarde en l'air puis de chaque côté. Elle voit une cuvette rouge, des cubes, une balle. Tout de suite, elle redresse le torse, se tient sur trois appuis, saisit la cuvette qui tourne, laissant tomber la balle qui est dedans. Son regard suit la balle, elle se retourne et rampe dans sa direction, etc.

◆ Laisser s'exprimer la capacité de faire face

Dans les deux situations, Laure porte en elle la capacité de faire face à la situation. Dans le premier cas, l'adulte ne la met pas dans la situation d'en profiter alors que, dans le second, il lui offre cette possibilité. La seconde attitude ne prend pas plus de temps que la première.

Bien sûr, là encore, d'autres facteurs peuvent intervenir. Certains enfants sont naturellement plus actifs que d'autres, les contextes émotionnels, affectifs et familiaux de chacun sont différents. Mais nous voyons dans cet exemple comment l'adulte peut – ou non – permettre à un même enfant de développer ses capacités, de s'activer avec plaisir et intérêt.

Le petit enfant ne pourra réaliser sa capacité d'être acteur de sa propre vie que si l'environnement le lui permet.

Quand ce type d'expérience est répété tous les jours dès le début de la vie, qui pourrait nier que cela va contribuer à donner des orientations différentes pour la personnalité, au moment présent et à l'avenir ?

Vous percevez déjà ce dont nous parlerons plus longuement dans le chapitre sur les séparations. Tout enfant va affronter des séparations, en famille et a fortiori à la crèche ou à la halte-garderie. Vous voyez qu'il peut vivre là un entraînement à mobiliser ses énergies, donc à pouvoir faire des expériences positives et à continuer à se sentir bien, à progresser, même lorsqu'il se retrouve seul.

Dans le cas contraire, il ne va peut-être pas dépérir, mais il va vivre a minima, dans l'attente permanente de l'adulte qui va venir le secourir ou échanger avec lui. Tout le dynamisme qu'il porte en lui mais qu'il ne connaît pas, évidemment, ne pourra s'exprimer. Tout le monde risque d'ailleurs d'ignorer son existence : on dira de cet enfant qu'il est « fragile » ou « capricieux », qu'« il ne sait pas jouer » ou qu'« il veut toujours être pris dans les bras »… Il a effectivement ce comportement, non parce qu'il est ainsi mais parce qu'il y est contraint par l'environnement.

◆ Accroître la confiance en soi

Notre monde de compétition valorise l'enfant précoce, fierté de ses parents qui anticipent déjà sur ses succès aux examens ! Ils sont prêts à le stimuler ou à s'inquiéter si les progrès ne leur semblent pas assez rapides.

Ils ne voient pas que la confiance en soi et le plaisir à être soi-même, la sécurité intérieure, la capacité à compter sur ses propres forces sont des atouts bien plus importants à notre époque où l'assurance et le tonus personnels, l'imagination, les capacités d'initiative sont indispensables... Nous aurons encore l'occasion de le dire : il est soulageant de penser que nous ne sommes pas seuls responsables du développement de l'enfant, que nous n'avons pas à le façonner. C'est lui l'acteur, c'est lui qui intègre, qui fait siennes les données de la vie. Nous devenons plutôt des « collaborateurs » ; nous l'accompagnons, ô combien ! sur la route qui est la sienne, mais nous pourrions l'accompagner seulement, sans vouloir toujours lui dicter la route...

Enfin, cette « capacité à être seul » en présence de l'autre le prépare à la relation avec les autres. Ayant pu acquérir une bonne conscience de ce qu'il est, dans un grand plaisir à se mouvoir et à réaliser ce qu'il porte en lui, il va aborder les autres sans inquiétude et avec un grand intérêt. Ce sont là les meilleures bases d'une bonne socialisation, qui ne gagne donc pas à être trop précoce.

LES RÈGLES D'OR

1. Ne posez jamais (ou presque !) votre bébé dans une position qu'il ne maîtrise pas encore par lui-même.

2. Évitez tout ce qui peut entraver sa liberté de mouvement.

3. Aidez-le très peu dans ses entreprises, laissez-lui la plus grande partie du travail d'exploration et de recherche de la solution.

4. Ne lui apprenez rien, au sens d'enseignement (montrer, faire faire, faire refaire, insister, etc.), avant qu'il ait 2 ans et demi ou 3 ans.

L'aide aux enfants qui ont eu, ou ont encore, des difficultés

Nous avons déjà évoqué le fait que tous les enfants ne sont pas également doués. Si nous avons là des moyens de donner de meilleures chances aux enfants « qui vont bien », a fortiori devrions-nous en faire profiter ceux qui sont en difficulté.

Votre enfant a pu être prématuré, hospitalisé ou vivre d'autres événements qui font qu'il ne se développe pas rapidement ou qu'il présente quelques difficultés, importantes ou non. On pourrait penser que, pour lui, la conception exposée ici n'est pas valable et qu'il faut le stimuler beaucoup. Il apparaît au contraire, de plus en plus, que **cette attitude d'écoute active du bébé et des potentialités qu'il manifeste est un atout majeur**. On ne fait plus de l'enfant un petit-être-à-qui-il-manque-quelque-chose que l'on va chercher à compenser le plus possible, mais un être à part entière, différent certes de la majorité, mais qui a aussi son originalité à lui, par laquelle il peut avoir du plaisir et être heureux. Je ne minimise en rien la déception, la souffrance, et souvent l'angoisse des parents, mais lisez ces quelques lignes.

Une kinésithérapeute allemande, Monica Aly, après une longue expérience auprès des enfants handicapés, a exposé au Congrès de Budapest, en 2007, comment, pour elle et son équipe, cette conception de la confiance dans l'enfant était une base importante pour le travail thérapeutique. Dans un film de Myrtha Chokler, psychologue argentine qui utilise cette conception dans son travail avec les enfants handicapés, on voit ainsi une petite fille de 2 ans et demi paralysée du bassin et des membres inférieurs, avec un léger retard mental, éduquée depuis longtemps dans la liberté de mouvement. Allongée sur le sol, elle rampe rapidement en utilisant ses coudes, le regard vif, manipule avec attention les jouets qui sont à sa disposition. Elle frappe par sa vitalité calme, sa concentration, son intérêt pour ce qu'elle fait, et l'on ne prend conscience du handicap que dans un deuxième temps.

◆ *Un dynamisme ralenti mais réel*

Devant un enfant qui a souffert ou qui est handicapé, nous avons tendance à chercher d'abord ce que nous pouvons faire, nous, pour le stimuler, oubliant qu'il reste comme les autres un enfant acteur de son propre développement, même si son dynamisme est beaucoup plus lent, moins visible, et s'il a plus besoin de nous pour s'exprimer. Il nous faut donc éveiller puis renforcer cette vie qu'il porte en lui.

Par toutes les petites expériences de la vie quotidienne, nous pouvons l'aider à se rendre compte des possibilités qu'il a et que souvent il ne connaît pas encore. Les réaliser lui apportera du plaisir et, ayant du plaisir, il aura envie de recommencer. Le mince courant d'énergie disponible risque de grossir. Il pourra sentir que, malgré l'inquiétude, l'angoisse ou la souffrance, nous voyons des capacités en lui, nous en sommes contents, nous en profitons avec lui.

◆ *Un regard qui aide à progresser*

Observez votre enfant, cherchez ce qu'il aime faire à ce moment : manipuler tel petit objet, bouger, faire du bruit avec tels objets particuliers, etc. Variez, enrichissez ces activités en fonction de ce que vous observez ; vous allez lui permettre d'exprimer ses envies personnelles, originales – inattendues peut-être – de croissance, les capacités qu'en ce moment il est prêt à développer.

Il ne s'agit surtout pas de regarder pour évaluer ; il suffit d'un regard discret, parce qu'un enfant peut cesser son activité s'il se sent observé avec insistance ; d'un regard plein de bienveillance et de sympathie, qui « enveloppe » cet enfant dans une confiance, voire une sorte d'admiration émue, pour les efforts qu'il fait. Pour lui, le fait de le sentir soutient ses efforts, la part de plaisir qu'il y trouve, et, même si c'est difficile, il y trouve une expérience de sécurité qui le renforce.

Aménagez l'environnement de l'enfant en fonction de ses motivations du moment. C'est alors qu'il développera le maximum de ce qui est disponible en lui.

Rappelez-vous cette citation de Myriam David : « Un enfant a besoin d'être regardé comme un adulte a besoin d'être écouté. » Des équipes soignant les enfants en grandes difficultés physiques et psychologiques ont montré que ces derniers font de grands progrès quand ils sont « regardés » avec intérêt, sympathie, amour au sens large. Ce qui est traduit en termes professionnels par : « L'observation de l'enfant est thérapeutique. »

Le regarder avec curiosité, attention, partager le plaisir de ses réussites, l'intensité de ses efforts, l'émotion qu'il ressent... Nous avons décrit chez l'enfant qui va bien ce plaisir si grand à se sentir objet d'intérêt tout en gardant sa liberté. C'est aussi une source de plaisir et de réconfort pour l'enfant en difficulté dans son développement. Ainsi pourront se développer en lui une confiance, un bien-être intérieur qui libéreront le maximum de dynamisme, de vitalité.

◆ *Proposer des jeux selon ses capacités et ses goûts*

S'il a 10 ou 12 mois et qu'il ne cherche pas encore à s'asseoir, permettez-lui de vivre avec plaisir sur le dos, par terre, avec les jeux qui lui plaisent à ce moment. Vous pouvez lui montrer plus de choses qu'à un autre, mais commencez ainsi, par les objets qui l'intéressent lui plutôt que par ceux avec lesquels vous pensez qu'il devrait jouer.

Vous pouvez éloigner un des jouets pour qu'il ait juste un petit effort à faire afin de le saisir lui-même, vous ressentirez avec lui le plaisir qu'il a à le retrouver. Il lui faut être tranquille pour laisser à son énergie le temps de s'exprimer, à ses désirs le temps de se manifester.

Pour susciter en lui l'envie de bouger, d'expérimenter, mettez près de lui ce petit matériel qui lui correspond, avec lequel il est content, et laissez-lui le plus possible l'initiative et l'occasion de connaître le plaisir de la découverte et le plaisir de la réussite. Puis vous compliquerez juste un peu pour qu'il ne soit pas mis en échec : ces enfants se referment très vite[1].

Prenons l'exemple d'un rouleau dur, comme un traversin qui serait très bourré. Vous pourriez mettre ce petit enfant à plat ventre dessus pour lui faire éprouver le déséquilibre et le forcer à avancer ses bras, puis peut-être à progresser en s'appuyant sur les bras seulement. Il vit un inconfort, le visage se crispe souvent. Il maintient son effort et réussit ce qu'on lui demande, ou bien il se met à pleurer. Face à l'obligation de faire quelque chose, il peut obéir ou essayer d'obéir, mais il risque d'y mettre moins d'« élan » que si ce même mouvement venait de lui.

Vous pouvez aussi agir différemment : ne pas commencer avec un rouleau trop gros, poser dessus un objet qu'il aime pour que l'enfant se soulève de lui-même en cherchant à l'attraper. Un peu plus tard, vous pourrez mettre l'objet de l'autre côté en prenant soin qu'il le voie évidemment ; tout cela en acceptant quelques détours entre-temps. Pensez à profiter de ces détours : eux aussi sont un « travail », un exercice, et vous pouvez permettre à l'enfant d'en tirer profit. Peut-être pouvez-vous mettre un petit obstacle sur les détours. Et ainsi de suite : il n'est pas livré à lui-même, mais ce que vous lui proposez est fonction

---

1. Il porte en lui un dynamisme de croissance comme les autres enfants, mais il faut lui faire confiance (activement). Les observations de ce livre peuvent peut-être vous en convaincre et vous y aider.

de sa motivation à ce moment précis. Vous verrez qu'il manifestera de nouveaux intérêts et que vous avancerez.

On voit souvent les enfants qui commencent à bénéficier de ce type d'attitude changer de visage et de tonus général : ils sont plus ouverts, le regard est plus vif, plus présent. Ils montrent plus de confiance en eux et commencent à prendre de petites initiatives. Ils ont des moments de vrai plaisir. Ils sont plus actifs et continuent à avoir envie de progresser. Comme pour les autres, une acquisition est un point de départ vers une autre étape.

• **Il s'agit toujours de regarder l'enfant, de l'écouter et de le suivre.** Vous devez guetter avec le plus de confiance possible cette vie ténue que vous sentez et aussi vous faire confiance quant à vos capacités à l'aider à surgir davantage. Nul ne connaît au départ l'intensité de cette vie. Vous pouvez parfois être déçu(e), mais je pense à de nombreux cas où cette vie s'est révélée infiniment plus forte que médecins et parents ne pouvaient le supposer. Les réalisations surprennent tout le monde, dans leur niveau et dans leur originalité. Vous voyez alors l'enfant épanouir des capacités que vous ne connaissiez pas et auxquelles vous n'auriez jamais pensé. C'est un peu comme s'il y avait de l'essence, mais un minuscule tuyau de sortie. Élargissez le conduit, faites venir l'énergie, et le moteur marchera déjà beaucoup mieux, même s'il y a réellement quelques pièces déficientes. Dans certains cas, il s'agit uniquement ou surtout d'énergie bloquée. Et si se mettait alors en route un mécanisme un peu rouillé mais bien moins déficient qu'on ne le croyait ? Si la déficience est là, inéluctable, on a besoin de libérer toute l'énergie interne afin de faire marcher tout ce qui peut quand même marcher.

• En revanche, son dynamisme a toutes les chances de se bloquer si on lui impose trop de choses qui ne lui correspondent pas. L'enfant peut essayer de répondre aux attentes, mais si elles sont trop importantes, il risque de se bloquer ou de s'essouffler dans ses efforts, de perdre confiance et de se décourager. Si des professionnels s'occupent de votre enfant, parlez-en avec eux. Vous écoutez votre enfant, demandez et obtenez qu'on l'écoute aussi.

Tout ce qui est écrit dans ce livre peut lui être utile : tous ces petits moments de la vie quotidienne vont l'aider à progresser. Pensez à Olivier ; plus loin, nous parlerons de Jérôme (voir p. 206).

4
Les jouets et
les aménagements

« Des jouets qui donnent envie à l'enfant de découvrir la richesse de ses sensations, les conséquences de ses actions et de ses manipulations. »

Marie-Renée Aufaure, psychologue attachée à la Banque du jouet,
À la découverte du jouet français,
Centre de documentation du jouet, octobre 1995.

Après la lecture des chapitres précédents, vous voyez que l'un de vos rôles est d'offrir à votre « pitchoun » les aménagements et les objets qui lui permettront d'expérimenter et de développer ses possibilités (ce qui ne correspond pas forcément à ce qui est à la mode !). Ce sont en général des objets bon marché et peu sophistiqués.
Vous vous demandez peut-être, au fur et à mesure qu'il grandit, quels jouets lui offrir, quel cadeau lui faire. Il en existe tellement ! Vous trouverez là quelques éléments de réponse.

L'aménagement de l'espace

Les bases de l'aménagement

Dès 2 ou 3 mois, la première chose à faire est de préparer pour lui une surface plane sur laquelle vous le poserez quand il est éveillé. Vous verrez qu'elle doit être assez grande. Un lit avec un matelas assez dur est très commode : la hauteur fait que ce n'est pas fatigant pour vous, et vous n'êtes pas très éloignés l'un de l'autre.

Quelques traversins autour, ou quelque chose de comparable, l'empêcheront de tomber. Là, soyez vigilant(e), veillez à ce que ces « barrières » soient bien fixées et efficaces car le bébé développe vite des possibilités nouvelles, et faites bien attention qu'il ne tombe pas. Assez vite, c'est par terre qu'il sera le mieux et le plus en sécurité : mettez une grande serviette de bain sur la moquette ou sur un tapis assez épais, en essayant de la fixer pour qu'elle ne roule pas[1].

Posez votre bébé sur le dos, en procédant comme nous l'avons expliqué au chapitre 2, et, dès qu'il a un peu grandi, placez autour de lui quelques objets correspondant à son âge : tissus colorés, bracelets en plastique, hochets légers vers 3-4 mois. Nous les décrirons en détail un peu plus loin. Bien sûr, vous pouvez les lui montrer, les agiter ou les frapper l'un contre l'autre devant lui, mais vous verrez que ce n'est pas nécessaire et que très vite c'est de lui-même que votre bébé s'y intéressera.

Observez la détente du corps, l'allongement de la colonne vertébrale. Vous verrez qu'il peut tourner la tête, qu'il se met à bouger les jambes, les bras, etc. Pendant un court moment, il ne dépend de personne : il découvre en lui-même la source de son activité et de son plaisir.

Enrichir l'espace

• Peu à peu, au fur et à mesure des nouvelles possibilités qui apparaissent, vous enrichirez cet espace. Un matelas posé par terre à côté du tapis du bébé m'a paru être une source intarissable d'expériences et d'activités. Ce peut être aussi un grand coussin plat ou, mieux, un ou deux blocs de mousse dure de hauteurs différentes, bien enveloppés dans un tissu lavable et assez grands pour que l'enfant ait un peu d'espace quand il est dessus.

Vous pouvez mettre ce matelas sur le sol vers 6 ou 7 mois, quand votre bébé commence à se mettre assez facilement du dos sur le ventre et

---

1. Notez bien la différence avec le « tapis d'éveil » que l'on achète et qui s'accompagne souvent d'un portique avec des objets suspendus, nous verrons plus loin quoi en penser.

inversement. Mais attention, pour qu'il ne fasse pas d'expériences douloureuses, posez-le toujours d'abord sur le tapis : que ce soit lui qui, petit à petit, monte sur ce matelas puis fasse des efforts pour en descendre. Ayant intégré dans son corps les mouvements de la montée, il pourra découvrir en lui ceux qui sont nécessaires à la descente.

Je me suis aperçue avec étonnement que les 15 cm d'épaisseur du matelas sont une montagne pour un bébé. Lorsque j'ai posé mon bébé la première fois sur ce matelas et qu'il a voulu se diriger à nouveau vers son tapis par terre, la descente a été vertigineuse. J'entrevoyais déjà la bosse ou la fracture du crâne ! Or, notre principe étant de laisser l'enfant faire ses découvertes par lui-même, comment n'avais-je pas compris qu'il lui fallait d'abord expérimenter la montée ?

Comprenant cela, j'ai décidé de le poser désormais à l'« étage inférieur », directement sur son tapis. Il lui a fallu une bonne dizaine de jours pour parvenir à grimper sur son matelas et à s'activer avec les jouets qu'il trouvait dessus. Il a pu alors, en rampant jusqu'au bord du matelas, tendre sa main vers le bas, toucher le tapis puis se laisser glisser ou rouler, un peu brutalement parfois. Il y a eu encore quelques grognements, mais il ne s'est plus fait vraiment mal.

Il semble bien qu'il avait intégré quelque chose de cette dénivellation et que les sensations nouvelles et bizarres de la descente ne le surprenaient pas vraiment, même si elles étaient désagréables. Ensuite, il aimait monter et surtout peut-être descendre ; les multiples positions dans lesquelles il se trouvait semblaient lui procurer beaucoup de plaisir et s'accompagnaient de « sonorités », de mimiques d'effort et d'intérêt très évocatrices !

On voit bien là comment le grand nombre d'expériences solitaires sont utilisées par un enfant. Si nous intervenons en le touchant, soit pour le retenir, soit pour l'encourager, nous introduisons un facteur qui est extérieur à lui, nous l'empêchons de sentir et d'élaborer à son rythme. C'est une grande sécurité pour nous de savoir que notre enfant peut ainsi découvrir et réussir par lui-même. Il ne va pas rester impuissant parce que nous ne l'aidons pas : trois semaines après environ, mon fils maîtrisait la situation, montait et descendait avec entrain, se laissant parfois tomber avec de grands éclats de rire.

• Il est possible ensuite d'enrichir les occasions d'expériences : une petite estrade en bois que l'on peut faire soi-même (environ 12-15 cm de hauteur, 60-80 cm de côté) et qui présente l'avantage d'être dure (elle ne change pas de forme comme le matelas), un traversin très bourré pour qu'il soit assez ferme, des blocs de mousse assez dure, etc. On peut aussi créer des reliefs plus importants.

> J'avais pour ma part improvisé un escalier constitué par un bloc de mousse d'une dizaine de centimètres de hauteur, sur lequel était posé un paquet de lessive laissé plein pour qu'il soit lourd, et enfin une chauffeuse (chaise basse et rembourrée), le tout placé le long du matelas toujours sur le sol. L'exploration, tout à fait progressive, a duré plusieurs mois (voir p. 86).

On peut construire une « petite maison », constituée par le dessous d'une table avec un grand tissu qui pend pour la fermer un peu et derrière lequel l'enfant peut se cacher. Vous trouverez peut-être un petit plan incliné sur lequel il pourra glisser...
À partir de ces exemples, vous aurez vos propres idées et votre bébé lui-même vous en donnera.

Un petit enfant peut retrouver le calme et devenir moins accaparant s'il investit son énergie débordante dans des activités motrices intéressantes : grimper, se laisser glisser, ramper sous quelque chose...

Tous les bébés ont régulièrement besoin d'interrompre leur activité de manipulation fine pour effectuer, avant de la reprendre, quelques mouvements intégrant leur corps tout entier. C'est pourquoi les aménagements que nous avons décrits sont beaucoup plus utiles qu'on ne le pense habituellement.

Un espace à lui

Il est donc assez simple d'aménager la chambre d'un bébé de telle sorte qu'il puisse jouer directement par terre. Mais tous les enfants n'ont pas la chance d'avoir leur chambre à eux. Bien que ce ne soit pas toujours très facile à réaliser, il est cependant nécessaire qu'un petit enfant ait un coin à lui, au moins à de grands moments de la journée.
Cette période ne durant pas très longtemps, il est en général possible de modifier l'agencement des meubles et des fauteuils. Il y va bien de quelques renoncements à l'esthétique... Des fauteuils recouverts d'une bonne housse, un escalier improvisé du genre de celui que j'ai décrit,

peuvent, avec le lit à barreaux dont on aura descendu un des montants, délimiter un espace où notre héros aura fort à faire et où il pourra développer tranquillement ses capacités de concentration !

Des aménagements de ce type sont à revoir assez fréquemment : ce qui était un rempart efficace ne l'est plus deux ou trois mois plus tard. « Les joies de vivre avec un tout-petit ne vont pas sans peine ! » Mais, plus tard, vous trouverez que cette période a passé si vite.

Si vous souhaitez l'installer dans la salle de séjour ou ailleurs, il est facile de transporter partout une grande serviette (style drap de bain) et un panier dans lequel vous mettez ses jouets.

Le parc, un espace protégé

Rappelez-vous que si vous passez de bons moments d'échanges avec votre bébé, en particulier pendant la toilette et les repas, il sera capable d'en passer d'autres, assez longs, à jouer seul sans tenir compte de vous. Vous n'êtes donc pas obligé(e) de l'emmener partout avec vous dans les pièces où vous vous trouvez. Vous pouvez l'installer confortablement quelque part, puis lui parler à distance et venir de temps en temps le regarder et faire un petit coucou !

Bien que parfois considéré comme d'un autre âge, le parc peut être un bon endroit de jeu, sympathique, si on ne l'utilise pas trop longtemps et si on prend soin d'y mettre ces objets intéressants et souvent renouvelés, que l'enfant aime bien, qu'il connaît et avec lesquels il fait beaucoup d'expériences. Lorsque le petit enfant commence à ramper un peu plus loin ou à se déplacer à quatre pattes, il y a des moments où la maman a besoin de s'activer avec l'esprit tranquille... ménage et cuisine peuvent alors être faits tellement plus vite !

• Évitez le **parc en filet**, auquel l'enfant ne peut pas s'agripper en sécurité : il oscille, risque de tomber et c'est très désagréable. Mais faites aussi attention au **parc à bords rigides** car l'enfant peut se mettre debout trop tôt. Il y parvient parce que c'est facile, facile et les parents, fiers, l'y encouragent. Pourtant, il n'est pas encore assez développé pour pouvoir se remettre à terre sans tomber ou sans aide ; il reste donc en position verticale, un peu coincé, tendu, et en profite souvent pour haranguer une foule imaginaire. Il ne se sent pas vraiment bien et il vit les inconvénients dont nous avons parlé à propos de la station debout trop précoce.

Quand il maîtrise bien lui-même le fait de se mettre debout puis de se lâcher pour se remettre à terre, ce n'est plus un inconvénient. Il est actif dans son parc tout en voyant ce qui se passe autour de lui, ce qui peut lui donner envie de sortir mais limite aussi la sensation d'isolement.

• La manière de se sentir dans le parc dépend de l'enfant lui-même et surtout de l'attitude des parents, de ce qu'ils vont lui permettre d'expérimenter pendant qu'il s'y trouve. Il est évident qu'un petit enfant de 7 ou 8 mois qui se retrouve dans le parc assis avec quelques objets en peluche et une girafe qui couine va se mettre à pleurer immédiatement et vouloir en sortir parce qu'il s'ennuie. Mettez-lui deux cuvettes et des boîtes, quelques cubes et quelques anneaux... Passé l'effet de surprise, je serais bien étonnée qu'il n'oublie pas les barreaux.

Veillez quand même à ce qu'il ne se passe pas à l'extérieur de choses trop intéressantes, auxquelles il aurait envie de participer !

Les jouets de la première année

Les peluches sont sans doute utiles comme objets de câlins, elles représentent pour certains enfants la douceur du contact avec les parents. Certains les aiment beaucoup, d'autres les ignorent. À vous de voir ce qu'aime votre bébé. Beaucoup sont inutiles, en particulier les très grosses, qui font bien plus plaisir aux adultes qu'aux enfants et qui souvent encombrent notablement les chambres. Mais peut-être s'en serviront-ils plus tard si leur imagination est assez riche pour en faire des personnages de théâtre.

Les objets et jouets utilisés en « activité libre »

J'attire tout particulièrement votre attention sur cette page (beaucoup de ces objets ne correspondent pas à ce que vous verrez dans les magasins). Regardez ce qu'en fait votre bébé...

• **De 3 à 6 mois :**
– petits carrés de tissu coloré, (faciles à prendre et légers, ne font pas mal en tombant sur le visage) seulement deux couleurs au début ;
– hochets légers et presque silencieux qui ne le font pas sursauter ;
– petits personnages ou animaux très doux avec de longues pattes ;
– bracelets fins en plastique et de couleurs vives, anneaux légers ;
– volants de badminton tant qu'il n'a pas de dents.
Ne pas en mettre plus de trois ou quatre au début. Posés près de lui, quand il est allongé sur le dos, il va les toucher, saisir, lâcher, pousser... Pensez à leur poids, quand il commence à les garder dans la main.

• **De 6 à 9 mois :**
– anneaux plus gros, la girafe Sophie (plus tôt, elle est un peu lourde...) ;
– petites corbeilles (quelques-uns de ces petits paniers qui s'emboîtent les uns dans les autres et qui résistent au mordillement), corbeilles à pain comme autrefois, en plastique très ajouré, petits casiers de rangement en plastique ajourés également, faciles à saisir et légers ;
– gobelets et petits objets creux genre boîtes à savon, moules pour faire des pâtés ;
– cuvettes en plastique de tailles différentes, petits seaux ;
– cubes de tailles et de formes différentes : allongés, etc.

• **De 9 à 12 mois :**
– récipients, cuvettes en plastique, seaux, timbales de toutes tailles et de toutes matières ;
– hochets, grelots : comprendre d'où vient le bruit, il aime quand il peut lui-même le provoquer et l'arrêter ;
– balles, gros anneaux, jouets allongés encore ;
– couvercles de « petits pots » en grande quantité, gros bouchons plastique, mis d'abord dans une cuvette.
Donc à peu près les mêmes que les mois précédents mais souvent plus gros, plus lourds et qui peuvent rouler puisque l'enfant peut maintenant ramper quand il veut les saisir à nouveau.

• **De 12 à 15 mois :**
L'éventail s'élargit, et l'utilisation s'enrichit mais les grosses quilles et jouets allongés qui peuvent se mettre debout, les cuvettes et les seaux ont encore leur préférence, avec les jouets à tirer et pousser.

Le miroir est là pour montrer l'intensité de l'effort de l'enfant.
Sa présence ne doit être qu'épisodique : il n'est pas bon pour un enfant
de se trouver en permanence face à un miroir.
Voyez l'étirement de la diagonale : jambe droite, bras-main-doigts gauches.

Les objets qui suscitent la concentration

L'observation statistique a montré par ailleurs que, dans un groupe d'enfants en activité libre de manière habituelle, les objets suscitant l'activité de plus longue durée, sans que l'enfant en détourne son regard vers autre chose, étaient :
– de 3 à 6 mois : les tissus colorés ;
– de 6 à 9 mois : les seaux récipients et objets creux ;
– de 9 à 12 mois : les balles et les seaux.
La plupart de ces jouets sont silencieux, alors qu'on croit communément que les bébés sont attirés par tout ce qui fait du bruit... attirés peut-être, mais souvent ils en ont un peu peur, surtout quand ils ne comprennent pas d'où vient le bruit. Les enfants ne les choisissent pas spontanément, ce sont souvent les adultes qui les utilisent pour faire rire le bébé, un peu comme quand ils jouent à le chatouiller. En faisant cela, ils l'excitent parfois plus qu'ils ne lui font réellement plaisir.
En revanche. les enfants aiment créer des bruits : en frappant les objets sur le sol, sur des surfaces différentes, l'un contre l'autre, etc.

Un peu plus tard

♦ *Les livres et les jeux*

L'intérêt pour les livres se manifeste à un âge très variable. Vous pouvez donc en mettre deux ou trois à disposition vers 8-9 mois et vous verrez. Choisissez-les en carton, avec des dessins très simples. Tenus à l'endroit ou à l'envers (cela peut durer jusque vers 2 ans et plus sans inconvénient !), ils passionnent certains enfants, qui babillent avec conviction et manifestent parfois des choix très précis. D'autres s'y intéresseront plus tard : là encore, ne vous inquiétez pas !

Ensuite, entre 15 et 18 mois, les activités s'enrichissent avec les mêmes objets auxquels vous pouvez ajouter ces anneaux qui s'enfilent sur une tige[1], des cubes en bois plus gros, ces boîtes que l'on appelle « boîtes à lettres » à l'intérieur desquelles il s'agit de remettre des morceaux par les trous de forme correspondante, des livres en carton. Et c'est le début des jouets d'imitation : les autos, les poupées, les objets de la maison de petite taille (petites assiettes, tasses, verres en plastique, petite casserole, petit balai, chiffon, etc.), jouets qui sont plus habituels et sur lesquels nous reviendrons.

♦ *La richesse des objets usuels*

Donnez à votre bébé beaucoup d'objets usuels : cuvettes en plastique de tailles et de couleurs différentes, écumoires, boîtes à savon, grilles de fond d'évier, cuillères en bois, moules à glaçons, bouteilles transparentes en plastique bien fermées avec de grosses perles dedans, bracelets de couleurs vives, corbeilles à papier ajourées dans lesquelles il réussira même à entrer en rampant !

Vous serez étonné(e) de tout ce qu'il invente avec des objets en plastique. Vous le verrez, concentré, ne s'occupant de personne, semblant quelquefois retenir sa respiration, parfois silencieux, parfois babillant très fort. Plongé dans son activité, il dégage un sentiment de plénitude.

> *Le petit enfant s'intéresse aux objets usuels et choisit tout de suite ceux avec lesquels il peut faire toutes sortes de manipulations.*

---

1. À condition que la tige soit de même diamètre d'un bout à l'autre : il ne comprend pas encore la tige « pyramidale ».

Une cuvette, un gobelet et un petit objet comme un cube ont été pour moi les objets les plus utiles, en consultation, à l'hôpital ou en pouponnière, pour entrer en contact avec certains enfants, ou pour les aider à se calmer quand ils ne se sentaient pas bien (le plus souvent ils ne me connaissaient pas encore). Essayer de sortir le petit jouet de la cuvette, retourner celle-ci, éprouver le creux en mettant au fond la main ou le visage sont des « activités » qui intéressent tous les très jeunes enfants et qui doivent avoir des résonances très profondes.

À ces objets, vous pourrez ajouter quelques-uns de ces jeux que l'on trouve dans le commerce : grelots en bois, groupe de clés en plastique, jouets en caoutchouc, tableau de découvertes... qui n'ont rien à voir avec ces jouets sophistiqués dont les enfants font rapidement le tour et dont ils ne font rien ensuite.

Un de nos petits garçons a passé beaucoup de temps avec ce que l'on appelle « le tableau des découvertes », sur lequel sont fixés des rouleaux qui tournent, des objets qui font du bruit lorsqu'on appuie dessus, une petite glace, etc. ; mais l'autre, pas du tout. Une petite maison en plastique dont les portes et le toit s'ouvraient a passionné le premier et a laissé à peu près indifférent le second, qui préférait faire rouler des balles, escalader et... raconter des histoires !

« Elle s'ennuie, dites-vous, elle veut très vite qu'on la prenne dans les bras »...Cherchez plutôt dans vos placards ou au supermarché, rayon plastiques, vous y trouverez des trésors qui ne vous coûteront pas cher...

Il est impossible de savoir *a priori* ce que votre enfant aimera, et vous voyez là comme les enfants sont différents.

Ne vous sentez pas gênés par rapport à ceux de vos amis qui dépensent beaucoup d'argent en jouets et aménagements... ils ne savent pas que ces dépenses sont non seulement inutiles mais néfastes.
(Vous le verrez encore plus avec ce qui suit.)

Bien sûr, vous ne lui mettrez pas tous ces objets à la fois. À vous le petit travail d'observation de ce qu'il en fait et d'ajouter progressivement, de changer, etc. Vous savez maintenant que, au fur et à mesure de son développement neurologique, sensoriel, moteur, il utilise différemment ce qui est mis à sa disposition. Il peut avancer vite... ! Il va regarder, frapper l'un contre l'autre en comparant les bruits, essayer de mettre l'un dans l'autre, commencer à faire disparaître et retrouver, sucer en étant attentif au goût ou à la consistance, jeter au loin et rechercher : éprouver la distance, etc. Il vous surprendra par la variété de ses manipulations et le sérieux qu'il y met.

Vous y prendrez beaucoup de plaisir et c'est en le regardant ainsi progresser que vous viendront les bonnes idées. (Par contre, les enfants deviennent souvent grognons ou « crampons » quand ils s'ennuient...)

Quelques « jouets » à l'intérêt discutable

◆ *Les portiques*

Dès lors que le lit est l'endroit pour dormir, et non pour jouer, ces portiques que l'on attache au-dessus de l'enfant semblent totalement inutiles, de même que ces jouets que l'on peut enfiler aux barreaux du lit. La plupart des enfants jouent peu avec et l'on observe chez certains des crispations dans le cou et les épaules. Il est difficile que l'enfant soit bien placé : souvent trop proche ou trop éloigné. Théoriquement faits pour inciter à tendre les mains puis à se soulever, se balancer, se redresser, ces portiques semblent bien inutiles, même posés sur le sol, puisque nos observations montrent que les enfants n'ont besoin d'aucune incitation pour réaliser tous ces mouvements par eux-mêmes. Plusieurs mamans ont raconté que, le jour même où elles ont enlevé le portique, leur bébé, immobile jusque-là, s'est tourné avec tout son corps vers les objets disposés à côté de lui et a commencé à se mettre sur le côté : Ils étaient mûrs neurologiquement pour effectuer ce mouvement, mais n' avaient jusque-là aucune raison d'essayer.

◆ *Les transats*

Beaucoup de parents les utilisent pensant que l'enfant voit mieux ce qui l'entoure et peut communiquer davantage. Sans doute, mais ce que nous venons de décrire montre que le bébé attaché :

– ne peut pas explorer les possibilités de son corps ni faire de grands mouvements ;

– ne peut explorer l'espace ;

– ne peut manipuler longuement et avec « confiance » les petits objets puisqu'ils tombent souvent, disparaissant complètement et qu'il ne peut les récupérer lui-même.

Il se trouve ainsi en complète dépendance par rapport l'adulte. Beaucoup de bébés s'y habituent et, pendant le temps qu'ils y passent, restent calmes et parfois passifs ; d'autres s'agitent ou sont en quête permanente de la relation à l'adulte.

Souvent, plus tard, les parents s'étonnent ou s'agacent : « Il veut toujours qu'on s'occupe de lui ! » C'est effectivement ce qu'il a connu... Vous savez maintenant que le bébé se développe en investissant son corps tout entier.

Les transats devraient donc être surtout réservés aux moments où on doit transporter le bébé.

Les transats et gros coussins en microbilles qui épousent la forme du corps du bébé et où il ne peut donc être que passif peuvent donner l'impression de confort mais ils sont moins utiles pour le bien-être global qu'une surface horizontale douce mais ferme (matelas des parents souvent, les tout premiers mois, puis le bon tapis au sol).

◆ *Les trotteurs ou « youpalas »*

Les trotteurs ont le très gros inconvénient de maintenir l'enfant artificiellement en position verticale et ce quelquefois pendant un temps assez long. Une pédiatre observait que « les enfants habitués au trotteur semblent ne pas avoir connaissance du bas de leur corps ». Bien que les hauteurs soient souvent réglables, les jambes flottent et se musclent peu, ou au contraire deviennent arquées si les pieds appuient trop sur le sol. Ainsi ce tout-petit ne découvre pas son corps tel qu'il est réellement (les sensations de passer du dos sur le ventre, d'étirement, de déséquilibre provisoire qui aboutit à se mettre assis seul, puis en position verticale en se tenant soi-même, la sensation de se sentir de plus en plus solide sur ses deux pieds, puis « bien planté » sur ses deux jambes...). L'enfant qui vit lui-même ces découvertes est obligé d'être attentif ; il est « concentré ». Chez celui qui est mis dans le youpala, tout ceci est court-circuité. Il ne gère pas son corps tel qu'il est dans la réalité : un léger frottement du pied peut le propulser très loin : certains enfants y trouvent une réelle excitation, donnée artificiellement, et qu'ils vont continuer à chercher ensuite : comme ils ont l'air content, les parents les y encouragent. Dans le passé des enfants agités au point de consulter pour cette raison, on retrouve très souvent l'usage du trotteur (qui n'est peut-être pas la cause suffisante mais qui y a sans doute contribué. Les plus contents de s'y trouver sont sans doute les enfants excitables qui, justement, auraient besoin de tout le contraire. Les pédiatres devraient y être attentifs).

Certains pays comme le Canada en ont interdit l'usage à cause aussi du danger qu'ils représentent (chute dans l'escalier par exemple.)

Quand vous aurez pu observer un bébé habituellement sur le dos, vous n'aurez probablement plus de doute... et vous aurez aussi votre opinion sur les sièges ou harnais sauteurs, balancelles, le cheval à bascule (qui peut être une vache ou un âne), etc., dans une certaine mesure, le siège à ventouse pour le bain. Il existe des balançoires mécaniques qui assurent un balancement régulier pendant un temps réglable ! Le tout-petit est là, faussement excité ou le regard dans le vague, parfois même assez « tendu », objet d'une machine actionnée par quelqu'un d'autre. Il apprend de la vie : recevoir, attendre qu'on vous donne... Et non : être actif pour réaliser – ou essayer de réaliser, souvent avec effort – ce qu'il se sent en train de désirer.

Bien « enracinés » dans le sol... Le corps tout entier est impliqué dans le mouvement et la réflexion.

Tous ces « engins » peuvent être équipés de jouets sophistiqués, lumières, musiques et même « tableaux électroniques » !... qui s'imposent à l'enfant puisqu'ils sont fixés près de lui et qui n'obéissent pas toujours aux lois de la réalité telles que tomber, s'éloigner, pouvoir être récupérés quand on a fait l'effort pour, etc.[1].

On voit bien toutes les exigences artificielles induites chez l'enfant (la vie, c'est attendre et recevoir...) et de quoi il va être privé : sentir à l'intérieur de lui son désir à lui d'aller vers **cette** corbeille rouge, puis, de lui-même, ramper avec effort jusqu'à elle, la toucher, continuer si elle s'éloigne, pouvoir enfin la saisir, en explorer la texture, le goût, le bruit produit sur le sol... puis la laisser, au moment de son choix, pour un autre objet ou pour se reposer. Toute cette concentration, le plaisir éprouvé au cours d'un effort, la détermination dans la recherche du but à atteindre. Le plaisir de la réussite...

Ces attitudes lui deviendront peu à peu naturelles et constituent un extraordinaire capital pour l'avenir.

◆ *« Kangourou » et poussettes*

Pour le « kangourou » (sac pour porter le bébé contre soi), faites bien attention au confort du bébé qui doit y être allongé et détendu, tout contre sa maman, surtout les premiers mois. Qu'il soit allongé et non vertical : sa colonne vertébrale est alors tassée, le visage obligatoirement tourné d'un côté, les jambes dans le vide, à moins qu'il ne soit tourné vers l'extérieur qui, à cet âge, n'est encore que le vide. Certains de ces sacs sont faits de telle manière que le bébé y est comme assis, plié en deux, ce qui n'est évidemment pas ce qui lui convient.

Les poussettes modernes offrent souvent beaucoup de possibilités. Soyez attentifs : contrairement à ce que l'on croit, l'enfant aime pouvoir regarder la personne qui l'accompagne, lui parler : elle est sa sécurité. S'il lui tourne le dos, il ne peut l'entendre quand elle lui parle ni s'adresser à elle. L'extérieur peut être ressenti, surtout en ville, comme un espace inquiétant. Que ressent-il, par exemple, des personnes qui le

---

1. Beaucoup jouent peu avec. Il serait nécessaire de faire des études sur ce que ces jeux peuvent induire pour l'avenir... et sur ce qu'ils coûtent aux familles.

croisent, inconnues bien sûr, qui arrivent « sur lui » en sens inverse et en marchant vite ?

Regardez bien : les enfants dans cette situation ont souvent le regard un peu vague et souvent se « tordent le cou » pour regarder derrière et tenter de « parler ».

◆ *La télévision*

Elle fascine souvent les bébés et certains ne peuvent plus en détacher leurs yeux.

Si vous avez lu ce qui précède et observé votre bébé, vous comprenez pourquoi non seulement elle n'apporte rien mais est franchement nocive pour les bébés. L'activité et le mouvement sont des besoins fondamentaux chez les tout-petits, des troubles apparaissent s'ils ne sont pas satisfaits : nous avons vu comment l'intelligence s'enracine dans le corps, nous verrons comment les émotions s'expriment par le corps.

Il y a donc danger à faire découvrir à un petit enfant ce plaisir facile où il est totalement passif et immobile et ne comprend rien ou très peu à ce qu'il voit ; sur lequel, en outre, il ne peut avoir aucune action[1].

Elle représente une aide très dangereuse pour les adultes puisque les enfants installés devant se tiennent en général tranquilles, ce qui permet de faire son travail plus rapidement ou de se reposer... Si vous êtes trop tentés, je pense que vous trouverez dans ce livre des solutions qui vous aideront.

L'âge de l'exploration (10-12 mois à 15-18 mois)

Votre bébé va commencer à ramper et à sortir du tapis, à se mettre debout en se tenant à quelque chose, à se déplacer à quatre pattes. Avec émotion, vous le verrez un jour se promener d'une pièce à l'autre le nez en l'air, essayant de regarder tout ce qui est autour de lui.

Pour que son envie d'exploration ne soit pas trop exaspérante pour vous, vous pouvez faire le tour de votre maison et enlever ce qui est

---

1. C'est le sens de la pétition nationale signée par les plus grands spécialistes d'enfants, pour empêcher la création d'une chaîne télévisuelle « pour bébés ». Le fait qu'elle soit « pour bébés » ne change rien au caractère nocif que nous avons décrit mais induit les parents en erreur.

dangereux, fragile ou... ennuyeux à remettre en place, car il n'aura de cesse de prendre les choses, de les regarder, de les faire tomber, de les sucer, etc. Certains enfants réussissent rapidement à contrôler leurs gestes et à ne plus toucher à ce qui est interdit, d'autres y mettent assez de temps pour réellement vous fatiguer ! À vous de voir à quel numéro vous avez affaire, et avec quelle clarté et quelle permanence vous allez poser les limites.

Veillez à ce qu'il ait quelques endroits où il puisse se mettre debout et se trouver devant une surface plane : petite table, meuble qui se trouve à sa hauteur et qui lui permette de manipuler les objets en étant très à l'aise.

Nous pouvons distinguer trois domaines d'activités : sa chambre ou son coin à lui ; la maison qu'il explore ; dehors.

Sa chambre ou son coin à lui

• Nous l'avons dit, vous pouvez éviter les jouets chers et sophistiqués, et privilégier plutôt ce qui permet l'**activité motrice**. À cet âge, les enfants éprouvent une véritable jubilation à grimper, à se laisser glisser, à passer sous un tunnel... Amusez-vous avec lui en étant le concepteur tandis que lui est l'utilisateur exclusif !

Un fauteuil bien stable à côté d'un lit d'adulte ou d'un canapé assez haut, avec un matelas par terre de l'autre côté, peut constituer un circuit passionnant pendant quelques semaines. De plus, si vous êtes bricoleur (se), vous trouverez quelques plans de « structures à grimper ».

À cet âge, il sera souvent plus intéressé par tous les objets de la maison, mais il aimera sans doute encore les cubes, les grandes cuvettes, les anneaux qui s'enfilent sur une tige. C'est le début des jouets gigognes, des livres en carton qui se diversifient, des premiers encastrements...

• Vous veillerez à ce que ces jeux soient fréquemment **remis en ordre**. Le coffre à jouets n'est probablement pas un bon système, car les objets s'y trouvent en désordre : des cubes voisinent avec des anneaux, une poupée la tête en bas, une page de livre. En revanche, vous pouvez avoir la corbeille « petit bazar » pour tout ce que vous ne savez pas où mettre. Mais l'ensemble des jeux doit être rangé. Ils n'auront pas du tout la même signification s'ils sont mis en ordre sur une étagère : les cubes placés les uns à côté des autres, les anneaux enfilés sur leur tige, les livres rangés, les jouets démontables remontés, les poupées assises la tête en haut (c'est un peu agaçant à faire, mais cela vaut la peine !).

Dans une crèche, l'observation montrait que les enfants d'un groupe de 15-18 mois s'ennuyaient, et les éducatrices pensaient nécessaire d'introduire de nouveaux jeux. Les crédits manquant dans l'immédiat, elles ont décidé de remettre en ordre tous les jeux plusieurs fois par jour « pour leur donner meilleure allure ». Elles ont alors constaté un regain d'intérêt et d'activité chez les enfants. Le nombre et le type de jeux convenaient très bien ; c'est une présentation cohérente et ordonnée qui était nécessaire !

Vous pouvez faire le tour de votre appartement et de ses placards et sortir de ce qui est conventionnel ! Regardez aussi votre enfant : par l'utilisation inattendue qu'il fera un jour de tel objet, il vous donnera une idée. Un escabeau de ménage peut trouver mille utilisations : allongé par terre, à plat, il est un vrai terrain d'escalade pour un explorateur de 8 mois ; à terre mais droit, calé aux extrémités, il peut devenir une barrière ; ouvert ensuite, et vertical, il devient un lieu à grimper extraordinaire, en votre présence évidemment...

La maison que l'on explore

C'est dans la cuisine ou dans la salle de bains que les enfants aiment aller le plus souvent. Le problème de la cuisine n'est pas simple. Il s'y trouve beaucoup de dangers pendant que vous préparez les repas : four très chaud, queues de casseroles dépassant, couteaux... et, de façon permanente, des instruments et des produits d'entretien dangereux. On en parle assez pour qu'il ne soit pas nécessaire de les détailler ici.

◆ *Barrières protectrices et barrières limitatives*

Si elles ne sont pas installées dans un esprit de punition et de limitation systématique de l'espace de l'enfant, les barrières ne sont pas un handicap. Ce n'est qu'aux adultes qu'elles évoquent la prison, on l'a vu, l'enfant a tout son espace derrière. Placer une barrière en haut d'un escalier ne pose guère de problème, mais en mettre une à la porte de la chambre pour que l'enfant n'en sorte pas alors même que l'on peut continuer à se voir et à s'entendre, donc à être ensemble, ou en bas d'un escalier pour qu'il ne puisse pas monter, demande parfois un peu de réflexion... À 10 mois, ayant plus de possibilités et d'intérêt pour l'extérieur qu'auparavant, il a besoin d'un espace plus vaste et plus varié, mais pas forcément en permanence.

Nous voyons souvent qu'un petit enfant a besoin d'apprendre qu'il s'intègre à un monde déjà existant et non à un monde où tous ses désirs sont réalisables. Il peut être « riche » pour lui de vivre de petits désagréments tels que celui-ci : ne pas pouvoir entrer dans la cuisine parce que maman y est avec ses casseroles, découvrir alors, après quelques instants de tristesse ou de révolte, la balle qu'il peut faire rouler loin dans le couloir en face... Il fait l'expérience qu'il peut trouver lui-même des compensations. C'est utile d'y penser quand on a tendance à se faire des reproches : « Je ne voudrais pas le limiter dans ses expériences ! »

Veillez donc à acheter une barrière facilement amovible. Le jour où vous la poserez, il aura peut-être des réactions de surprise ou de désagrément. Vous pouvez l'aider à les surmonter les premiers jours en vous mettant avec lui à l'intérieur de sa chambre ou de l'espace fermé. La barrière sera associée à un plaisir et non à une frustration : il la découvrira avec vous de l'intérieur et non alors que vous êtes à l'extérieur, comme si elle l'empêchait de vous rejoindre.

Puis vous lui expliquerez ce que vous redirez souvent ensuite, qu'il y a un moment pour jouer dans sa chambre et un moment pour se promener partout : « Maintenant, c'est le moment de jouer dans la chambre. Tout à l'heure, quand j'aurai fini, tu pourras sortir... »

Début d'apprentissage en douceur de règles qui n'ont rien de perturbant. Début de représentation de la durée : maintenant, après, un peu plus tard... Importance que ce qui est décidé soit clair et permanent. Toutes ces précautions sont diversement nécessaires selon les enfants et selon les périodes.

◆ *La cuisine et la salle de bains sans danger*

• Si l'aménagement de la **cuisine** s'y prête, il est sans doute possible d'y laisser venir votre enfant aux moments où il n'y a pas de danger et où vous êtes disponible pour le surveiller. Avec une petite table ou un tabouret large sur lequel il puisse monter (tout seul si possible !), l'évier devient un domaine de « travail » plus qu'apprécié ! « Faire la vaisselle », « laver la salade » ou jouer à l'infini avec des objets en plastique : le plaisir que vous y voyez vaut bien le petit désagrément de deux serpillières à essorer !

À titre d'exemple, vous pouvez lui consacrer dans la cuisine un ou deux placards en fermant soigneusement les autres. Ceux-là, il pourra les ouvrir, les vider, y trouver des choses passionnantes : boîtes à réfrigérateur, couvercles, bouchons, passoires, boîtes de camembert, godets pour les glaçons, etc. Certaines cuisines se prêtent à ces « travaux », d'autres beaucoup moins... L'important est d'avoir des lieux d'exploration, non de jouer spécifiquement dans la cuisine...

Pensez que les enfants mettent beaucoup de temps à construire leur notion d'espace, de grandeur, de profondeur, d'éloignement, etc. C'est pourquoi sans doute ils passent autant de temps à mettre des objets les uns dans les autres. Donnez-leur toujours plusieurs contenants et collectionnez les bouchons plastiques, couvercles de « petits pots », etc., et les boîtes vides. Vous les verrez passer beaucoup de temps à transvaser.

• La **salle de bains** peut devenir un autre lieu d'activité (sans pour autant gaspiller l'eau dont il apprend aussi quelle richesse elle représente). Voir l'eau rester ou disparaître, quelle source d'étonnement et de réflexion ! (Pensez à ce jeu : le moulin à eau, ou à sable d'ailleurs.) Vous verrez vous-même comment il tire parti de votre appartement ou de votre maison selon son aménagement[1].

◆ *Situations un peu risquées*

Ne craignez pas de le laisser faire **des expériences un tout petit peu risquées**, comme ouvrir et fermer une porte ; vous pouvez empêcher celle-ci de se fermer complètement en posant par terre un paquet lourd ou une boîte de lessive pleine. Certains enfants passent beaucoup de temps à se mettre debout et à se déplacer avec le battant de la porte qui avance et recule : ils éprouvent une sorte de jubilation à jouer avec leur

---

1. S'il joue souvent au pied d'un escalier, il serait idéal de bricoler quelque chose qui lui permette de monter seulement une marche, puis deux, trois... car il pourrait les redescendre seul, sans risque, surtout si vous mettez un tapis épais à l'arrivée. À vos talents de bricoleur et à votre imagination !

équilibre. Quand vous êtes là, vous pouvez enlever la boîte qui empêche la porte de se fermer. S'il a l'habitude de jouer seul, vous verrez qu'il fera attention à ne pas se pincer les doigts.

Si, au cours d'une escalade un peu « périlleuse » (vous êtes là bien sûr mais sans intervenir...), il glisse un peu et tombe jusqu'au sol, il est probable qu'il le fera avec souplesse, le visage attentif regardant ce qui s'est passé (parfois rieur ou même jubilant), presque toujours prêt à se remettre debout et à renouveler l'expérience si aucun adulte ne vient l'interrompre en disant : « Tu vois que... Fais attention... Je t'avais dit que...

Si vous lui dites sans arrêt : « Ne touche pas à la porte, tu vas te pincer ! », il aura sans cesse envie d'y toucher tout en sachant que c'est interdit. Ce ne sont pas les dispositions idéales pour apprendre à faire attention ! Alors que, si vous le laissez faire après lui avoir montré ce qu'il risque, vous le verrez renouveler l'expérience un très grand nombre de fois : approcher la porte jusqu'à ce qu'on ne voie plus le jour, l'écarter à nouveau, la refermer, l'écarter... Peut-être le verrez-vous appuyer lui-même la porte sur son doigt pour expérimenter, seul, ce que vous lui avez dit. Manifestation de son intelligence et du fait qu'il ne se sent pas un être « obéissant passif » mais qu'il cherche à comprendre, à s'approprier ce qu'on lui dit. Là, nous apprenons que nous pouvons lui faire confiance. Il va intégrer lui-même ce que vous venez de lui montrer. Croyez-vous qu'il aime souffrir ? S'il s'est fait un peu mal, il n'aura aucune envie de recommencer ; par contre, il aimera toujours tenter de faire ce que vous interdisez. C'est, je crois, un bon exemple d'apprentissage « de l'intérieur » (qui a des chances de « tenir »), alors que l'apprentissage par soumission ou crainte de la punition a plus de chance d'être remis en question quand vous n'êtes pas là. (Lisez aussi le chapitre 7.)

Désir de comprendre et de maîtriser la situation que l'on observe chez *tous* les enfants habitués à l'activité libre.

Si un enfant est élevé en activité libre, on n'aura pas besoin de lui acheter de casque ni de cabochons arrondis à mettre aux coins des tables. Il aura appris par lui-même à être attentif.

Si votre enfant a l'habitude de l'activité libre, vous verrez qu'il fera ces expériences très calmement. On peut souligner ici la différence entre se blesser et se faire un peu mal. Autant une blessure est à éviter à tout prix évidemment, autant il peut souvent être utile de se faire un peu mal. L'enfant qui est tombé parce qu'il a grimpé à un endroit trop difficile pour lui, ou qui a tapé sur son doigt avec le marteau, fait un pas en avant dans la connaissance de lui-même, de ses possibilités et de la réalité.

A-t-il besoin d'être grondé, ou plutôt de s'entendre dire avec encouragement : « Tu vois, là, tu as appris quelque chose, tu t'en souviendras maintenant... C'est ainsi qu'on grandit... qu'on apprend » ? Être positif ! Ce qui pourrait être un échec ou une désobéissance devient une occasion de grandir : encore un élément qui contribue à aider l'enfant à avoir une idée plus positive de lui-même et plus d'autonomie intérieure. Il est amené à penser par lui-même.

Bien entendu, cela n'exclut pas la prudence de votre part. Autant il peut être utile de laisser un enfant près des marches d'escalier lorsqu'on est tout près et disponible, autant il est important de mettre une barrière en haut pour l'empêcher de tomber lorsqu'on n'est pas là ou qu'on est occupé : il peut alors évoluer en toute sécurité, sans anxiété et évidemment sans risques physiques. Il est utile aussi pour les enfants

Une échelle ainsi posée permet une infinité de jeux, seul ou avec d'autres enfants : passer dessous (les espaces n'étant pas de la même taille, la difficulté change), remonter le long en alternant les barreaux, s'enrouler autour des montants, faire circuler le ballon, les camions. Vous pouvez poser un drap dessus pour offrir une cachette ! N'oubliez pas les « tunnels » qui font disparaître l'environnement (ou soi-même) un court moment... l'enfant pouvant les allonger ou les raccourcir à sa guise !

La chaise est peu stable et l'adulte doit être proche. Mais alors quel exercice d'équilibre : à cet instant, le pied gauche ne touche plus le sol et la main droite n'a pas encore atteint le dossier. Effort, alors que la chaise bouge. C'est le troisième essai : placé sur le côté, l'enfant avait perdu l'équilibre en inclinant trop la chaise. Après sa réussite, il recommencera trois fois avec le même succès pour terminer assis, tranquille, dans une position confortable et avec un regard satisfait vers l'adulte... qu'il semble venir de découvrir !

de pouvoir faire un certain nombre d'expériences ou de jeux loin du regard des adultes. Il faut donc que ceux-ci puissent être assurés que les risques ne sont pas trop grands.

Je vous citerai en vrac un certain nombre d'activités qui ont passionné mes petits garçons. Vos enfants à vous auront beaucoup d'autres idées...
– vider le placard de conserves, faire rouler les boîtes, les empiler ; explorer tout le contenu d'un carton au retour des courses d'épicerie, monter tout seul sur un tabouret près de l'évier et « faire la vaisselle », laver les légumes ;
– mettre et enlever les coussins sur un canapé (aider à ranger, à faire le lit) ;
– vider et remplir la corbeille à papiers (veillez alors à ce que vous jetez dedans) ;
– grimper sur l'escabeau et en descendre ;
– balayer ;
– entrer dans des grands cartons, en sortir, se cacher dedans.
Le bricolage de papa a été la source d'un intérêt inépuisable. À un enfant qui est habitué depuis toujours à une activité libre et à un contrôle de lui-même, on peut parfaitement prêter des morceaux de bois, un marteau pas trop gros, montrer les clés anglaises, les pinces, etc. Ce n'est évidemment pas possible avec un enfant agité, touche-à-tout, inquiet.

Deux boîtes de sachets de potage en ont ravi un pendant plus d'une semaine : sortir les sachets de leur boîte n'était déjà pas facile, mais les remettre à l'intérieur était une tâche extrêmement longue et minutieuse. Après les avoir sortis, on pouvait les mettre bout à bout, les empiler, les cacher, les chiffonner, etc. Le second ne s'y est jamais intéressé. Les boîtes de lait et de jus de fruits se sont avérées d'une grande solidité lorsqu'ils les empilaient et s'en servaient comme d'un cheval.

◆ *Chaque chose en son temps*

Jetez juste un coup d'œil sur ces enfants de 12-15 mois ou un peu plus, engoncés dans leurs habits, que les parents bien intentionnés perchent en haut du toboggan pour les faire descendre sans qu'ils en aient aucune envie puisqu'ils ne savent pas encore ce que c'est, et qui surtout ne sont pas encore assez grands pour se lâcher et se laisser glisser. D'abord inquiets, ne sachant comment se tenir, ils finissent parfois par y trouver un certain plaisir, avec un sourire un peu crispé, une certaine excitation en réponse à celle des adultes. Ils en redemandent, incapables pourtant de descendre seuls et bien sûr d'y monter : « Vous voyez bien qu'il aime ça, pourquoi ne pas le lui permettre ? »

Pourquoi ? Pourquoi vivre une expérience de dépendance, découvrir un plaisir qu'on ne peut avoir que par l'intermédiaire de quelqu'un d'autre et surtout sans être détendu alors qu'on connaîtra cette expérience un peu plus tard, dans la fierté de ce qu'on a réussi soi-même ? Pourquoi faire vivre à un enfant une expérience où l'aide de l'autre est indispensable, une aide qui limitera la richesse de son apprentissage : équilibre, contrôle de son corps, prudence ? Souvent, les parents devancent le désir de l'enfant.

Confiance ! Il grimpera sur ce toboggan, il en redescendra surtout. Un peu plus tard, quand ce sera son désir, quand il s'en sentira capable. Peut-être ce jour-là ne lui refuserez-vous pas un léger coup de main ! Il n'est pas nécessaire d'être intransigeant.

Pensez aussi que, arrivés seuls au sommet des marches du toboggan, bien des enfants auraient envie de profiter de ce sentiment très particulier qui est d'y être arrivé seul, et de voir, tout en haut, le « monde » d'une façon bien différente : pensez à ne pas les obliger à descendre tout de suite, il n'y a pas que le plaisir de la descente...

Dehors

Chacun sait combien les enfants aiment être dehors, ce qui attriste bien des parents qui vivent dans de petits appartements. Avez-vous pensé que, même l'hiver, vous pouvez lui mettre un bon chandail ou un manteau, un bonnet, et lui permettre de jouer près de la fenêtre grande ouverte ? Si vous avez un balcon, il peut sortir en toute saison ! Il sera peut-être en meilleure santé : à Lóczy, tous les enfants font la sieste dehors, même l'hiver ! Je l'ai expérimenté : c'est en effet possible à aménager (très près de la fenêtre grande ouverte, par exemple), bien qu'un peu surprenant. Les enfants dorment bien, ont de belles couleurs et semblent très détendus. Et je me rappelle une crèche où des bébés qui ne pouvaient dormir l'après-midi ont commencé à faire de vraies siestes quand on les a installés sur la terrasse, bien emmitouflés.

Je ne vous apprendrai pas grand-chose sur l'émerveillement des enfants devant les arbres, les oiseaux, et sur la joie des adultes qui les regardent ! Choisissez donc des habits bon marché et qui se lavent bien pour ne pas freiner les découvertes de votre enfant, pour le laisser courir à son rythme ou contempler longuement une fourmi, un caillou...

Laissez-le s'éloigner jusqu'à (presque) ne plus vous voir et revenir lui-même, apprivoiser ainsi la distance. Si vous vous êtes un peu habitué(e) à la liberté motrice, vous ne serez pas inquiet(ète) ; vous ne vous précipiterez pas pour l'aider à grimper, l'empêcher de tomber ou le relever. Vous le laisserez, s'il le peut, se débrouiller seul.

Toutes ces activités ne sont pas pour l'enfant un « amusement » léger, en l'air... Regardez-le qui réfléchit, confronte ses sensations (la petite boîte lourde qui bouge peu, la grosse qui roule loin ? que se passe-t-il ?), son intelli-gence est en éveil, son corps entier participe : il s'allonge, se roule, se lève, chantonne, crie, grogne... Nous savons maintenant qu'il met en place des méca-nismes mentaux extrêmement variés qui lui permettront plus tard d'acquérir la lecture et les savoirs scolaires sans difficulté, rapidement et « avec appétit ». Vous n'avez pas besoin de lui faire faire des exercices qui seront votre choix, au moment qui vous convient et dans lesquels il s'impliquera beaucoup moins. Par contre, veillez à ce qu'il ait à sa disposition ces variétés d'objets et d'espaces (même s'ils ne sont pas grands) : c'est cela votre travail à vous !

Le début des activités organisées (15-20 mois)

Vers 15-20 mois, le temps d'exploration est toujours important, mais celui des activités plus organisées s'allonge : imiter, reproduire tout ce que l'on voit faire à la maison et à l'extérieur, construire, assembler.

Favoriser l'initiative

Aussi, le principe sera toujours le même : donner à votre enfant la possibilité de jouer, de créer, d'expérimenter, de prendre des initiatives. Votre attitude va changer progressivement : vous serez amené(e) peu à peu à expliquer, à montrer, à intervenir un peu plus dans certaines activités...

• Comme votre bout de chou cherche maintenant à reproduire dans ses jeux tout ce qu'il voit, il aura besoin d'autos, d'un garage, d'un train, de matériel de construction, de poupées, de vaisselle petit modèle (les dînettes ne l'intéressent pas encore, et il joue davantage avec de vrais objets de petite taille et incassables : petites assiettes en plastique, gobelets et couverts de pique-nique, etc.). Biberons, petites boîtes de produits alimentaires vides, petit(s) instrument(s) de musique, album photo, cassettes ou musique à écouter, etc., feront également son bonheur.

Les garçons aussi aiment reproduire ce qu'ils voient à la maison, c'est-à-dire s'occuper d'un bébé, faire la cuisine, le ménage, jouer à la poupée : petites assiettes et biberon ne sont donc pas à exclure complètement d'une chambre de garçon. En effet, nous savons maintenant que nous portons tous en nous, a minima, des composantes de l'autre sexe et que, profondément, nous sommes d'autant plus à l'aise que nous ne cherchons pas à les renier[1].

---

1. Voir notamment Paule Salomon, *La Sainte Folie du couple*, Albin Michel, 1994.

• Mais les enfants de cet âge ont bien d'autres activités.

– transvaser : sable, cailloux, bouchons, pinces à linge, riz, pâtes, couvercles de petits pots que vous pouvez garder systématiquement ; les contenants de toutes tailles, matières et formes sont intéressants ;

– « patouiller » : avec l'eau, le sable, la pâte à sel, bientôt avec la pâte à modeler ;

– dessiner : vous pourrez prévoir un tableau avec des craies, bien qu'elles fassent beaucoup de poussière... mais évitent que l'enfant n'« écrive » sur les murs ;

– les chants, rondes, jeux de doigts, comptines ;

– tout ce qui exprime la motricité globale : grimper, sauter, se cacher, glisser... Vous pouvez inventer tous les parcours possibles avec des chaises : ils adorent par exemple les mettre bout à bout pour en faire des trains (gardez vos tickets d'autobus !) et commencent à introduire un chauffeur, un ou des passagers, des planches, des grands cartons d'emballage, un drap qui retombe d'une table... ;

– se déplacer sur les engins porteurs, sur lesquels ils acquièrent rapidement une étonnante dextérité ;

– se déguiser, faire l'oiseau, le chien, le cochon et tous les jeux d'imagination...

Permettre l'intervention dans les activités de la maison

Mais c'est souvent dans la réalité que les enfants de cet âge aiment intervenir : si vous les avez laissés découvrir et manipuler les objets quand ils étaient plus petits, vous aurez sans doute bien du plaisir à les voir participer à ce que vous faites, même si cela vous donne aussi quelques émotions. Votre enfant vous suivra partout, et la maison est un magnifique champ d'activité. Pensez à en profiter : faire les lits, ranger (ou déranger ?) les coussins, essuyer les meubles, ranger les casseroles ou les couverts, les boîtes de conserve, laver la salade... Regardez et donnez-lui la possibilité de « faire comme maman », plutôt que de vous dépêcher de tout faire seule pour pouvoir jouer avec lui après (bien qu'il y ait des choses aussi que nous devrions faire seules ! Nous avons vu pour cela l'intérêt des barrières par exemple). Il souhaite déjà vous aider pour mettre le couvert et vider le lave-vaisselle, laver quelques couverts ou des boîtes en plastique, étendre le linge, bricoler, apporter des instruments ou des planches, laver la voiture, etc.

« Jamais je ne les aurais laissés faire cela », me disait une grand-mère admirative, après un moment d'inquiétude, devant les assiettes qui s'empilaient à la sortie du lave-vaisselle. « Mais vous avez raison... » Bien des parents très jeunes – et très honorables ! – n'y croient pas ou n'y pensent pas...

• Vous pouvez essayer cette collaboration les jours où vous avez un peu de temps : vous verrez ce dont votre enfant est capable et à quels moments vous pouvez le laisser faire. C'est parfois charmant, mais parfois épuisant (et, comme toujours, tellement différent selon les enfants). On ne peut leur permettre à tout moment ces expériences passionnantes !

Pourtant, quand vous avez vu l'effort de concentration d'un enfant pour sortir les fourchettes d'un lave-vaisselle et sa satisfaction intérieure quand il voit qu'elles sont toutes sur la table, quand votre regard croise alors le sien avec une admiration muette ou discrètement exprimée, vous ne pouvez vous empêcher de penser que quelque chose d'important s'est passé pour lui. Comme si son moi était devenu un peu plus fort, un peu plus « plein » après cette expérience minuscule et pourtant si intéressante pour lui.

Pensez à la manière dont vous habillez votre enfant : qu'il puisse être à l'aise, se salir sans que ce soit un drame. Ayez toujours un tablier en plastique à portée de main pour lui et, vous aussi, soyez à l'aise !

• **Trouvez des idées pour le faire participer à vos activités :** ranger les courses, laver les couverts ou la salade, participer au bricolage. Plus vous aurez permis à votre enfant de faire des expériences par lui-même, plus il sera calme et attentif et varier ses activités sera de moins en moins un problème (la télévision ne manquera pas !).

La maman d'Élise, 28 mois, taille un tissu pour recouvrir une étagère. La petite fille, très soigneusement, la respiration haletante, a enlevé les assiettes et les plats qui étaient sur cette étagère puis regarde avec envie les ciseaux crantés. Sa maman lui propose de s'asseoir, lui donne quelques papiers épais et lui tend les ciseaux : « Je te les prête... »
Élise les prend avec émotion, son petit corps est comme gonflé de fierté. Elle les essaie avec une totale application. Là, ce ne sont pas des mots ou des compliments qui remplissent cet enfant...

• **Répondre à son insatiable curiosité** : s'il n'a pas été rendu passif par un excès de télévision ou d'un autre choix éducatif regrettable, vous verrez qu'il n'est pas nécessaire de le stimuler mais vous pouvez répondre à sa curiosité incessante : à partir des fourmis en file indienne, du bourgeon qui sort de terre, de l'eau qui réchauffe les radiateurs, du moteur de la voiture ou de bruits encore inconnus, vous pourrez expliquer, raconter, montrer les dessins d'un livre, construire... très vite, vous pourrez « faire des expériences » avec lui : l'équilibre, les poids, les odeurs ou les goûts, le champ est infini. Plus vous répondrez, plus il aura d'idées ! Il n'est pas nécessaire d'y passer beaucoup de temps chaque fois mais y penser, être attentif...

Vous vous « engagez », mais à sa suite : vous « nourrissez » son éveil, vous lui donnez de l'intérêt, du plaisir, c'est lui qui a l'initiative et il n'aura de cesse d'en profiter davantage. Cette dynamique est un meilleur atout pour sa réussite scolaire que de lui faire faire des ronds et des chiffres avant qu'il n'en ait envie.

L'un tiendra un crayon à 2 ans, l'autre à 3. Aucune importance, mais avant 3 ou 4 ans, que chacun se « remplisse » là où son être est disponible. Il met en place les fondements de son activité intellectuelle, la sienne, celle qui lui est propre, celle qui lui permettra de réussir au mieux pour lui.

• **Pensez à des exutoires possibles,** les enfants ont besoin de mouvement. Vous pouvez imaginer, même dans votre appartement, des constructions à escalader (un escabeau près d'un canapé et quelques coussins et oreillers par terre peuvent devenir un circuit difficile et passionnant). J'ai le souvenir d'après-midi pluvieux rendus très gais grâce à ces ballons de baudruche gonflables réservés à tort aux fêtes et anniversaires ! Ils permettent de dépenser beaucoup d'énergie sans grand risque pour le mobilier.

De nouveaux jeux

Les jeux dits éducatifs le passionneront peut-être : tonneaux qui s'emboîtent les uns dans les autres, puzzles, encastrements. Il commence sans doute à « dessiner » davantage, à vouloir donner une signification à ce qu'il a dessiné. Il regarde les livres en demandant qu'on lui raconte l'histoire...

Vous commencerez à lui montrer ou à lui expliquer ce qu'il ne pourra pas découvrir seul – ou alors si lentement : réaliser le premier puzzle, enrichir la construction de la maison en gros Lego, tasser le sable dans le seau pour que le château tienne... Il ne s'agit pas encore d'apprentissage, mais d'explications discrètement données, d'idées supplémentaires qu'il va très vite s'approprier pour les utiliser à sa manière.

À chacun son rythme

Ne vous étonnez pas des rythmes différents. Certains jouent des semaines entières au même jeu, qu'ils abandonnent ensuite complètement pour un autre, certains en revanche varient leurs activités au cours d'une même journée.

À cet âge, il n'y a pas d'apprentissage au sens scolaire du terme, il y a imitation, **appropriation par l'enfant lui-même** de ce qu'il voit et de ce qu'il entend. Votre « travail » consiste encore beaucoup à mettre à sa disposition les objets qui rendront possible toute cette activité. L'essentiel est de maintenir bien vivante cette capacité d'invention et d'initiative, ce que chacun porte en soi d'original et de dynamique – et que les adultes ont bien souvent du mal à retrouver en eux ! Le plaisir à découvrir et développer ses capacités personnelles est plus utile que de s'appliquer déjà à des apprentissages.

Jusqu'à 3 ans, laissez-le donc choisir ce qui lui convient, pendant le temps qui lui convient : il n'est pas encore à l'école. Une éducatrice me disait ceci : « À la crèche, on les prépare à la maternelle. À la maternelle, on les prépare au CP. Quand seront-ils vraiment eux-mêmes ? »

Et une institutrice de maternelle remarquait ceci : « Depuis une dizaine d'années, les enfants ont beaucoup moins la capacité de s'émerveiller, connaissant déjà toutes les chansons et histoires par les CD et DVD, les secrets de la peinture, souvent la manipulation des images sur ordinateur, etc. Ils sont agités, comme en perpétuelle recherche de quelque chose de plus, d'extérieur à eux. Intérieurement, beaucoup sont comme un peu vides, ne sachant s'arrêter, regarder, sentir, se poser des questions, réfléchir. »

Beaucoup ont certainement des parents attentifs : attention à vos choix...

En conclusion de ce chapitre, je pense à cet enfant disant à Maria Montessori : « Apprends-moi à faire seul ! »

5
La force des émotions

« L'enfant a le plus grand besoin qu'on lui donne une chance de se comprendre mieux au sein du monde complexe qu'il doit affronter. Il faut donc l'aider à mettre un peu de cohérence dans le tumulte de ses sentiments. Il a besoin d'idées qui lui permettent de mettre de l'ordre dans sa maison intérieure et, sur cette base, dans sa vie également. »

Bruno Bettelheim, *Psychanalyse des contes de fées*,
Robert Laffont, 1977.

Dans les chapitres 5 et 6, nous verrons coexister deux tendances qui peuvent paraître contradictoires et qui, pourtant, sont le propre d'un être humain équilibré. C'est une double nécessité :

• **laisser s'exprimer les émotions et les désirs,** en avoir conscience, ne pas les nier : « je n'ai vraiment pas du tout envie de travailler », « je déteste cette personne », « je suis blessée », « je suis en colère », « j'ai envie de chanter alors que mes voisins sont en deuil » ;
• **contrôler son comportement :** « je travaille quand même efficacement », « je déteste cette personne mais je ne vais pas lui nuire », « je suis blessée par ce qu'il m'a dit, mais je ne me laisse pas abattre », « je suis en colère contre X, mais je ne le frappe pas », « être heureux avec ma famille en bonne santé ne m'empêche pas d'être proche de ceux qui souffrent en ce moment », « ce sera plus facile si je reconnais l'existence de ce que je ressens : j'aurai moins de chance de faire des passages à l'acte. »

Un adulte a plus de chances d'être épanoui, en possession de ses moyens, s'il a pu, enfant, exprimer la réalité de ce qu'il était et de ce qu'il ressentait dans ses caractéristiques personnelles et la diversité de ses émotions. Il est banal de dire combien un petit enfant cherche à plaire à ses parents pour garder leur amour. S'il a cru devoir prendre l'habitude d'étouffer ses émotions et ses sentiments, s'il a ainsi adopté une manière d'être assez éloignée de ce qu'il est en profondeur, il sera toujours « à côté de lui-même », il souffrira et sera toujours en quête d'autre chose qu'il ne connaît pas et qui, pourtant, est sa réalité intérieure.

Vous serez donc attentifs aux réactions émotionnelles de votre tout-petit, découvrant leur intensité en même temps que leur rapidité à disparaître, la distance entre lui et vous : vous n'êtes pas détruits par sa colère, ni lui par la sienne : il se calmera bientôt et reviendra tout heureux vers vous. Sans aucun doute, vous restez pour lui le père et la mère qu'il aime et en qui il a une absolue confiance.

Mais il s'agira en même temps de l'aider à accepter les règles de la vie en société pour y prendre une part active (et heureuse si possible), en tenant compte des autres (chapitre 6), sans pour autant trahir ce qu'il est réellement, sans étouffer ses caractéristiques personnelles, ni ses émotions (chapitre 5).

Ce n'est pas toujours simple... la lecture de ces deux chapitres vous apportera quelques éléments. Les mots prendront des significations nouvelles au fur et à mesure qu'il grandira ; vous découvrirez aussi les réactions qui vous sont personnelles... et parfois surprenantes... Tant que nous n'y sommes pas confrontés, nous ne pouvons savoir ce qui sommeille en nous : l'amour, la tendresse, la patience, la responsabilité, mais aussi des aspects moins agréables comme la peur, l'excès d'autorité, la violence, la frustration... Nous sommes fabriqués avec tout cela, pleins de contradictions comme tout être humain...

La proximité du nouveau-né avec sa mère

Alors que la naissance est un moment magnifique et essentiel, il est bien regrettable de voir encore des nouveau-nés hurler dans une salle de maternité, loin de leur maman qui, elle, aurait besoin de plus d'attention bienveillante. Toute la suite de leur relation peut en être influencée : dans ces premiers moments de vie où alternent souvent bien-être et souffrance, le nouveau-né peut être un peu tendu et inquiet ; où sera-t-il mieux que dans les bras de sa maman ? Si elle est tranquille, pas trop fatiguée, si l'environnement est suffisamment accueillant pour elle, attentif et protecteur, elle va trouver instinctivement les attitudes qui conviennent pour l'apaiser.

Dans le cas contraire, elle se trouvera en difficulté, ce qui va renforcer le malaise, la tension et la méfiance du tout-petit et rendre la tâche plus difficile. Des réactions en chaîne peuvent très vite s'instaurer : selon le cas, on aura tendance à incriminer le bébé, son caractère (déjà...), ou la manière d'être de la maman, alors qu'il aurait bien souvent suffi de conditions meilleures pour que l'un et l'autre se « trouvent » sans problèmes.

Vous recevrez maints conseils contradictoires... Ce qui suit vous aidera à vous faire une opinion personnelle.

• Toutes les études actuelles montrent que l'adulte porte en lui les traces de chacune des expériences de sa vie, y compris celles de sa toute première enfance. Le premier contact d'un nouveau-né avec la vie va influencer la suite de ce qu'il vivra, sa manière de l'aborder. Les études longitudinales montrent que les enfants ayant vécu dans un grand bien-être physique et affectif les premiers jours et mois de leur vie deviennent souvent des adultes plus stables et plus confiants. Des événements difficiles vécus ensuite peuvent modifier cette attitude, mais n'est-il pas encore plus important alors d'avoir bien vécu les

Le nouveau-né a besoin de se sentir bien, en sécurité, en continuité avec vous. Ce sont les bases de sa personnalité, les fondations qui se constituent. Détendez-vous, prenez votre plaisir tous les deux sans inquiétude.

premières expériences ? Il est donc très utile pour son avenir d'homme et de femme qu'un enfant ait pu vivre le plus possible d'expériences positives pendant les premiers moments de sa vie.

Vous, les mères, vous pouvez donc oser affronter infirmières et sages-femmes pour obtenir d'avoir votre bébé à côté de vous le plus longtemps possible – pourquoi pas tout le temps, s'il n'y a pas de problème grave ? Prenez-le dans votre lit, tout contre vous, faites-lui sa toilette dès que vous vous en sentez la force. C'est le moment de le prendre et de le tenir, de lui donner les soins comme nous l'avons décrit aux chapitres 1 et 2.

Ses premières émotions seront alors de plénitude, de bien-être, de paix. Peut-être en gardera-t-il quelque chose sa vie durant. « Bien tenu », il éprouvera toute la sécurité qu'il a connue pendant sa vie précédente, il retrouvera votre odeur, les battements de votre cœur, le contact de votre peau.

• Car l'émotion du bébé, à ce moment, c'est un désarroi possible devant cette foule de sensations nouvelles, la lumière, le bruit, les changements de température, etc. Votre rôle est d'essayer d'en tenir compte le plus possible. À partir de sa naissance, et sans doute bien avant, il est une personne à part entière. Il a donc droit au même respect que tout adulte.

Si votre bébé continue à pleurer dans vos bras, ne vous dites pas d'abord que vous ne savez pas le consoler. Ayez confiance, car vous portez en vous ce dont il a le plus besoin : vous et votre corps, qui est ce qui lui est le plus familier ; vous et votre être, votre amour, votre tempérament, ce qu'il va connaître de plus important. Aussi, respirez, essayez de vous détendre, et écoutez ce que vous avez envie de faire pour lui. Que croyez-vous sentir de son besoin, là, maintenant ? Ensuite, écoutez peut-être les suggestions ou les conseils, mais essayez de les utiliser sans renier ce que vous ressentez. C'est vous la maman.

À certains moments peuvent s'imposer des émotions douloureuses : angoisse ou panique, honte, agacement de la présence des autres, sentiment d'échec... Toute maman a pu le sentir. Avec l'aide de l'infirmière si vous êtes encore à la maternité, vous pourrez chercher ce qui le gêne, essayant d'y remédier : peut-être a-t-il trop chaud, est-il trop serré, a-t-il été réveillé brutalement, etc. ? S'il continue, il a peut-être besoin de décharger une tension. Laissez-lui le temps d'y parvenir. Prenez tout de suite l'habitude de partager avec lui ce désagrément. Avec des paroles compréhensives du genre : « Oh ! tu as l'air bien triste... tu as mal... Il faut attendre un peu, ça va aller mieux tout à l'heure, je suis là. »

Dites-lui ce que vous avez envie de lui dire, tout bas peut-être ; on a alors tant de pudeur, et aussi parfois tant de timidité, devant ce petit être qui bientôt vous regardera avec une telle intensité – ou devant les adultes présents.

• Encore une fois, écoutez-vous, laissez-vous aller à ce que vous sentez bon pour lui, faites-vous confiance plutôt que de chercher « ce qu'il faut faire ». Vous portez en vous ce qu'il faut pour être la maman « bonne » pour lui ou pour être le père « bon » pour lui.

Vous sentez que vous l'aidez tellement plus qu'avec le « c'est fini, c'est fini ! » des mamans qui se sentent atteintes par les pleurs du bébé et qui le secouent pour qu'il s'arrête, ne sachant que faire d'autre ! Dans quelques semaines, vos réponses pourront être différentes, mais pour l'instant attachez-vous à ce qu'il soit bien, à ce que vous soyez bien tous les deux.

S'il continue, sans doute devrez-vous le reposer dans son lit en lui parlant doucement, ou le garder contre vous sans autre intervention : c'est la première expérience de ce que vous pouvez faire pour votre bébé, mais aussi de tout ce que vous ne pourrez pas faire à sa place. Vous lui donnez toute votre attention et votre amour, mais c'est à lui de se calmer, vous ne pouvez le faire pour lui. Vous, vous l'accompagnez, vous êtes avec lui, vous n'êtes pas lui.

Les pleurs

Quand il pleure, vous continuez évidemment à chercher ce qui peut le gêner « matériellement », mais s'il ne se calme pas ? Pour trouver votre réponse personnelle, voici quelques éléments d'observation. Rappelez-vous que le nourrisson a besoin d'autant d'expériences positives, d'autant de bien-être qu'il est possible.

Des études américaines ont montré que, pour un groupe d'enfants donné, ceux qui étaient pris régulièrement quand ils pleuraient les premières semaines pleuraient moins à 10-12 mois que ceux qu'on laissait dans leur lit « pour qu'ils ne prennent pas de mauvaises habitudes »... Même si ces enquêtes sont à regarder avec précaution, elles laissent penser que les enfants pris quand ils le réclamaient ont développé un sentiment de sécurité suffisant pour ne plus avoir besoin d'en demander autant plus tard. Les autres avaient sans doute encore besoin d'être rassurés.

Entendre

On vous dira bien souvent d'un ton réprobateur : « Il veut qu'on le prenne ! », sous-entendu : « Surtout, ne le prends pas, c'est un caprice... il veut imposer sa volonté. » C'est voir tout de suite un rapport de force... Et si l'on pensait plutôt que le bébé vous « parle » à travers ses pleurs, tant qu'il n'a pas d'autres moyens : il ressent quelque chose, il a un besoin. C'est une façon de s'exprimer. Besoin sans doute de se sentir entouré au sens propre, tenu, dans votre douceur, votre tendresse, votre odeur.

Pourquoi ne pas le prendre, le « re-nourrir » en quelque sorte, lui permettre de se recharger ? Se sentant en sécurité, il s'apaisera probablement. Ainsi, la vie ne lui paraîtra pas angoissante.

On peut penser également que certains nourrissons, habitués à être « à l'intérieur » des mouvements de leur mère avant la naissance, ont du mal à s'habituer à l'immobilité du lit. C'est sans doute pourquoi ils aiment tant être bercés. Certains retrouvent le calme quand ils sont dans le porte-bébé, cette grande écharpe qui leur permet d'être allongés tout contre leur maman (qui, elle, peut poursuivre ses activités).

La suite dépend beaucoup de votre attitude intérieure... :

● Vous pouvez le prendre avec inquiétude, impatience, vouloir le « garder » dans votre amour et votre protection. « Il a besoin de moi », avec l'idée qu'il ne doit pas pleurer une seconde et que vous êtes indispensable... Pourra-t-il ainsi trouver en lui ses propres ressources ? Vous vous demanderez plus tard pourquoi il a toujours besoin de vous...

• Vous pouvez aussi le prendre pour passer ensemble un moment qui lui permette de se recharger puis, ensuite, de se retrouver bien et de « vivre sa vie... » : c'est le prendre pour lui donner la possibilité de refaire ses forces et de retrouver par lui-même du plaisir à regarder ou à s'activer.

C'est effectivement ce qui se passe : votre bébé, après un moment d'échange et de bien-être dans vos bras, est comme rechargé. Vous le verrez parfois pleurer quelques secondes au moment où vous le reposez (en le regardant et en lui parlant), puis, le plus souvent, s'arrêter et, quand il sera plus grand, reprendre une activité autonome (cette activité que nous avons longuement décrite), plus importante que celle qu'il avait auparavant.

La nature de l'être humain étant d'accomplir activement ses potentialités, si un petit enfant cherche « trop » à rester dans vos bras, ne serait-ce pas plus pour répondre à votre désir secret, inavoué peut-être, que par vrai désir venant de lui ? Encore une réaction d'enfant qui peut vous apprendre quelque chose sur vos attitudes intérieures, souvent peu conscientes (et pas toujours très agréables... mais c'est ainsi !).

Si vous avez vu avec quel plaisir votre bébé s'active de longs moments, seul (en votre présence comme nous l'avons décrit), il devrait être plus facile de le prendre quand il pleure sans vous inquiéter de le voir devenir capricieux ou « crampon ». Dès 5 ou 6 mois, un bébé à l'aise aime mieux s'activer par lui-même que rester dans les bras. Il a seulement besoin de retrouver de l'énergie, après quoi il est à nouveau prêt pour une nouvelle activité autonome. On revient toujours à **cette alternance** entre les moments de proximité (d'échange) où le bébé se recharge, et les moments en général de plus en plus longs où il peut s'activer seul avec plaisir. Si c'est dans cette perspective que vous le prenez dans vos bras, il y a peu de chances que vous soyez trop accaparant(e) et que lui étouffe ce dynamisme qu'il porte en lui.

À vouloir l'aider toujours, nous lui enlevons la possibilité – et la joie – de trouver lui-même une solution.

Devant un bébé qui pleure, on peut s'affairer, chercher plusieurs solutions : regarder la couche, donner un biberon, essayer de le faire rire, etc. On peut aussi partager avec lui : « Que se passe-t-il ? Est-ce que ta couche est sale ? non... Un biberon d'eau ? Tu n'as pas envie... » Vous cherchez avec lui... Il ne se calmera peut-être pas mais il n'est pas seul avec ce qui lui est difficile, là. La bonne maman n'a pas de moyens magiques pour tout résoudre et heureusement... comment pourrait-il découvrir les ressources qu'il a en lui ? (Rappelez-vous comment il réussissait tout seul à attraper le cube un peu éloigné... si vous aviez le « courage » de ne pas le rapprocher !)

Les pleurs du soir

Nous n'avons pas de certitudes sur l'origine de ces pleurs. Peut-être décharge-t-il les tensions accumulées pendant la journée ? Il semble surtout que cela corresponde à la découverte de ce rythme « circadien » (passage du jour à la nuit) qu'il ne connaissait pas et qui angoisse bien des gens fragiles (pensez aux malades ou aux personnes âgées)[1].

Les troubles du sommeil viennent souvent d'une méconnaissance des besoins des enfants et de la façon de les aider. Il serait souhaitable que les médecins et les professionnels de la petite enfance en informent les parents dont la vie, parfois gâchée pendant cette période, s'en trouverait nettement améliorée.

Quand vous êtes sûre que votre bébé ne souffre pas, après lui avoir manifesté votre tendresse, il peut être bon de vous imposer un temps où vous n'allez pas intervenir. Peu à peu, il réussira à se calmer. (Certaines mamans utilisent le porte-bébé...) Cette période ne devrait pas durer longtemps, quelques semaines tout au plus, et il franchira le cap. Elle ne correspond à rien d'inquiétant mais fait partie de ces petites « épreuves » auxquelles tout bébé est confronté.

◆ Les pleurs pendant la nuit

Une puéricultrice de crèche explique comment elle remplit pour chaque enfant et avec les parents, un « agenda de sommeil » qui permet de visua-

---

1. Pour tout ce qui concerne le sommeil de votre tout-petit (ou un peu plus grand...), je vous conseille très chaleureusement le livre de Marie Thirion, *Le Sommeil, le Rêve et l'Enfant*, cité dans la bibliographie : vous comprendrez comment fonctionne le sommeil et vous y trouverez de nombreuses idées bien concrètes pour permettre tout de suite à votre bébé de prendre de bonnes habitudes. Vous lui éviterez beaucoup de difficultés pour l'avenir.

liser les temps de sommeil et la quantité de sommeil dont chaque enfant a besoin. Ainsi que l'évolution de ses rythmes. Ils peuvent alors constater comment le sommeil s'organise en cycles de une à deux heures selon l'âge et que les réveils nocturnes se situent souvent entre deux cycles.

La meilleure réponse aux réveils nocturnes est de laisser à l'enfant (qui peut maintenant rester cinq ou six heures sans recevoir de nourriture) un moment assez long sans intervenir, pour qu'il puisse *lui-même* passer d'un cycle à un autre. Très souvent il se rendort tout seul. Ce n'est pas une « brimade » à son égard que de ne pas se lever, bien au contraire : c'est ce qui lui permet de trouver sa solution. Il peut devenir autonome vis-à-vis de son sommeil.

Ainsi ces microréveils ne deviendront pas de véritables troubles du sommeil. Avec d'autres réponses, l'enfant considère comme normale l'arrivée de l'adulte, et/ou la prise d'un biberon (alors qu'il n'en a plus vraiment besoin), il l'attend...

« Ainsi, le plus souvent, se lever lorsque l'enfant de 4 ou 5 mois se manifeste dans ces petites phases de latence entre deux cycles de sommeil, ne l'aide pas. Cela le frustre de tout ce qu'il peut trouver lui-même comme moyens de se rendormir » : ceci est très bien expliqué dans le livre de Marie Thirion[1], et vous allez peut-être pouvoir retrouver bientôt des nuits... réparatrices.

Cette même puéricultrice raconte comment, après quelques entretiens avec les parents, elle a expliqué à un bébé de 5 mois, devant eux, qu'il était capable de se rendormir seul la nuit, que ses parents avaient absolument besoin de dormir, etc. Les parents ont été bouleversés de voir leur bébé faire tout de suite des nuits plus longues. Pouvoir du langage, réflexion des parents, pour ne pas se penser indispensables, même si c'est difficile à tenir.

Si, malgré tout, vous vous levez, intervenez le plus discrètement possible...

Les pleurs avant de s'endormir

Plus grand, l'enfant commence parfois à pleurer au moment de la sieste ou du sommeil de la nuit... Il accepte mal de couper la relation avec ses

---

1. *Ibid.*

parents en allant dormir et cherche à prolonger le contact en inventant toutes sortes de besoins et en pleurant. Vous pouvez lui parler avec bienveillance et fermeté, sans gronderie mais sur le ton de l'information : « C'est ainsi[1]. »

Il **peut** dormir, vous lui permettez de trouver **sa** solution. (Ce n'est pas la même attitude intérieure que de fermer la porte, fâché, « parce qu'il fait un caprice ».)

> Julien, 14 mois, pleure le soir au moment de dormir. Après être revenue plusieurs fois auprès de lui le soir, sa maman lui dit : « Maintenant tu dois dormir car il est tard, mais tu as l'air très fâché… Si cela t'aide de pleurer, pleure un petit peu, peut-être cela te fera-t-il du bien ? Moi je ne peux plus rien pour toi. Après, tu t'endormiras, tu as besoin de dormir… »
> La scène s'est renouvelée plusieurs soirs et très souvent les pleurs cessaient rapidement. Puis Julien n'a plus pleuré au moment de dormir.

Pleurs par impossibilité d'investir ses capacités motrices

> Une maman vient en consultation avec son bébé de 7 mois qui pleure la nuit et toute la journée, au point qu'elle ne le supporte plus. Elle est épuisée. Il est habituellement dans un transat comme le frère aîné qui avait un grave problème de santé. Posé sur le tapis au début de notre rencontre, il s'intéresse immédiatement aux objets, s'étire, commence à ramper… La maman découvre un « autre » enfant et organise son environnement en conséquence. En dix jours, la vie est devenue agréable… Kim a pu investir son énergie et montrer qu'il se sentait bien.

Rappelez-vous aussi Olivier, p. 102.

---

1. Une notion semble séduire certains parents en ce moment : « le continuum ». À partir d'observations du comportement des enfants et des adultes de certaines tribus d'Amazonie, on prône une beaucoup plus grande écoute des demandes des enfants : en particulier, celle de dormir longtemps avec les parents. Les enfants seraient moins tendus et revendicateurs, moins coléreux et plus tard moins violents que beaucoup d'autres. Éléments de réflexion intéressants sans doute, mais conscience des différences culturelles : adultes, nos enfants ne vivront pas en Amazonie…

Les pleurs de soulagement

Les pleurs ont aussi une vertu de soulagement, face à tous les efforts et toutes les petites frustrations quotidiennes. L'enfant grandissant ne peut plus être comblé de satisfactions comme quand il était nourrisson : refus d'obtenir ce qu'il souhaite, prise de conscience de ses limites, etc. Cet apprentissage de la réalité, très douloureux en même temps qu'il est absolument nécessaire, peut provoquer pleurs ou comportements de protestation.

> Il fait froid, Antony doit rentrer à la maison alors qu'il jouait dehors avec beaucoup de plaisir. Sa maman l'appelle, lui expliquant que c'est l'heure du bain qu'il aime bien habituellement. Il refuse énergiquement, se débat quand elle le prend dans ses bras, pleure. Pleurs pendant qu'elle le déshabille, pleurs dans le bain, puis il se calme.
> Il y avait probablement dans cette situation une nécessité de décharger une tension. On a l'impression que « tout sort » et qu'Antony est ensuite disponible pour s'investir dans ce qui se présente.

À certaines périodes, un enfant peut trépigner, taper du pied, crier très fort, quelquefois se rouler par terre (voire se cogner la tête sur le sol ou contre le mur...). Furieux ou triste, son émotion peut être d'une grande intensité (on peut en être surpris, quelquefois bouleversé...), il a alors plus besoin d'être aidé que grondé, même si en même temps nous lui montrons que son comportement n'est pas acceptable (voir chapitre suivant) : « Je vois bien que tu es très fâché mais il n'est pas possible de faire autrement... »

Souvent, aller à l'écart, dans la chambre, dans un coin du couloir... permet de se retrouver seul, de décharger sa colère ou son chagrin sans trop de risque de nouveau geste inacceptable qui entraînerait une nouvelle réprimande, etc. La discussion interminable entre l'enfant qui proteste et l'adulte qui réexplique « à l'infini ! » n'apporte rien, au contraire.

Toujours à cause de ce besoin de sécurité et de communication avec l'adulte, il est souvent utile, un moment après l'avoir grondé, de lui dire quelque chose du style : « Maintenant, c'est fini, je ne suis plus fâché(e). »

Nous rebranchons le courant. L'enfant sait que l'adulte est à nouveau positif à son égard, ce qui est important : en état de malaise dans sa relation avec l'adulte, il continuera à être tendu, inhibé, ou présentera une tendance à refaire des bêtises, à moins qu'il ne prenne l'habitude de vivre dans ce malaise...

Bien souvent aussi les pleurs ou colères viennent de petits événements que l'enfant peut gérer lui-même :

> Carole, 26 mois, s'active dans sa chambre. Il arrive que sa maman l'entende soudain pleurer et vienne voir ce qui se passe. En fait, elle ne réclame rien, elle pleure parce qu'elle ne réussit pas ce qu'elle a entrepris. Elle se calme d'elle-même, soit parce qu'elle a finalement réussi, soit parce qu'elle change d'activité. Intervenir l'empêcherait de faire l'expérience que l'on peut trouver soi-même ses solutions.

> Matthieu, 26 mois, a un caractère vif... Il fait une colère terrible parce que la tour de Lego, trop étroite à la base, ne veut pas tenir. C'est pour lui un vrai désespoir, une révolte parce que les choses ne lui obéissent pas. Il faut beaucoup de calme et de patience pour essayer de le rasséréner un peu, puis le laisser seul face à la dure réalité des lois de la physique... Il semble alors avoir surtout besoin d'être seul un moment pour accepter cette limitation à ses désirs, et à sa toute-puissance... personne ne peut le faire à sa place.

Parfois quelques mots doux ou gestes affectueux peuvent apaiser les colères...

Des pleurs de colère plus fréquents peuvent aussi être l'expression d'une difficulté passagère dans la famille : changement de vie professionnelle ou de domicile, questions sur l'avenir, deuil ou inquiétude pour un proche, grande fatigue, absence d'un des parents... Là encore, évidemment, gronder amplifie la solitude et le malaise. On a parfois intérêt, provisoirement, à demander moins, parfois en l'expliquant à l'enfant : « Tu ne prenais plus le biberon le matin mais en ce moment tu le voudrais bien, on est tous un peu fatigués... alors, je veux bien... » Rappelez-vous que l'enfant en bonne forme a envie de grandir... il ne gardera pas ces comportements quand la situation se sera améliorée. Baissez (provisoirement ! et pour chacun peut-être... !) votre niveau d'exigences plutôt que de vous affronter à une tâche trop difficile. Respirez... Dans la tempête, on abat les voiles... on les remonte après...

Les pleurs, écho d'une souffrance psychologique

Si, malgré tout, ces pleurs vous paraissent encore suspects, s'ils se manifestent à tout moment de la journée, ils peuvent correspondre à un malaise, voire à une souffrance plus importante. Il peut s'agir de moments de séparation ou d'un changement de vie : réaction d'un petit enfant qui souffre réellement de la « perte » de sa mère, de son père, de son environnement. C'est souvent le cas pour les troubles du sommeil. Vous trouverez dans le chapitre sur les séparations quelques idées pour aider votre bébé.

Il peut s'agir de la persistance d'une réaction à un événement douloureux ou inquiétant tel qu'une grosse difficulté à l'accouchement, des traitements médicaux... Le fait d'en parler tout doucement au bébé peut parfois, mystérieusement, l'aider.

> Une maman se souvient que son bébé de quelques jours, après le retour à la maison, pleurait avec détresse dès qu'elle commençait le bain. Elle lui a raconté comment elle avait vu une infirmière lui donner une douche rapide (et à quelle température ?) aussitôt après sa naissance et comment il avait hurlé alors qu'elle-même ne pouvait intervenir.
>
> Le bébé s'est calmé et n'a plus pleuré pendant ses bains...

Quelques suggestions d'aide...

On voit souvent des bébés ressentir et manifester une très forte angoisse en écho à une souffrance éprouvée par l'un de ses parents à ce moment. La naissance de son propre enfant (ou son arrivée s'il s'agit d'une adoption) fait surgir chez les parents des émotions de leur première enfance extrêmement enfouies, souvent totalement oubliées ou méconnues. Ou bien réactive une souffrance plus actuelle : deuil, drame arrivé à un autre enfant du même âge, etc.

Si tel est votre cas, essayez de voir la réalité de ce qui peut vous être douloureux à ce moment-là ; être deux peut vous y aider. Vous ouvrir à l'autre d'événements lointains de votre histoire peut être l'occasion de rapprochements.

Quand, dans l'exercice de sa vie professionnelle, on a l'occasion de discuter avec beaucoup de gens de ce qu'ils ressentent secrètement, de tout ce qu'ils ne disent pas à l'extérieur, on s'aperçoit qu'ils sont très nombreux à avoir ainsi des fantasmes considérés comme inavouables qui leur font peur ou honte... Vous seriez très surpris(e) de voir des gens à l'aise, heureux extérieurement, ayant parfois une position sociale ou professionnelle très élevée et qui, dans le secret de leur vie personnelle, vivent des choses très difficiles ou surprenantes (angoisses de mort, rejet, troubles du sommeil, problèmes somatiques...). Si tel est votre cas, ne vous affolez surtout pas, n'ayez aucune honte, beaucoup d'autres sont comme vous et la sensibilité aux événements est aussi la preuve d'une grande richesse émotionnelle (lire à ce propos *Le Drame de l'enfant doué* d'Alice Miller, mentionné dans la bibliographie).

Si nécessaire, n'hésitez pas à en parler à un tiers « compétent » : votre pédiatre, s'il est ouvert à cette compréhension des nourrissons et de leurs parents, ou un psychologue (il en existe maintenant souvent dans les consultations de Protection maternelle et infantile). Il suffit parfois d'une ou deux conversations où l'on peut dire ce qu'on a sur le cœur, avec toutes les émotions qui s'y rattachent, pour se sentir mieux et comprendre ce qui gênait le bébé : des angoisses exprimées, c'est bien souvent de l'énergie retrouvée !

D'une façon générale, les émotions sont souvent si fortes qu'il est rarement bon, même en couple, de se retrouver seul(e) face à un bébé. On a besoin d'être soutenu(e) par un environnement (famille, amis ou autres) qui permette de parler. Utilisez largement les professionnels, Les Maisons Ouvertes ou Vertes, les squares ou autres lieux d'échanges ; et si vous êtes une maman isolée, ne restez pas seule avec votre bébé.

Que penser de la sucette ?

Elle est devenue une mode au point que bien des parents semblent penser qu'elle est nécessaire et ne se posent pas la question. Et pourtant...

Les nouveau-nés peuvent y trouver une aide pour se calmer et s'apaiser tant qu'ils manifestent le réflexe de succion. Ensuite, on observe le plus souvent qu'ils trouvent **eux-mêmes** la possibilité de se réconforter si on leur laisse le temps de chercher... et de trouver : se caresser la joue, le nez avec la main, puis un doigt ou un petit bout du drap, sucer un ou plusieurs doigts, le pouce... Ils n'ont alors plus besoin de personne pour trouver ce réconfort et n'auront pas à perdre cette habitude si ancrée pour beaucoup...

Ainsi, les parents devraient faire très attention à ce qu'elle ne devienne pas un objet habituel, mais reste un objet de réconfort, « en dernier recours » (problème dentaire, souffrance physique) après que leur petit a pu bénéficier de tout ce que nous avons décrit comme essentiel.

A-t-il besoin d'une sucette quand il s'active ? A-t-il besoin d'une sucette quand il se repose tranquillement, sentant probablement l'**ensemble** de son corps fatigué, en train de se détendre ; s'il prend son pouce, il le fait lui-même sans avoir besoin d'un objet extérieur et s'il choisit un petit « objet de réconfort » qu'il serre bien fort ou avec lequel il se caresse, il n'entretient pas ce réflexe de succion qui caractérise les premiers mois de vie. En la lui mettant autour du cou, et surtout si vous la lui mettez vous-même dans la bouche dès que quelque chose ne va pas, vous lui évitez de chercher et de trouver une solution (ce qui laissera forcément des traces : il prendra l'habitude d'attendre une aide extérieure). Vous limitez les babils et les premiers mots, les moments d'attention, d'échange avec vous.

Il aime déployer une grande activité. Il peut y trouver un réconfort après un petit moment de frustration, ou de fatigue... si la sucette, ne lui offre pas, au contraire, une occasion de repli sur lui.

Passivement installé, il a souvent le regard moins vif et semble un peu tourné vers lui-même, les activités motrices sont ralenties. Qu'en est-il de l'activité mentale ? de la découverte de l'extérieur (observez dans les voitures les enfants qui en sont dotés...), de l'investissement du langage, découverte toute nouvelle ? Et vous savez que les pleurs sont souvent nécessaires pour décharger les tensions. En quelque sorte, vous lui « clouez le bec ». On ne sait pas très bien encore ce que cette habitude peut induire pour l'avenir ; les conséquences négatives sont sans doute plus importantes qu'on ne le pense.

Si plus tard, en grandissant, il en a encore besoin quelquefois, qu'il puisse la gérer lui-même ; il sait où la trouver mais surtout, qu'elle ne lui soit pas « mise » en permanence.

Vous pouvez faire la différence entre la sucette « mise » régulièrement, que l'on attache pour que l'enfant l'ait toujours, et celle qu'il prend lui-même, le soir pour s'endormir... et dont il apprendra à se passer... Mais vous, adulte, vous êtes capable d'anticiper : quand une habitude est prise, l'enfant a toujours du mal à s'en séparer.

Et le doudou que la plupart des petits se choisissent spontanément : qu'il puisse aussi le gérer lui-même, savoir où il se trouve et ne le prendre que quand il en ressent vraiment le besoin. Quand l'enfant grandit, il est fréquent qu'un échange avec l'adulte de confiance, un encouragement, un contact physique, lui évitent de le prendre : Il a puisé une énergie nouvelle sans repli ou régression.

À partir de 18 mois-2 ans, lors des séparations, à la crèche par exemple, il pourra emporter un objet appartenant à papa ou maman, ce qui est un progrès dans la représentation mentale. Plus tard, certains sont bien aidés par une petite photo de maman et une de papa que l'on peut regarder, toucher, à qui l'on peut même parler quand le besoin s'en fait sentir...

Aider un tout-petit à se « rassembler »

Un petit enfant a besoin de se sentir « rassemblé », de sentir son corps « contenu », unifié donc en sécurité. C'est là un aspect différent de tout ce que nous venons de décrire, moins connu mais très important : lisez cet exemple avec attention, il vous rendra sans doute grand service !

C'est l'heure de la toilette. David a 8 mois, c'est un petit garçon tonique et souvent agité. Sa maman le pose sur la table de change, allongé, en lui disant ce qu'elle va faire ; il est agité, se tourne sur le ventre, puis rapidement il se met assis ; il essaie de lui tirer les cheveux puis agrippe son tee-shirt, n'écoute pas ce qu'elle dit… il rit fort, crie. Elle le laisse faire un court moment en limitant un peu le geste et, comme il continue, elle lui prend doucement mais fermement les deux mains en le regardant bien en face et en racontant ce qui se passe : « Non, je ne veux pas que tu me fasses mal. » Elle le sent se détendre un peu, lâche une main et pose la sienne sur la cuisse de l'enfant, qui est ainsi un peu tenu. Elle retrouve son regard, ils communiquent par onomatopées mais elle ne relâche pas son attention. Il la regarde comme s'il se demandait que choisir, remuer encore très fort en poussant des cris rauques ou détendre son corps et se laisser enlever la couche… Elle patiente, respire, s'efforçant de penser au moment agréable du bain qui devrait suivre. Elle met alors ses mains de chaque côté de son abdomen en le regardant ; doucement elle l'allonge, tient aussi ses épaules : « Tu peux te calmer, on est bien tous les deux… tu vas être bien dans l'eau tout à l'heure. »

Il se détend, pose une main sur celle de sa maman, il joue à la frapper pas très fort, puis leurs deux mains sont en contact, ils se regardent. Il bouge peu, elle peut le déshabiller sans le quitter des yeux, et faire la toilette nécessaire avant de le mettre dans la baignoire, où il reste immobile un court instant avant de remuer tranquillement les bras et de regarder l'eau bouger.

Ce bébé a pu se retrouver à l'aise et détendu dans la relation avec sa maman. Une puéricultrice avait cette expression quand elle prenait un bébé très agité et le tenait bien dans ses bras, le dos contre sa poitrine : « Je fais le fauteuil. » Elle évitait à ce tout-petit de sentir son corps partir un peu dans tous les sens.

Bien sentir cela peut vous être utile car certains enfants tout à fait normaux manifestent ce genre de comportements. Si on ne les aide pas à se rassembler, ils deviennent plus agités sans que l'on s'en rende compte ; ils grandissent et ont du mal à contrôler leur énergie croissante. Nous observons que ces enfants sont de plus en plus nombreux, et il n'est pas rare de voir des parents d'enfants de 18 mois à 2 ans venir à la halte-garderie en disant : « Je ne peux plus le tenir à la maison. »

Aidez toujours votre tout-petit à ne pas se laisser déborder par ses pulsions, ses envies, ses colères, ce qui pourrait devenir un handicap pour l'avenir. Vos mains peuvent l'aider à se sentir « contenu ».

Il appartient aux adultes d'aider l'enfant à canaliser ce trop-plein d'énergie afin qu'il ne devienne pas un handicap.

Certains bébés tout à fait normaux manifestent ce genre de comportements qui peuvent s'amplifier si on ne donne pas la réponse adéquate[1]. Nus, dans un espace un peu vide comme la table de change, ils ne sentent pas leur corps rassemblé, ne faisant qu'un, comme si les bras et les jambes ne tenaient pas encore ensemble... et pouvaient « partir » dans tous les sens. Il y a une tension, une agitation dans ces mouvements. Ne dites pas seulement : « Il est remuant pendant sa toilette... cela passera », **comprenez ce qui se passe** et aidez-les comme il a été décrit dans cet exemple :
– par vos mains sur ses membres ou le long de son abdomen ;
– par votre regard qui le « tient » et va l'aider à s'organiser ;
– par vos paroles, en lui expliquant ce que vous lui faites pour qu'il puisse commencer à situer et identifier ses sensations.

Peu à peu ce comportement devrait s'atténuer : il va devenir attentif à ce que vous lui faites (et d'autant plus si, dans la journée, vous lui permettez de vivre ses mouvements et sa motricité, comme nous l'avons décrit). Expliquez bien cela à la crèche ou à la personne qui s'occupe de lui dans la journée, si vous n'êtes pas là. Car ces comportements peuvent se prolonger : au fur et à mesure qu'ils grandissent, ces enfants ont souvent plus de mal à commander bras et jambes, ils peuvent devenir plus agités et avoir du mal à ne pas frapper, mordre etc. (voir aussi le chapitre 5, et, chapitre 8, le rôle de la « personne de référence » pendant le temps d'accueil, celle qui donne la sécurité et permet d'apprendre à se contrôler).

Nous avons évoqué plusieurs fois les petits « symptômes » comme des langages de l'enfant. Celui-ci veut souvent dire : « Aide-moi tout de suite à rassembler mes bras et mes jambes sinon je risque d'avoir beaucoup de mal plus tard... » Lors d'une réunion, j'ai été frappée du nombre de mamans qui redoutaient les moments de change et de toilette alors qu'elles les avaient attendus comme une fête... et nous savons comme sont nombreux les enfants trop « agités ».

---

1. Vous percevez la différence avec les bébés tout heureux de se sentir comme « libres » sans leurs vêtements...

Pouvoir exprimer ses émotions[1]

Lorsque nous regardons un petit enfant jouer en « activité libre », seul avec ses jouets, nous sommes frappés par la diversité des émotions qu'il exprime : il suce, caresse, jette au loin avec force ou douceur, jase, grogne, crie, semblant exprimer plaisir et bien-être, colère, agacement, abandon, dynamisme...

Ces attitudes apparaissent comme des expressions directes et profondes de son être même, sans dépendance à l'adulte ni désir de plaire ou de s'opposer. Nous pouvons imaginer le bien-être qu'il éprouve dans la manière de se sentir, lui, et la représentation de lui-même qu'il est en train d'élaborer. Il a, ou retrouve, un corps détendu, des gestes harmonieux, une absence de tensions, un visage serein et plein.

Ensuite, toute la journée, il va éprouver de petites frustrations : toutes ces impossibilités et interdictions auxquelles il est confronté (cf. le chapitre suivant). Il y a parfois de quoi être très fâché !! Pleurs et colères peuvent être fréquents et alternent avec les moments de grand bonheur. Il vit « une histoire d'amour avec le monde », disait Mme Malher, une psychologue qui a beaucoup observé les petits. Vers 18 mois, coexistent souvent le désir d'être grand et celui de rester petit (il grimpe sur vos genoux pour en redescendre aussitôt...), c'est très inconfortable, il peut devenir très grognon pendant quelques semaines...

Quand viendront les jeux symboliques, vous serez peut-être étonnés de la violence de ses sentiments et comment il peut s'exprimer dans un langage sans nuance !! La poupée peut être enfermée au garage des heures entières, mais aussi tuée, brûlée...

Les petits personnages, les animaux s'attaquent, se mordent, sont tués... « Je vais te tuer, tu seras morte pour toujours », dira un petit garçon de 2 ans et demi à sa maman en éclatant de rire quelques secondes après, à la fois tout étonné et rassuré... Ou il braque sur elle un morceau de bois : « Y a plus de maman ! », « T'es méchante... Je t'aime plus... » Que la petite sœur aille à la poubelle, etc.

---

1. Sur ce sujet, vous serez très aidé par le livre d'Isabelle Filliozat, *Au cœur des émotions de l'enfant*, Lattès, 1999.

Des événements peuvent être très difficiles à accepter... devoir partager ses parents, changer ses habitudes et perdre son statut à l'arrivée d'un autre enfant peut s'avérer douloureux, révoltant au moment où on en prend conscience... **C'est la possibilité d'exprimer la violence de ses sentiments qui permet de les apprivoiser,** puis de les nuancer. C'est pourquoi les enfants aiment tant les histoires qui font peur et les contes traditionnels, pourtant si « horribles » parfois. (mais lisez-les en entier et dans leur version authentique).

Certains parents peuvent en être impressionnés, et s'en inquiéter. Nous voyons que tous les enfants fonctionnent ainsi, même s'il y a des différences selon les tempéraments. Nous l'avons évoqué plusieurs fois, il s'agit de quelque chose qui est réellement ressenti, mais dans l'instant ; quand c'est « vidé », l'enfant en est soulagé.

Un enfant devrait pouvoir exprimer désirs, avis, mécontentements, avec des mots, dès qu'il peut les utiliser, sans que ce soit compris comme de l'opposition, et/ou sans que les adultes se croient obligés de le satisfaire. Vous ne vous soumettrez pas forcément à son désir mais il aura pu le formuler : « Sylvain, tu viens dîner ! – Non, ze veux jouer avec le train. »

Pendant bien longtemps, on a dit aux enfants : « Tu ne dois pas dire non, tu dois obéir tout de suite. » Obéir, oui : la réalité matérielle, sociale est là, et il a besoin d'apprendre à en tenir compte mais ce serait plus facile à accepter si on pouvait se dire mutuellement ce qu'on en ressent. Toujours cette personne-sujet qui est active pour intégrer les différents aspects de **la** réalité et de **sa** réalité pour avancer, se représenter elle-même, prendre une place.

> Un enfant pleure pendant son repas, montrant du doigt le réfrigérateur. Au lieu de dire non tout de suite, vous pouvez lui demander de vous montrer ce qu'il voudrait, puis lui expliquer que ce n'est pas le moment et pourquoi.

La joie

Les expressions de plaisir, de joie, sont fréquentes heureusement. Les enfants ont besoin d'exprimer, souvent bruyamment ou dans le mouvement, des sentiments de joie, de plénitude, ce qui n'est pas toujours facile à supporter dans un petit appartement ou après une dure journée de travail. Mais pourquoi ne serait-ce pas aussi nécessaire que d'exprimer sa tristesse. Cultivons le positif... toujours... ne l'oublions pas : il redonne la santé !

Pour le plaisir, je vous raconte cette scène :

> Joël, 10 mois, embarque sur un bateau de plaisance pour la première fois. Le bateau sort du port. Joël, debout, bien droit, se tenant au mât, se met à crier de toute la force de sa voix et de ses poumons comme il ne l'avait jamais fait auparavant. C'est comme une énergie fantastique qui tout à coup le traverse, une plénitude supplémentaire, probablement se sent-il rempli de lui-même. Y a-t-il quelque chose d'une communication avec l'espace, le ciel et la mer ?

Lui parler, oui, mais écouter avant de parler

Pour bien parler à un enfant, il est nécessaire de d'abord l'écouter, le regarder, essayer de comprendre ce qu'il ressent, comprend, cherche... Pour nombre de parents, il n'est pas « naturel » d'écouter leur enfant. Ils parlent, expliquent, conseillent, grondent. Ils disent les mots qu'ils pensent utiles, mais c'est parfois un langage solitaire. Lui, où en est-il ? Comment se représente-t-il la situation actuelle ?

Quand, plus grand, il peut parler et que nous nous arrêtons pour lui poser une question, nous sommes parfois surpris : sa compréhension n'est pas du tout la nôtre.

Alors, quand il est tout-petit, prenons l'habitude d'attendre ses vocalises avant de lui parler nous-même. Puis parfois, quand nous lui disons par exemple que nous venons le chercher pour le repas, attendons quelques secondes qu'il tende les bras. C'est un double « entraînement » : pour l'enfant, à se rendre compte qu'il peut s'exprimer ; et pour nous, à le regarder, à écouter son langage à lui, à tenir compte vraiment de lui sans faire tout de suite ce que nous pensons utile, peut-être à juste titre.

« On écoute beaucoup les parents, on n'écoute pas assez les enfants »,
disait le Pr Lebovici en 1995 lors d'un colloque d'information sur les
recherches de la pouponnière de Lóczy précisément.
Si nous avons un peu pris l'habitude de cette écoute, nous pourrons
mieux profiter de ces enseignements à résonance parfois magique :
« Parlez à un enfant, mettez des mots sur ce qu'il ressent. » Par empa-
thie en effet, nous pouvons parfois imaginer ce que l'enfant ressent et
lui montrer que nous le comprenons.

> Romain, 2 ans, arrive en halte-garderie conduit par son assistante maternelle,
> qui repart assez vite. Il se précipite sur une petite fille qui joue devant lui et
> lui tire les cheveux. L'éducatrice s'approche en lui disant qu'il ne doit pas
> faire cela, mais en demandant tout de suite ce qui se passe... « Je crois que tu
> es fâché que Tatie soit partie... » Il la regarde, étonné. Son corps devient plus
> mou et il se met à pleurer. L'éducatrice, toute proche de lui, le tenant dans
> ses bras, continue alors à parler avec lui, explique quand Tatie va revenir, où
> elle est en ce moment, etc. Romain continue à pleurer un court moment, puis
> il joue un peu tout seul ; assez vite il va rejoindre le groupe d'enfants, avec
> lequel il semble prendre du plaisir pendant le reste de la séance.

Nous pouvons ainsi communiquer au niveau de la vérité des sentiments : la tristesse, le mécontentement, l'inquiétude. L'enfant sent qu'il
est compris, ou du moins que nous respectons ce qu'il ressent. Ignorer
cela est à l'origine de nombreuses difficultés de comportement, d'agitation, de prétendue méchanceté. Nous le voyons bien dans l'exemple
précédent.
L'éducatrice pouvait gronder Romain en lui disant : « Ne tape pas, tu
es méchant », raconter cela à l'assistante maternelle qui l'aurait répété
aux parents. On imagine cet enfant se sentant mal jugé par les adultes,
ceux qui sont importants pour lui et qui ont évidemment raison : il se
juge donc insatisfaisant, pas « bien » et seul. C'est un peu de l'image
de lui, de l'estime de lui, qui est atteinte. Et comment abordera-t-il sa
prochaine visite à la halte-garderie ?
Il n'est pas possible (ni souhaitable) d'éviter à cet enfant d'être triste
ou inquiet lorsqu'il se rend compte que son assistante maternelle est
partie. Mais il est possible de l'aider à gérer cette situation en évoquant
ce qui se passe pour lui, et en lui montrant qu'il est compris.

Les paroles ne supprimeront pas son inquiétude ou son chagrin, mais elles l'aideront à vivre avec (c'est la différence entre souffrir seul ou souffrir avec, à côté de soi, quelqu'un qui comprend et partage). Cette expérience un peu difficile devient alors constructive, utile.

> *Quand votre enfant pleure, vous n'avez pas d'abord à faire cesser ses pleurs ou à supprimer sa souffrance… vous pouvez l'aider à vivre au mieux ce moment particulier : il reprendra lui-même, ensuite, une activité qui lui corresponde.*

Le décodage n'est pas toujours simple : nous pouvons nous placer à côté de l'enfant, non pas en devin mais en accompagnateur de quelque chose que nous ne connaissons pas, que lui seul connaît (et dont, souvent, il n'est pas conscient) et que nous respectons. Le respect, c'est ne pas lui asséner quelque chose que nous imaginons, c'est l'écouter (même s'il est silencieux) et, alors seulement, lui parler. Nuance…

Ainsi, nous nous retrouvons à nouveau devant ce « quelque chose » en fait assez libérateur : l'enfant acteur de son propre développement. C'est lui qui vit, qui sent ce dont il souffre, ce dont il a besoin. Je suis là pour l'accompagner, l'aider dans la mesure de mes moyens, je ne peux pas (et je ne dois pas) tout comprendre ni tout faire pour lui. Nous sommes à la fois proches, responsables, et à une certaine distance. Il est lui. Il n'est pas moi. Je ne suis pas lui. Sa vie n'est pas entre mes mains… Et je n'ai pas forcément à me sentir coupable parce qu'il vit maintenant quelque chose de difficile.

> Votre bébé de 6 mois pleure quand après un bon moment passé dans vos bras, vous le posez par terre, près de ses jouets et en lui parlant. Vous pouvez le reprendre bien vite : il n'aime pas ça…
> Vous pouvez aussi continuer à lui parler, l'incitant à saisir un jouet et lui montrant que vous êtes toujours là. Vous avez confiance, vous « savez » qu'il peut retrouver du plaisir en le manipulant. Et vous vous éloignez, en restant dans son champ de vision… il grogne un moment et, brusquement, se retourne et s'étire vers le grelot… qu'il saisit et secoue en l'écoutant.

DES SENSATIONS NOUVELLES...

Si petit et déjà agressif ? Non !

Lucas a 10 mois et ne marche pas encore ; une petite fille vient à la maison pour la première fois, il lui tire les cheveux. On croit qu'il va l'embrasser, en fait il la mord...

« Nous venons en consultation parce que notre fille de 2 ans se roule par terre si nous lui refusons quelque chose. Il lui arrive même de lever la main sur moi. » J'arrive dans une crèche au moment où l'éducatrice fait rentrer du jardin Rudy, un petit garçon de 2 ans environ : « Lui, dès qu'il y a d'autres enfants, il tape ou il mord ; on a beau lui expliquer, le gronder, le laisser seul dans la pièce, rien n'y fait, il recommence... » Sentiment d'impuissance de la part des adultes... l'enfant est triste, semble appeler du regard... Dehors, un autre pleure que quelqu'un essaie de consoler...

Que se passe-t-il ?

Vous vous représentez maintenant votre enfant comme une petite personne qui essaie de comprendre la vie, vous lui parlez en le regardant.

Comment le comprendre, comment l'aider ?

À 10 mois, mordre correspond à la découverte de nouvelles sensations : ce qui vient de ses dents. On peut mordre le morceau de pomme ou le gâteau, et le bras de l'autre... L'enfant ne peut pas encore se rendre compte qu'il fait *souffrir l'autre*. Il ne sait pas qu'il fait quelque chose de mal... Tirer les cheveux, taper un autre enfant ou sa maman, ce sont des expériences intéressantes, nouvelles, qui font partie de l'exploration, et qui engendrent parfois une grande excitation. Les réactions de l'autre sont aussi très intéressantes : votre petit les regarde avec étonnement, plaisir, peur... Il se découvre là un pouvoir inconnu qui ne comporte aucune idée de méchanceté.

Il s'agit alors pour l'adulte d'expliquer, de montrer que ce n'est pas possible de faire cela et pourquoi, et non de gronder, puisque l'enfant ne comprend pas encore qu'il fait mal. Nous devrons l'aider à s'en rendre compte.

Un peu plus tard, ce sera peut-être l'expression d'un malaise : se sentir menacé dans son corps ou dans son sentiment d'existence, dans son « être » même, quand par exemple la personne qu'il aime et de qui il tient sa sécurité s'éloigne ou n'est pas là.

Il peut aussi se sentir menacé dans son espace personnel, si un autre enfant passe trop près de lui par exemple ; ou bien dans ses possessions, presque dans son être : jusque vers 18 mois-2 ans, il s'investit à fond dans ce qu'il fait et l'objet avec lequel il joue est un peu une partie de lui-même. Le toucher ou le lui prendre peut être ressenti comme une véritable agression.

Un peu plus tard encore, il pourra y avoir de l'agressivité dans ces réactions, par exemple dans une situation où il se sent limité dans la satisfaction de ses désirs : Il réagira à une frustration, à quelque chose qui ne lui plaît pas.

Il y a parfois un décalage dans le temps. Papier en main, une éducatrice a observé dans le jardin de la crèche, un petit garçon de 26 mois qui mordait « sans raison » les autres enfants. Elle s'est aperçue que chaque morsure avait été précédée par un incident discret où en général un autre enfant lui avait pris l'objet avec lequel il jouait : ballon ou camion le plus souvent. Il ne réagissait pas sur le moment, s'éloignait, le corps « recroquevillé », courait un peu dans tous les sens, puis... mordait quelqu'un qui évidemment n'y était pour rien...

L'agressivité ou la violence sont alors des réactions de défense ou d'expression d'une souffrance et doivent être entendues comme telles. Ceci ne veut pas dire que l'on va accepter cette expression.

Ainsi, nous avons, nous-mêmes d'abord, à différencier son émotion de son comportement : qu'est-ce qui est difficile pour lui, à ce moment ? Puis l'aider : « Je vois que là, tu es fâché » : on peut le dire, en parler, écouter avec intérêt... « Mais tu ne peux pas faire ce que tu as fait là : donner un coup de pied, casser le jouet... mordre... » Il doit trouver une autre façon de le « dire ».

L'expression de cette émotion est importante et elle doit être accueillie soit par vous, ses parents, soit par un adulte qu'il connaît et en qui il a confiance (car il se sent en général très malheureux : à ces moments-là, on ne peut se consoler qu'avec une personne que l'on aime beaucoup[1]). Il se sentira alors soutenu et pourra retrouver un état de calme et s'apaiser : condition nécessaire pour intégrer ce que vous voulez lui apprendre là.

Ayant « partagé » l'émotion, nous devons donc l'aider à contrôler son comportement : ce que nous verrons au chapitre suivant.

Parler ou expliquer ne supprime pas la difficulté...

... mais donne à l'enfant des éléments pour y faire face, ce qui est bien différent.

---

1. D'où l'importance de la personne de référence dans les lieux d'accueil : voir chapitre 8.

Thierry, 2 ans, vient jouer chez un petit copain du même âge qui protège alors jalousement ses autos, interdisant qu'on y touche. La maman s'étonne : « Pourtant je lui ai bien expliqué que Thierry ne les emporterait pas. »

Élisa, 18 mois, dort mal ; elle est agitée et un peu inquiète pendant les vacances aux sports d'hiver. Sa maman s'étonne : « Je lui ai pourtant bien expliqué que ça ne durerait que quelques jours, qu'elle retrouverait la maison, ses jouets, etc. »

On croit facilement que l'enfant devrait accepter ce que nous lui avons expliqué. C'est se donner bien du pouvoir ! Il a encore tout un travail de compréhension, puis d'acceptation à faire. Ce serait si facile de pouvoir supprimer d'un coup les difficultés, l'inquiétude, les mécontentements... C'est lui, et lui seul, qui peut faire ce travail.

Julien, 26 mois, est dans le bain chez des amis avec une petite fille un peu plus âgée. Sa maman s'en va et lui annonce qu'elle va sortir ce soir avec son père. « Non ! » dit Julien, et il se lève. Il veut qu'elle le prenne.
Elle lui explique qu'elle pense qu'il est très ennuyé de la voir partir et qu'il n'est pas très content, cela en l'aidant à se rasseoir dans l'eau. Il joue un peu puis se remet debout et lui tend les bras. « Tu sais bien que je vais devoir partir ; je reviendrai tout à l'heure et j'irai te voir en arrivant. »
Pleurs, grognements, la maman le touche un peu. Quand on est prête pour sortir, il n'est pas facile de prendre dans les bras un bébé sortant du bain ! « Tu vois, Bénédicte est avec toi, elle joue avec toi... » Silence... Julien est toujours dans la baignoire, il est assis. Il regarde sa mère quelques secondes, se tourne vers Bénédicte, prend le canard qui flotte, le remplit d'eau, semble un peu rêveur, puis il verse l'eau sur la petite fille, regarde sa mère et lui dit : « A va, a va. » (« Au revoir, tu peux t'en aller, j'ai à peu près accepté ! »)
L'amie qui a gardé ce petit garçon a raconté qu'ensuite il n'a pas du tout pleuré, qu'il a mangé de bon appétit et s'est couché sans difficulté. Manifestement, Julien a fait un effort, le « a va » n'était pas prononcé dans l'allégresse, mais il a réussi à surmonter quelque chose qui était difficile pour lui.

Si sa maman était partie rapidement, il est probable que Julien aurait pleuré quelques instants puis se serait consolé. Peut-être n'aurait-il pas fait ce petit travail d'élaboration intérieure : que ce soit lui-même qui exprime à sa mère que maintenant il avait accepté, qu'elle pouvait partir. On sent bien la différence...

Respecter l'amour-propre

Faisons très attention : sous prétexte que c'est un enfant, nous nous permettons des réflexions qui seraient très désobligeantes pour un adulte.

Veillons à ne pas dire à l'enfant ce que nous n'aimerions pas que l'on nous dise à nous, adultes. Sa sensibilité est tellement plus grande que nous le croyons.

Seul(e) avec lui, nous faisons souvent moins d'efforts pour nous contrôler. Parfois, sans nous en rendre compte, nous nous soulageons à ses dépens de tensions accumulées, de ressentiments, de vexations profondément enfouis : « Je ne sais pas pourquoi je me mets si fortement en colère... pourquoi je lui ai dit ça... »

Dans nos efforts conscients, essayons donc de ne jamais vexer un enfant, ni de rire de lui, même si la situation est très drôle. Essayons de :
– ne pas parler de lui en sa présence ;
– ne pas trahir ce qu'il nous a confié comme un secret (ce qui entraîne une diminution de la confiance ou un ressentiment qui peuvent subsister très longtemps) ;
– ne pas parler avec les mêmes déformations que lui ;
– ne pas rire trop ouvertement parce qu'il ne réussit pas à monter sur sa bicyclette, parce qu'il a raté une marche et qu'il est tombé dans une position effectivement drôle.

Dans le même ordre d'idées, nos exclamations exagérément encourageantes – « que c'est beau ! » – sont souvent excessives, inutiles et peuvent même le gêner.

> J'arrive dans la chambre de Mathieu alors qu'il est en train de construire une tour qui m'apparaît un peu difficile. C'est la première fois que j'en vois une si haute et je ne peux retenir mon admiration : « Oh, mais c'est génial ! » Mathieu me regarde étonné, comme un peu agacé, et il arrête sa tour.
> « Pardonne-moi, je t'ai interrompu... » Ma réaction intempestive l'a dérangé.

Morale ou compréhension ?

On a tendance à porter un jugement et à interpréter de manière purement subjective le comportement du tout-petit.

> Marie, 4 mois, est confiée à ses grands-parents pendant les huit jours
> de vacances de ses parents. Au retour, Marie refuse de sourire à sa mère
> pendant trois jours. Elle prend mal ses biberons et reste un peu tendue.
> « Elle te le fait payer », dit-on à la jeune mère. La petite fille est déjà catalo-
> guée comme « tenant tête », exigeante. Mais on n'essaie pas de comprendre
> la réalité de ce qui se passe pour elle.

Nous verrons au chapitre 7 comment une séparation d'avec sa mère
est pour le bébé une véritable perturbation. Tout change, il a soudain
perdu ses repères, et fait de gros efforts pour en constituer d'autres.
Il commence à y parvenir... et voilà qu'il faut encore en changer pour
retrouver les précédents.
C'est cela qu'il faut comprendre et essayer de dire à l'enfant, en l'aidant
doucement à se retrouver et en lui concédant le temps nécessaire pour
ce faire. Qu'il y ait en plus une part de ressentiment, ce n'est pas impossible, mais nous n'avons pas d'éléments pour le prouver.
Un petit enfant de moins de 2 ans et demi ou 3 ans se sent fréquemment fragile, vulnérable, débordé par ses émotions. Il a besoin d'être
soutenu, de se ressourcer dans une relation proche, totale, avec ses
parents ou avec des adultes proches.

> Une maman seule passait un quart d'heure chaque soir en rentrant de la
> crèche avec son fils petit, avant toute autre occupation. Elle avait remarqué
> qu'ensuite Téo était détendu et coopérant. Si au contraire elle se précipitait
> pour mettre tout de suite le dîner à chauffer, son fils était « crampon » ou
> opposant.

Nous en reparlerons en évoquant les moments de retrouvailles après la
séparation.

Les adultes aussi ont
leurs émotions

Puisque nous parlons à l'enfant de ses propres émotions, il sera bien
aidé de savoir que nous avons aussi les nôtres : « Je suis fatiguée
aujourd'hui, je suis énervée et je sens que je vais me mettre très facile-

ment en colère... Il vaudrait mieux que tu joues dans ta chambre et que tu ne viennes pas trop dans la cuisine ! » Ou : « Là, je me suis mise en colère, je n'aurais pas dû le faire, je te demande pardon... »

Il se sentira moins coupable de cette situation, il y aura chez lui une certaine mise à distance et un début de capacité à comprendre que ce qui arrive vient de sa maman et non pas de lui. C'est pour lui une nouvelle occasion de prendre en main activement quelque chose de la réalité, et de ne pas se laisser écraser par elle.

Un enfant se découvre lui-même et découvre le monde à partir de lui. Étant au centre de ce qui existe, il se croit la cause de ce qui se passe. Vous verrez ainsi que, même plus âgés, les enfants se croient très vite responsables de ce qui arrive : fatigue des parents, disputes entre eux, événements ennuyeux... Il est important d'y penser pour leur montrer que tel n'est pas le cas et leur permettre, encore plus, de réaliser leurs capacités à eux.

Soyons conscients que nous déversons souvent sur eux nos propres états d'âme : plaisir et envie de jouer mais aussi colère, tristesse, ce que raconte un papa :

> « Je me suis pressé de rentrer pour avoir un bon moment avec ma femme et dès que je suis arrivé, elle est partie faire des courses avec une amie. J'étais en colère et dès que David a voulu grimper sur mes genoux pour jouer, je l'ai renvoyé en lui disant que j'avais du travail. »

Propos qui ne le concernent pas, émotions qu'il ne peut comprendre, à travers des attitudes qui manquent de cohérence.

C'est inévitable... nous pouvons en parler un peu après, peut-être nous excuser. Et... essayer que ce ne soit pas trop fréquent. Mais nous voulons faire tellement de choses...

Beaucoup de parents habituellement débordés s'énervent vite, l'enfant n'a pas le temps de réaliser ce qu'il a fait ou ce qu'il a à faire... il risque d'être accusé à tort. Il peut perdre pied, pleurer, et selon son tempérament, se refermer ou s'exciter de façon de plus en plus habituelle.

C'est pourquoi nous avons insisté plusieurs fois sur la nécessité de penser aussi à notre vie d'adulte. Peut-être y a-t-il lieu d'être prudent dans nos projets professionnels ou financiers tant que les enfants sont petits, et de nous réserver de vrais moments de ressourcement, seul et en couple. Savoir attendre un peu. Ces années ne durent pas très long-temps... Une meilleure harmonie maintenant, même au prix de quelques renoncements ou de quelques attentes, vous apportera tout de suite des moments de bonheur et... plus tard, plus de bonheur et de facilité à vivre, avec des enfants plus calmes et plus détendus.

Nous sommes souvent trop dans l'immédiat.

Papa est tout proche mais ne se manifeste pas, secrètement admiratif...

6
L'apprentissage de la réalité et de la vie sociale

« L'enfant tend à se rapprocher de l'état d'homme non pas en rece-
vant toutes préparées les raisons et les règles de l'action bonne, mais
en les conquérant par son effort et ses expériences personnelles. »

Jean Piaget, *Six études de psychologie.*

« Le bébé devient un petit enfant », souligne Emmi Pikler. Il sort de sa
chambre ou y retourne tout seul, il commence à participer plus activement à la vie de la famille et à affronter la réalité matérielle et sociale.
Tout est à découvrir, toutes les règles sont à apprendre, il faut réussir
à les respecter... Quel travail pour un tout-petit ! Et pour les parents !
Quand exiger vraiment ? Quand fermer les yeux ? Faut-il gronder quelquefois ? Entre le laxisme et l'autorité excessive, où se situer ?
Nous avons parlé du respect des émotions et des manifestations très
personnelles de l'enfant. Maintenant, nous devons l'aider à les vivre
dans les voies possibles et permises... qui sont assez nombreuses et
variées ! Encore une fois, « le vivant fonctionne loin de l'équilibre » :
il y a rarement une bonne réponse ! Beaucoup de parents réussissent
plutôt bien et trouvent eux-mêmes leurs solutions.
Mais il est vrai aussi que bien des enfants revendicateurs, opposants,
agités, ont du mal à accepter « de l'intérieur » certaines exigences de la
vie en société. Évidemment variable selon le tempérament de chacun,
cette attitude peut venir aussi de la manière dont ils ont pris contact
avec la vie. Emmi Pikler disait que c'était bien souvent le résultat de
« mauvaises attitudes éducatives ». Ne ratez pas le départ !

Quelques prises de conscience pour les parents

Le bébé n'est pas le centre du monde

« Le bébé devient enfant »... l'enfant devient un peu plus grand : passage de la vie de bébé, auquel on donne tout et que l'on protège, à l'état d'enfant, qui élargit son domaine. Il doit alors s'intégrer à la vie qui existe autour de lui, en accepter les règles, les contraintes, les risques : ce ne seront pas toujours les autres et l'environnement qui s'adapteront à lui et à ses besoins.

LA LIBERTÉ ET LES LIMITES

Permettre à un enfant de faire le maximum d'expériences par lui-même, écouter et respecter ce qu'il ressent, ne signifie pas lui laisser tout faire, ni avoir mauvaise conscience de devoir lui interdire quelque chose. Quand ils sont rendus nécessaires par la réalité, les limites, interdits, frustrations permettent de canaliser l'énergie, de développer l'intelligence et l'imaginaire, la pensée symbolique, le respect des autres. **Interdits et frustrations sont indispensables** pour faire le deuil de la toute-puissance du bébé et pouvoir prendre sa place dans la société des humains, pour passer du « principe de plaisir au principe de réalité ». Certains enfants manifestent si bruyamment leur opposition ou leurs désirs que les parents peuvent être surpris, redouter ou même craindre ces réactions parfois spectaculaires. Ils finissent par céder devant les cris, les pleurs, la détermination de leur enfant (que quelquefois ils admirent secrètement...). Faites confiance à votre enfant, tenez bon – et calmement – si possible. Son amour et son admiration pour vous seront plus forts que ses protestations. Là encore, il est acteur de sa propre vie : il n'est pas destiné à se soumettre passivement, il doit accepter la réalité pour en être un participant actif.

La confiance est un des axes de ce livre, mais elle ne doit pas prêter à contresens. On pourrait croire que, parce qu'on a su expliquer à un enfant le bien-fondé de l'ensemble des règles de vie, il les acceptera finalement et s'y soumettra de lui-même. Il n'en est pas ainsi, et tout enfant grandit avec le besoin de s'opposer, d'éprouver les limites, une façon de préférer le plaisir immédiat au plaisir à long terme, etc. Si bien que l'autorité, la fermeté s'avèrent toujours indispensables malgré les trésors de compréhension et de patience que l'on peut développer.

Pour réussir ce passage, aidez-le : **n'organisez pas toute votre vie autour de lui**... ce qui est simple pour certain(e) s d'entre vous et difficile pour d'autres, comme pour celles qui interrompent leur activité professionnelle afin de s'occuper des enfants : le mari peut être très absorbé par sa vie professionnelle, et le monde devient pour elles celui des enfants.

Difficile aussi pour les mères qui ne trouvent pas dans leur couple toutes les satisfactions qu'elles en attendent, ou pour celles qui, réellement intéressées par leur(s) enfant(s), veulent tout faire au mieux : l'enfant passant toujours en premier, elles restreignent leur vie personnelle. C'est parfois une telle conviction que rien ne peut les faire changer, et ce n'est que plus tard qu'elles en percevront les conséquences : le petit enfant a « appris » le monde comme gravitant autour de lui. Maintenant puis en grandissant, à 5, 7, 8 ans et plus tard, il pensera que ses parents sont à son service. Cette représentation peut rester solidement ancrée...

> *L'être humain, même petit, n'est pas le centre d'un microcosme, il arrive dans un monde qui vivait avant lui et qui va continuer à vivre !*

Nous avons vu votre enfant actif pour développer ses capacités motrices, regardons-le maintenant actif pour comprendre le monde et ses lois, apprendre à en tenir compte et à y prendre sa place.

Trois conceptions de l'éducation

Vous pouvez prendre conscience de ces conceptions différentes de l'éducation et essayer de vous rappeler ce que vous avez vous-mêmes vécu.

◆ *Une conception un peu ancienne : autorité et soumission*

Il s'agit d'apprendre à l'enfant à obéir, éventuellement par la contrainte. Les pratiques éducatives traditionnelles, centrées sur les apprentissages et la soumission à l'autorité, n'avaient pas que des inconvénients quand elles n'étaient pas excessives. Mais elles permettaient peu le développement de l'initiative personnelle, de la confiance en soi, des notions d'égalité et de tolérance, puisqu'elles étaient fondées sur le principe d'un plus fort imposant son savoir et son pouvoir à un plus faible. Le premier reproche que l'on puisse leur faire est d'inculquer à l'enfant dès sa naissance, que les rapports entre les individus sont des rapports de force, de dominant à dominé :

L'un se soumettra ; il peut intérioriser cette soumission comme trait de caractère : il aura tendance à toujours chercher un maître, une autorité. Un autre s'identifiera inconsciemment au plus fort. À l'école puis à l'âge adulte, dans le monde professionnel ou social, il pourra prendre la place de ce plus fort qu'il admirait, être enfin celui qui domine. Eventuellement, il fera subir à d'autres ce dont il a souffert lui-même[1].

◆ *Une attitude de laisser-faire*

Plus courante dans les années 1970, pour ne pas limiter l'enfant dans ses désirs et sa créativité (on en revient maintenant), elle place l'enfant dans le flou et l'incertain, lui donne un sentiment de toute-puissance et un désir habituel de satisfaction immédiate, lui faisant croire qu'il a un pouvoir sur ses parents. Elle peut aussi correspondre à une difficulté, voire à une impossibilité de l'un ou des deux parents à se poser comme adulte devant l'enfant : incertitude, incapacité ou refus d'assumer sa responsabilité. Elle est généralement peu cohérente.

◆ *Une troisième voie*

Une autre voie existe qui s'appuie sur l'idée que **l'enfant est un être autonome qui cherche à grandir. Le rôle de l'adulte est de le soutenir et de le guider dans ce désir de progression.**

Il y a toujours eu des familles où le dialogue faisait partie de la vie et où les goûts, oppositions, divergences pouvaient être entendus sans que soit exclue l'autorité.

L'éducation que vous avez reçue se situe probablement plus vers un pôle ou un autre, et votre opinion sur ce qu'elle vous a apporté de

---

1. Conception dont les excès sont étudiés par Alice Miller ; dans *C'est pour ton bien* (Aubier, 1984), elle décrit sous le nom de « pédagogie noire », cette conception pédagogique qui sévissait en Allemagne à la fin du XIXe siècle.

positif et/ou de décevant orientera sensiblement votre attitude avec vos enfants. Il est utile de se le préciser à soi-même parce que les attitudes « qui nous échappent » découlent souvent de celles que nous avons connues enfant (et que bien souvent nous cherchons plutôt à oublier…) : « Je critique mes parents et je m'aperçois que, souvent, je fais pareil… », ou bien : « Chez moi, on discutait beaucoup, cela me paraît naturel » ; ou : « Chez moi, c'était dur, l'autorité ! Alors, je ne peux pas lui imposer quelque chose, j'ai l'impression de faire comme mon père. »

• La première conception ne correspond pas à celle de ce livre puisqu'elle considère l'enfant comme un être qu'on façonne.

L'organisation de la vie dans nos sociétés occidentales fait que l'éventail des envies, tant chez les parents que chez les enfants, est de plus en plus grand. Tout petits déjà, beaucoup d'enfants sont comblés d'objets matériels ou les voient chez les autres. Les parents se voient contraints de dire non beaucoup plus qu'ils ne le voudraient. Les enfants, sollicités de toutes parts, protestent. Résoudre ce problème uniquement par l'autorité devient difficile très tôt, les affrontements peuvent devenir durs, les parents n'ont pas facilement « le dessus », et en sont souvent épuisés. Le « c'est moi qui commande » s'avère insuffisant… dès 2 ou 3 ans.

Par ailleurs, le désir d'autonomie de l'enfant grandissant et son ressentiment de ne pas être entendu peuvent se traduire par un repli sur soi alternant avec de l'agitation, une opposition systématique, des troubles du sommeil.

• La deuxième conception peut être dangereuse : sans limites, un enfant est malheureux et dépassé par ses impulsions ; (il peut se faire beaucoup de mal, jusqu'à une sorte d'autodestruction parfois). Les adultes, pour des raisons très diverses, n'osent pas lui refuser ce qu'il « veut », ressentant souvent ses cris et ses protestations comme des menaces. Cet enfant n'est pas dans l'échange, le désir de connaissance mais dans la recherche de satisfaction immédiate ; c'est pourquoi il peut passer de la gentillesse **quand il le décide**, à une grande violence dès que quelque chose lui résiste.

Les injonctions autoritaires vont souvent de pair avec ce laisser-faire parce que, fatigué, voire exaspéré par l'enfant qui n'obéit pas, se sentant impuissant, l'adulte finit souvent par se mettre en colère, crier... frapper, se laissant parfois emporté par sa propre violence.

• La troisième voie permet aux enfants de mieux accepter les lois « de l'intérieur », en en comprenant le sens. Comme ils sont intelligents et veulent devenir « grands » et « comme les grands », d'eux-mêmes, ils auront envie d'apprendre et de mieux contrôler leurs comportements si on les y engage. Ce n'est jamais facile pour eux et ils ont besoin de l'aide effective et bienveillante des adultes : il y aura de l'opposition, parfois très forte, ils oseront contester, enfreindre les règles, mais il y aura moins de ressentiment et de débordements de violence. Adultes, ils risquent de considérer les relations humaines plus sur un mode de collaboration que sur un mode de domination.

Nous allons explorer cette troisième voie. En effet, nous avons vu ce désir de progresser, de développer continuellement ses capacités, à l'œuvre chez les tout-petits. Nous savons maintenant que c'est une réalité biologique, nous ne pouvons plus en douter. Nous pouvons donc avoir confiance et accompagner ce désir de croissance. Ce qui implique détermination de la part des adultes, clarté, fermeté (les enfants, dans ce contexte, sont aussi tentés que les autres par les scintillements de notre société de consommation), mais qui se vivent dans une communication, non dans l'affrontement ou l'abandon.

Se représenter ce qui est possible et ce qui est interdit

Du côté des parents

Votre enfant est tout petit encore !

N'attendez pas : quand il sera grand, ce sera plus difficile... Ce chapitre – qui ne prétend pas être exhaustif ! – va vous donner quelques idées rassemblées à partir des échanges quotidiens avec des parents.

Vous êtes ses parents. Il vous admire et vous aime totalement. Il ne doute pas de vous et de cette force « bonne », de cette « solidité » qu'il sent en vous. C'est ce qui le rassure le plus, surtout quand il a envie de s'opposer. Il a confiance en vous.

Votre bébé sort de sa chambre, intéressé par tout ce qu'il voit ; il a envie de mettre dans sa bouche, de toucher, saisir, manipuler... de tout expérimenter et c'est important pour lui.

Mais tout n'est pas possible...

◆ *Donner des messages clairs, informer avant d'interdire*

Vous avez observé votre bébé essayant de comprendre ce monde qui l'entoure, vous avez fait l'expérience qu'il comprend par le langage beaucoup plus de choses qu'on ne pense. Vous l'accompagnez donc dans ses découvertes, lui signifiant clairement ce qu'il peut toucher, et ne pas toucher, faire ou ne pas faire... Adaptez-vous à sa maturité actuelle et à son tempérament : vous enlèverez ou non les objets fragiles, bloquerez certains placards, etc. Certains enfants l'acceptent facilement, d'autres pas.

Essayez de dire plus souvent oui que non et peu à peu, au fur et à mesure qu'il comprendra et contrôlera ses mouvements, vous introduirez plus d'exigences. S'il y a beaucoup de possibles, les limites seront plus faciles à intégrer. À vouloir demander trop vite, on risque de se mettre dans une situation habituelle d'affrontement qui se produirait avec moins d'intensité si on attendait un peu.

◆ *Allier toujours un ton d'information à celui d'interdiction*

« Tout cela, tu peux... mais il est impossible de grimper sur la table basse, ou jusqu'à l'ordinateur, d'ouvrir les tiroirs du bureau, d'arracher les feuilles des plantes vertes... » Ce n'est pas un « non » qui gronde, mais un non qui informe[1] : ce ne sera **jamais** possible. On peut prendre l'enfant dans les bras et l'éloigner systématiquement.

Plus tard, s'il fait des colères ou frappe un copain, essayez, au début, de faire en sorte qu'il ne puisse pas reproduire le geste que vous interdisez. Il comprendra ce que veut dire « pas possible ».

---

1. Afin qu'il comprenne bien ce que vous demandez.

Essayez de l'éloigner de ce que vous interdisez, que la tentation ne reste pas toute proche et qu'il expérimente « dans son corps » que ce n'est pas possible. Vous trouverez votre manière à vous de lui faire expérimenter qu'il en sera toujours ainsi (en veillant à ce qu'il trouve près de lui des choses permises et intéressantes qui l'aident à renoncer à son idée... le champ des possibles reste grand !).

Veillez à garder un ton « sérieux » même quand la situation est comique : sinon, il aura tôt fait de percevoir que ce geste vous amuse, c'est à cela qu'il répondra en continuant, mais c'est vous qui en serez responsable.

◆ *Des différences bien établies*

Un bébé dort dans son lit mais, quand il est réveillé, il y trouve des jouets, un mobile au-dessus de lui, un portique sur lequel il peut tirer... le lieu lit est un lieu où l'on dort *et* où l'on joue.

Si, au contraire, ce bébé est installé dans un autre endroit quand il est réveillé, avec des jouets qui lui conviennent, il intègre la notion d'une différence : le lit où l'on ne fait que dormir ou se reposer, et les lieux où l'on s'active. S'il a quelques difficultés avec le sommeil, l'association lit-dormir lui sera plus facile.

◆ *Respecter son rythme*

Ne lui demandez pas trop tôt ce qu'il n'est pas encore capable de réussir. Enlevez d'abord les quelques voitures de collection qui sont sur cette étagère accessible. Puis un jour, vous les lui montrerez, mais sans les laisser à sa portée. Un peu plus tard, vous essaierez de les y remettre en lui recommandant de ne pas y toucher. S'il y réussit, c'est bien, mais s'il approche sans arrêt la chaise pour les atteindre, dites-lui qu'il est encore trop petit pour réussir à ne pas les toucher et enlevez-les de nouveau. Inutile de gronder : il n'est sans doute pas encore capable de se retenir toujours. Vous réessaierez dans quelques semaines. Un jour, il en sera capable.

Et ne vous laissez pas influencer par les parents qui vous diront : « Le mien dit bonjour, il est propre, je n'ai enlevé aucun objet fragile... », etc. Le vôtre réussit peut-être aussi vite, ou moins vite... aucune fierté à avoir : les enfants sont différents.

Il n'y a pas de règles absolues sinon de regarder votre enfant et de réfléchir à ce qui lui convient à lui.

♦ *Être constant*

Peu à peu il va grandir (ce qui va très vite...), et le champ d'action s'élargit ! Tout sera plus facile si vous êtes vous-même au clair avec ce que vous interdisez et ce que vous exigez.

• Il y a les exigences absolues sur lesquelles vous ne transigerez pas (les « règles rouges »), qui mettent en jeu la sécurité : ne pas toucher la planche à repasser, ne pas grimper sur le rebord de la fenêtre, donner la main pour traverser la rue (mais soyez attentifs à ne pas vous-mêmes créer des situations à risque comme placer une chaise sur le balcon ou poser la planche à repasser au milieu du couloir.)

• D'autres exigences sont assez évidentes : se laver les mains avant le repas, ne pas poser les doigts sur les touches de l'ordinateur, renverser de l'eau avec le gobelet **dans** la baignoire et non en dehors, etc. Il en existe une infinité ; certains couples sont vite d'accord et nets sur leurs formulations : « Camille, c'est non ! » ne semble pas traumatiser cette petite fille de 13 mois qui se tourne alors vers autre chose.

• Pour beaucoup d'autres manières de faire, c'est à vous de décider : toucher ou non la terre du pot de fleurs ? Ce peut être une expérience intéressante quand on habite en ville... Marcher ou non dans les flaques d'eau ? L'important n'est sans doute pas qu'il touche ou pas la terre des pots, mais que vous décidiez entre vous si vous l'acceptez ou non. Et ensuite de tenir. « Il est souvent préférable de demander moins pour pouvoir tenir... Les enfants sont coriaces... C'est le flou qui est fatigant... » Quand les règles sont toujours les mêmes, les enfants se repèrent vite[1].

Essayons donc d'être nets et constants, sinon l'enfant a très tôt, et de plus en plus, le sentiment d'un arbitraire : les choses dépendent de notre bon vouloir... donc de notre toute-puissance. Répétée trop souvent, une telle attitude conduit à une situation générale d'insécurité et d'opposition puisqu'il ne sait pas s'il va faire bien ou pas. Un jour, on peut descendre de sa chaise pendant le repas et un autre, non... Un soir,

---

1. J. Toulemonde, *Place à l'enfant. Manuel pratique pour l'environnement de nos petits*, Éditions Encre, 1991.

il y a inondation en prenant le bain et maman ne dit rien ; le lendemain, elle gronde très fort...

Le soir on lit une histoire, puis une autre, et le coquin en demande une troisième : « Vais-je accepter on non ? » se demande la maman fatiguée. Choisissez, décidez ! Mais essayez ensuite de tenir ! Le jour où vous changez d'avis, parce que vous avez plus de temps, ou, au contraire, plus de fatigue..., dites-le : ainsi, le monde sera compréhensible pour l'enfant qui en sera beaucoup plus calme – et vous serez moins fatigué(e).

Bien souvent quand nous avons expliqué une fois, il n'est pas nécessaire de réexpliquer : l'enfant comprend qu'il y a une raison, même s'il ne la comprend pas bien... Le « c'est ainsi, tu le sais »,... « on ne discute pas », aide plus que de nouvelles explications qui laissent place à un doute ou à une possibilité de changement. Et les questions peuvent s'égrener à l'infini !

De toute manière cette période est très fatigante. Ménagez-vous des moments de distance, de détente, d'humour, pour ne pas dramatiser. Certains enfants persistent longtemps dans la recherche des limites, la provocation, « l'imagination infinie des bêtises à inventer » !

Ils ont besoin de votre solidité et de votre confiance. En eux et en vous.

♦ Dire... redire... et comment le dire...

• Il y a probablement un entraînement à acquérir pour trouver les mots simples, clairs : « Tu peux monter sur le canapé, mais sur les fauteuils, ce n'est pas possible... » Essayez de trouver des formulations qui ne soient pas entièrement négatives (citer des choses permises avant les interdites...) et évitez de vous mettre dans la situation d'affrontement : dire « on ne peut pas faire ceci », plutôt que « je ne veux pas », être dans l'information plutôt que dans la relation de pouvoir[1].

---

1. Lisez Thomas Gordon, *Parents efficaces*, Marabout, 2007. Vous y trouverez des suggestions d'attitudes qui correspondent à la conception de l'enfant exposée ici : écoute active, comment se situer dans une relation plus horizontale de collaboration que verticale autoritaire, etc., tout ceci avec une fermeté bienveillante qui permet à l'enfant de se sentir contenu. La lecture de ce livre peut nous apporter beaucoup aussi dans notre vie et nos relations d'adultes. Rassemblant des comptes rendus de réunions de parents, il est très concret et de lecture aisée.

Au tout début, lorsqu'il marche à quatre pattes, et s'approche de ces fauteuils, vous lui redirez chaque fois et avec le mouvement de votre tête, en le regardant bien : « Non, tu sais bien que ce n'est pas possible » et vous le prendrez dans vos bras pour l'en éloigner et le mettre où il **peut** grimper.

Il vaut mieux parler moins mais parler bien en face de l'enfant dans une véritable relation, sinon il s'habitue à entendre les paroles un peu dans le vide. De la cuisine, on crie : « Je ne veux pas que tu joues au ballon dans la salle de séjour, tu le sais bien ! » ; « Arrête la télé ! ». L'enfant continue et on bougonne... on ne peut (ou on ne veut) se déplacer. Essayez donc qu'il arrête son activité et vous regarde quand vous lui demandez ou expliquez quelque chose.

• Les informations à donner sont multiples et nécessaires. **Il faut penser à les donner,** à expliquer et vous pouvez commencer dès 12-15 mois, dès qu'il est confronté à cette situation :
– Tout le monde se lave les mains avant et après le repas ;
– Les murs sont jolis : on ne met pas ses mains dessus pour ne pas les salir...
Un peu plus tard :
– Maman aime être tranquille dans la salle de bains : on frappe et on attend qu'elle réponde pour entrer...
C'est ainsi, comme on met son pyjama pour dormir : cela n'est pas remis en cause.
Ainsi, vous préparez tout de suite le terrain pour les situations plus compliquées : ne pas écrire sur les murs, ne pas rentrer dans la chambre du grand frère quand il ne le souhaite pas...

C'est encore plus important pour les enfants dont on dit qu'« ils ont un fort tempérament », qui acceptent difficilement ce qu'on leur demande, et pour lesquels les parents sont tentés de dire : « Attendons un peu, il acceptera peut être mieux quand il sera plus grand. » C'est une erreur car l'énergie et les désirs aussi grandissent. Ces enfants sont plus difficiles à élever ; ils ont besoin de beaucoup de détermination – et de beaucoup d'amour car la vie est aussi plus difficile pour eux. Ils ressentent sans doute plus durement que les autres les attentes et les frustrations. **C'est donc tout de suite qu'il faut les aider,** et ce chapitre vous énumère un certain nombre de moyens (prenez ces suggestions très au sérieux, de même que ce qui est dit au chapitre sur les émotions, pour éviter que cet enfant, qui peut se trouver dans n'importe quelle famille, ne devienne tyrannique, souffre lui-même et, en grandissant, fasse souffrir toute la famille)[1].

• Autre exemple : si un tout petit casse un objet, il n'a pas à être grondé, mais à se rendre compte que le propriétaire est ennuyé – on va ramasser les morceaux, essayer de le réparer si c'est possible, il peut demander pardon, donner quelque chose... Aux parents de voir selon la situation mais dès le début : ne pas banaliser le fait d'abîmer un objet qui appartient à quelqu'un d'autre... Si votre petit est « dur », essayez de le maintenir avec force et tendresse : qu'il n'ait pas une mauvaise image de lui, mais que, n'échappant pas non plus aux conséquences de son acte, il se représente vraiment **qu'il ne veut pas recommencer** (il fera des efforts, réussis ou non, mais vous l'encouragerez...).
Quand il a sali le canapé, essayez de nettoyer devant lui par exemple : qu'il se rende compte de ce qui s'est passé. Dans le sens d'une connaissance de ce qui se passe, non pour le gronder.
Ces notions feront d'autant plus partie de la réalité qu'il les aura vécues plus tôt. Il s'y opposera peut-être à certaines périodes, mais elles feront partie de lui et il y reviendra sans doute naturellement ; tout de suite, il prépare, et nous préparons avec lui, son avenir.

Essayez d'être solides vous-mêmes, vous avez droit à ce que votre vie et votre environnement soient totalement respectés : ce sont ces tout petits événements quotidiens qui le lui apprendront. Faites-vous aider si vous n'y parvenez pas : ces petits ont parfois un bien grand pouvoir sur nous...

---

1. Certains de ces enfants, ne trouvant pas l'aide adéquate, font se poser plus tard la question d'une « hyperactivité ». Il n'en est rien mais l'agitation, l'impulsivité, les exigences peuvent y faire penser.

Nos attitudes intérieures entrent pour beaucoup dans le résultat et dans la qualité de la relation que nous aurons avec nos enfants. Les trois illustrations suivantes peuvent permettre à chacun d'y penser tranquillement et d'y revenir de temps en temps.

Une maman dit : « Je suis contente, Zoé a bien dormi ! »
Contente pour qui ?
– Pour Zoé ? : « Elle va se sentir bien cette après-midi » ; la maman a un bon sourire en regardant son corps et son visage détendus.
– Pour sa maman ? Objectif atteint : un enfant de 18 mois *doit dormir* l'après midi.

Quand je dis de Tom : « Je veux qu'il se tienne bien à table », je peux penser à l'objectif : *les enfants doivent apprendre à bien se tenir*, etc. Je regarde le résultat : il mange proprement, je suis content. Il y a de la purée tout autour de l'assiette : je me fâche, je trouve qu'il ne fait pas de progrès, je me demande comment *je* pourrai obtenir ce que je veux. Je suis un peu dans ma sphère, dans l'idée de ce que je veux obtenir.
Ou bien je pense à Tom : je lui explique et il voit comment nous faisons, nous. Je me pose la question : de quoi est-il capable maintenant et comment peut-il réussir ? qu'est-ce qui peut l'aider, lui ? Je sais que, malgré les apparences quelquefois, il cherche à réussir. Je l'encourage en lui montrant aussi, bien clairement, quand il n'a pas réussi.
Dans le premier cas, je veux obtenir quelque chose. Je me fâche quand je ne l'obtiens pas ; je peux me sentir en échec.
Dans le deuxième, je le regarde : comment il se débrouille pour y parvenir ou pour refuser. J'essaie de l'encourager, de le soutenir. Je peux chercher avec lui (le verre, la cuillère qu'il préfère parce qu'il se sent plus à l'aise...). C'est lui qui fait les choses... Cette attitude est plus légère : la réussite ne dépend pas surtout de moi, je n'ai pas ce pouvoir. Je l'accompagne...
Nous sommes l'un à côté de l'autre, non en conflit face à face.

Dans le même ordre d'idée, nous pouvons aussi penser à ceci : nous grondons un enfant parce qu'il a cassé... une lampe par exemple. A-t-il fait exprès ? Probablement pas. Alors ? Plutôt que d'être puni, il sera plus aidé par le fait de regarder avec l'adulte ce qui s'est passé, où est l'erreur, comment « réparer »... comprendre activement et sans mauvaise image de lui : il aura sûrement envie de faire plus attention...

◆ *Tenir les interdictions mais aussi les promesses*

Il veut que vous jouiez avec lui mais il faut préparer le dîner... Si vous lui dites : « Dès que j'ai fini de mettre le couvert (quelque chose qu'il peut se représenter), je vais regarder ce livre avec toi », n'oubliez pas... et faites-le, même s'il s'absorbe dans une activité en vous attendant... La confiance se construit aussi sur toutes ces petites choses. Il apprend aussi à se représenter ce que vous faites, à anticiper, à attendre... à être seul, à l'intérieur de votre présence.

> *« Élever » un enfant, c'est lui permettre de se construire, lui, de pouvoir vivre bien ces situations dans lesquelles il va se trouver. Il ne s'agit pas de l'aider pour tout, mais de l'accompagner pour qu'il réussisse lui-même.*

◆ *Le père et l'autorité*

La loi, c'est ce qui permet de grandir, de ne plus être dans la dispersion, l'incohérence, le plaisir immédiat, donc d'apprendre à renoncer, à attendre, au profit de réalisations plus constructives. La loi rend véritablement humain, évite l'incohérence et la violence. C'est ce que peut dire le père avec plus de « force ». Il n'est pas celui qui punit (ce rôle de « père fouettard » qu'il refuse avec raison) : il représente la réalité pour qu'on soit bien ensemble, le monde des grands. Il renforce ce que dit la maman (qui, en général, passe beaucoup plus de temps avec les enfants).

Avec amour, il aide à se séparer d'elle : elle évoque toujours ce qu'on était, tout petit – et souvent le désir de s'y retrouver encore : elle donnait tout... Il existe bien des raisons pour que les enfants soient souvent plus difficiles avec leur maman qu'avec leur père...

En tant que père, ce dernier a à se rappeler le type d'éducation qu'il a reçu, ce qu'il **veut** donner et ce qu'il risque de donner, malgré lui...

Surtout, que les pères ne doutent pas de leurs capacités : quelles que soient vos difficultés professionnelles, matérielles, de santé ou autres, vous êtes **son** père, il vous admire, il ne doute pas de vous un seul instant.

Du côté de l'enfant

Un enfant a besoin de temps pour comprendre que le « non » exprimé une fois est en réalité permanent.

Souvent, en approchant de ce fauteuil, le petit enfant nous regarde en faisant non de la tête. L'adulte pense : « Il me nargue. » Peut-être quelquefois... mais, le plus souvent, il veut dire : « Est-ce toujours non ? », il a besoin d'une confirmation. Il n'a pas eu le temps de se confronter à la durée. Il ne peut encore savoir que c'est toujours. Et peut-il encore savoir ce que veut dire « toujours » ?

> Dehors, Colin, 23 mois, se penche sur une petite pioche, la touche du bout des doigts en disant : « Non, non, non. » Il la regarde, tourne autour... J'ai envie de me fâcher parce que je lui ai dit plusieurs fois qu'il ne devait pas y toucher. Pourtant, en le regardant un moment, je pense qu'il dit ce non pour lui-même... confirmation de cet interdit, effort pour s'en persuader, peut-être une lutte intérieure entre l'envie d'y toucher et la nécessité de ne pas le faire... ? (nous ne sommes pas à l'intérieur de lui). Lui répondre : « Oui, tu sais bien que tu ne dois pas y toucher parce que tu peux te faire mal avec » est sans doute une aide :
> – à intégrer cet interdit,
> – à retenir son geste.

COMPRENDRE *ET* SE RETENIR...

Se conformer à une règle, c'est pouvoir comprendre ce qui est interdit ou demandé

ET

être capable de se retenir ou de s'obliger à faire le geste en question.

C'est difficile à réussir... Et ce n'est pas parce qu'on a réussi plusieurs fois qu'on le peut toujours. L'enfant a donc besoin d'être soutenu, encouragé, et que nous gardions une attitude résolument positive.

Plus tard, il intériorisera cette règle, la fera sienne, l'adulte n'aura plus besoin d'être là : c'est l'acquisition de la « conscience morale », travail qui se poursuit jusqu'à 10-12 ans et au-delà.

◆ *La colère ou le chagrin*

La frustration peut être très douloureuse pour votre petit... Vous aurez parfois envie de revenir sur ce que vous avez dit : c'est dur et pourtant...

> Un petit garçon tournait la manivelle de son garage avec un grand bruit qui empêchait ses parents de parler ensemble. Deux ou trois demandes sans succès... Sans se fâcher, le papa lui dit qu'aujourd'hui il ne peut commander ses mains... demain peut-être, et il enlève le garage. Début de colère auquel les parents ne répondent pas. Le petit garçon boude, colle sa tête contre le fauteuil puis... construit une « immense » tour de Lego... : « frustration »... constructive.

Un petit enfant peut se trouver emporté par ses impulsions, ses colères : c'est très inquiétant pour lui. Il a alors plus besoin d'être aidé que d'être puni, et se sentira plus en sécurité avec le parent qui « tient », qui l'empêche de se laisser déborder. Il va peut-être vous crier : « T'es méchante... ze t'aime plus... ze t'aimerai plus zamais ! » Maman, sensible, tremble que ce ne soit vrai ! Oui, il le sent au moment où il le dit, mais soyez sans inquiétude : l'amour pour vous est bien plus fort.

Si au contraire, on lui dit : « Bon... pour aujourd'hui, je te le donne », cette colère pourtant si inconfortable lui apporte des avantages. Il recommencera en se sentant quand même aussi mal à l'aise. La mauvaise humeur et les exigences vont devenir constantes, même en dehors des moments de crise.

Redites-vous toujours : « Il m'aimera bien plus si je tiens que si je lui rends le garage ou lui achète cette voiture. »

Dans ces occasions de frustration, veillez à ce qu'il ait autour de lui des jouets qu'il aime, des choses intéressantes à faire, qui permettent de trouver une compensation à ce renoncement. S'il s'ennuie, il est évident qu'il sera plus tenté de revenir vers l'interdit. (N'oubliez pas : être un allié, pas un punisseur.). « C'est à lui d'accepter mais puis-je trouver quelques idées qui pourraient l'aider... »

Interrompre une activité peut être dur pour lui (comme pour nous) : il y est bien et il n'a pas encore la capacité d'anticiper la suite et le plaisir qu'il y trouvera peut-être : par exemple rentrer du jardin pour prendre le bain (donc, jouer dans la baignoire...) peut le mettre très en colère, même si vous le lui avez expliqué...

◆ *Se sentir respecté… (comme vous aimeriez pour vous)*

Votre amie vient de téléphoner, vous allez sortir et la rejoindre. Hugo, 22 mois, est très absorbé dans son jeu, alignant ses autos… Vous avez droit, et peut-être besoin, de ce moment de détente…

« Allez, hop ! je t'emmène ! » (Gentil paquet…)

Ou, en le regardant : « Je vais pouvoir aller chez Marie dans sa maison… Tu es bien en train de jouer, tu vas devoir arrêter… La prochaine fois, tu pourras continuer plus longtemps… » Laissez-lui un peu de temps pour « réaliser ce qui lui arrive… Acceptez qu'il grogne un peu, vous pouvez le comprendre… (Petite personne à part entière…)

À la fin d'une consultation pour son petit garçon de 2 ans et demi qui est « très dur », une maman s'exclame : « C'est fou, on ne les écoute pas, les enfants, on est pris dans le tourbillon du travail, de la maison… on dit : "Fais ceci, ne fais pas ça." On ne les écoute pas… je ne le regarde pas… c'est vrai que le repas comme ça, il doit pas aimer… c'est trop difficile pour lui… »

◆ *… par les autres aussi*

Paul, 11 mois, prend son repas sur sa chaise haute entouré de ses parents et de trois de leurs amis. Chacun lui parle, le fait rire, il s'excite, guette les réactions, crache l'eau qu'il vient de boire, on le gronde en s'exclamant : il est un objet d'amusement, pas une personne.

Si vous le confiez à quelqu'un de votre famille, aux grands-parents, veillez à ce qu'il ne soit pas non plus « cet objet qui les comble » et qu'ils vont gâter le plus possible… Ce serait susciter des désirs, faire découvrir des facilités qui rendront sa vie plus difficile. Ils se feraient plaisir à eux, pas à lui, malgré l'apparence immédiate.

◆ *Il est un sujet qui prend conscience de lui et veut exister*

• L'opposition peut être un « mouvement » constructif.

Entre 2 et 3 ans, presque tous les enfants répondent d'abord non quand on leur dit : « Viens te laver les mains », « Mets ton manteau », « Tu pourrais jouer avec ce train », mais ils le font quelques minutes après : ils sont en train de construire le sentiment de leur existence, et ils ont besoin d'« éprouver » que cet acte, ce sont eux qui le veulent, qu'il vient d'eux-mêmes. Laissez-leur donc quelques minutes pour « effectuer cette appropriation ».

Repensons à nos formulations... Un ton sympathique, voire enjoué, a de meilleures chances de réussite... Différenciez le « Viens prendre ta douche » (autoritaire) du « Regarde l'aiguille de la pendule, c'est bientôt l'heure de la douche... » (réalité).

• Il restera toujours des moments d'affrontement où il persistera à s'opposer comme nous l'avons évoqué : Il a besoin de s'opposer pour sentir qu'il existe, il a donc besoin de votre « résistance », c'est-à-dire de votre solidité. Si vous « cédez », il se trouve tout à coup dans une sorte de vide, quelque chose d'inconsistant. Vous observerez alors qu'il profite un court moment de votre « autorisation », puis, très vite, il devient désagréable, signe de son malaise, il ne joue pas, il grogne...

• Son opposition se manifeste plus avec vous qu'à l'extérieur ? Eh oui, c'est par rapport à vous qu'il se construit. C'est vous, son père, sa mère, qui êtes les plus importants, les plus fondateurs de sa personne. Donc, c'est par rapport à vous qu'il a besoin de prendre une distance (en ayant en même temps besoin d'être proche... pas très commode à vivre quand même ! Ne soyez pas surpris de ses mauvaises humeurs...), et ne vous inquiétez donc pas de cette différence ; pensez au contraire que ces règles que vous essayez de lui apprendre,

Quand vous le trouvez trop difficile et que « vous n'en pouvez plus », pensez qu'il a toujours, au fond de lui, une envie de faire bien, même si son comportement semble dire le contraire.

il est en train de les intégrer puisqu'il est capable d'en tenir compte à l'extérieur. De votre amour à vous, il est sûr...

• Souvent, vous pourrez l'aider en lui proposant un choix **à l'intérieur** de ce que vous souhaitez : «Nous devons sortir, tu commences par mettre tes chaussures ou ton manteau ? » Il y a de fortes chances qu'il réfléchisse et vous donne sa réponse ; il est sujet, il décide : « Mes chaussures ! ». « Tu te déshabilles tout seul ou je le fais avec toi ? Quels jouets emportes-tu dans la baignoire ? » Le matin, s'il refuse de s'habiller, sortez deux ou trois vêtements qui vous conviennent et laissez-le choisir celui qu'il préfère...

• Vous avez l'impression que c'est trop d'attention ? que vous perdez votre pouvoir ? Nouvelle occasion de réfléchir : est-ce que l'éducation que je veux donner est un pouvoir sur lui, ou une collaboration pour qu'il devienne capable **lui-même** de réaliser un jour tous ces gestes que je pense nécessaires à sa vie ? Est-ce que je souhaite qu'il soit une personne qui se construit ou quelqu'un qui se soumet ? Je n'ai pas besoin de rivaliser avec lui.

Permettez lui de faire ses expériences...
vous aurez moins besoin d'interdire

Les enfants sont intelligents, cherchent à comprendre et... n'ont aucune envie de souffrir :

> La maman d'Audrey, 19 mois, sert la purée très chaude. La casserole passe un peu près d'Audrey qui la touche, retire son doigt et pleure. Excellente occasion : « Regarde ce qui s'est passé : c'est chaud, ça fait mal... » La maman lui montre une autre casserole sur la cuisinière, tente d'approcher Audrey. Audrey n'a pas envie : « Ouh, c'est chaud... », et c'est elle qui éloigne sa main, non parce que sa maman l'interdit, mais parce qu'elle n'a pas envie d'avoir mal à nouveau. Les jours suivants, elle montre la cuisinière en s'éloignant : « Ouh, c'est chaud ! »

Cela n'empêche pas, évidemment toutes les précautions indispensables : tout à leur jeu, ils peuvent oublier ce qu'ils ont appris de cette manière... et on doit toujours rester vigilant.
Autre exemple :

> Si vous pique-niquez à côté d'un buisson de ronces, vous pouvez interdire à votre enfant de 20 mois d'en approcher et le retenir chaque fois qu'il y va. Vous pouvez aussi en arrivant, lui montrer les épines qui piquent, les lui faire sentir doucement. Gageons que votre repas sera plus tranquille dans le second cas : il n'aura pas envie de se faire mal, alors que dans le premier il n'aura de cesse d'y retourner... et ce sera très amusant de vous faire vous lever chaque fois.
> Ensuite, c'est son affaire, il est possible que, après avoir vu avec vous, il y retourne tranquillement. Il se pique un peu ? Est-ce grave ? Il n'aura plus, alors, aucune envie d'y retourner ; peut-être a-t-il voulu ainsi refaire cette expérience intéressante, la faire sienne...

• Si un enfant s'est fait mal et qu'on lui montre ce qui s'est passé (si ce n'est pas grave, bien sûr), il arrête de pleurer tout de suite : il est intéressé et cherche à comprendre. Il est fréquent que, ensuite, il recommence, mais vous verrez : il le fait en réfléchissant, doucement le plus souvent : il s'approprie cette expérience et cherche sans doute à la maîtriser.

Il s'est cogné contre l'angle de la table. Bien sûr, vous ne direz pas : « Méchante, la table ! », qui n'y est pour rien – ceci ne permet aucune maîtrise –, mais vous regarderez avec lui la hauteur, comment il s'est cogné, s'il faut se baisser, passer par un autre côté, etc.

Si vous faites cela dans la maison, le jardin..., voyez quelle énergie vous économiserez.

Sans explication, l'intelligence est court-circuitée. On reste dans l'émotion et la mauvaise évaluation de soi : il est un enfant qui désobéit, qui est maladroit, etc. Mal à l'aise, il s'excite et aura tendance à recommencer.

On voit ainsi comment on peut précipiter un enfant dans des difficultés de comportement qui viennent d'attitudes éducatives maladroites, alors que l'on croit bien faire. Est-ce qu'on vous expliquait ces choses quand vous étiez petit ?

Vous pouvez évidemment donner les mêmes informations pour le marteau, le couteau, etc.[1].

• Autre exemple : ne lui interdisez pas de monter sur ce petit mur qu'il regarde avec envie, en disant : « Tu vas tomber ! » Prévenez-le peut-être des difficultés, restez bien sûr à côté de lui, mais, quand il est en haut, ne l'aidez pas à en descendre. Ne le prenez pas dans vos bras pour le descendre vous-même : il n'apprendrait pas ses limites. Il est en haut, il a un peu peur... (vous aussi peut-être) : « Comment vas-tu descendre ? » Engagez-le à essayer tout seul. Regardez.

Peut-être s'en sort-il très bien : vous pouvez donc le laisser escalader ce mur.

---

1. Rappelez-vous l'expérience de la porte, au chapitre 4 : « Les jouets et les aménagements ».

*Soyez des alliés
pour votre enfant
dans son désir de grandir,
pas des « punisseurs » !*

Au contraire, s'il a peur et ne réussit pas seul, soyez encourageant, qu'il cherche et trouve des moyens de se tenir... Il glissera peut-être : vous êtes là, il ne peut se blesser. Si la descente a été inconfortable, s'il s'est fait un peu mal, il n'y a pas de gravité. Mais il a appris quelque chose d'important : le danger d'aller trop loin. Laissez-le regarder ce mur, éprouver son inconfort, c'est cela qui le rendra prudent, et l'empêchera d'aller dans des endroits trop difficiles pour lui. Sans pour autant limiter ses initiatives. Inutile de jubiler : « Tu vois je te l'avais bien dit » (attitude « supérieure » de votre part), ce qui lui donnerait envie de vous affronter et de recommencer.

« Il n'y a que la vie qui puisse avoir un effet éducateur réel. »

Anna Tardos dans un texte de l'Institut Pikler.

Plus tôt vous aurez ce type d'attitude avec votre enfant, plus il sera calme et réfléchi, en acquérant une bonne connaissance de la réalité et de ses

*Misez toujours sur
son désir de comprendre
et sur sa collaboration.*

possibilités, même quand vous n'êtes pas présent. Il vous surprendra et... surprendra vos amis. La relation devient plus légère, infiniment moins fatigante.

Vous l'avez observé, bébé, essayant de comprendre ce monde qui l'entoure ; un peu plus tard, il vous paraîtra naturel de privilégier l'information plutôt que l'interdiction.

Comme pour ces deux petits garçons de 3-4 ans vus ce matin au marché à qui le père crie, le ton très fâché : « Je vous ai dit de ne pas toucher » et qui continuent à bousculer les cageots de salades !

S'il s'approchait avec eux et leur montrait ces salades qui ont été cueillies ce matin, et les carottes... : « Elles sont belles... on ne peut pas les toucher parce que cela peut abîmer les feuilles, et le marchand ne pourra pas les vendre », etc., la suite aurait beaucoup de chances d'être : « Et ça, c'est quoi ? », les mains et les pieds se tenant plus tranquilles...

Ce petit garçon jette volontairement son nounours et va le rechercher sans qu'aucun adulte ne lui en ait donné l'idée : réflexion, anticipation, concentration viennent uniquement de lui.

◆ *Bêtise ou découverte ?*

Il y a toujours une « première fois » où l'enfant ne pouvait prévoir la conséquence négative de son acte : laisser tomber un verre qui se casse quand il n'avait eu que des verres en plastique, sortir les CD et les abîmer, faire une tache sur le canapé en voulant le nettoyer avec une éponge...

> C'est le cas de Marine, 2 ans et demi, qui se fait gronder très fort à la crêperie parce qu'elle a saisi un peu rapidement le bol de cidre : le mouvement du liquide a fait qu'il en est passé la moitié par-dessus bord...

Avant de gronder, pensons à lui montrer ce qui s'est passé et ce qu'il y a d'ennuyeux : elle a appris là quelque chose d'important.

◆ *Pas de mauvaise note pour un devoir impossible. Et pourtant !...*

Il est évident que nul ne peut mettre en pratique toutes ces suggestions qui peuvent pourtant paraître simples... Il est impossible de contrôler toujours ses émotions, sa voix, ses gestes... La perfection n'a rien à voir avec la vie. Le plaisir, la colère, les échecs en font partie. Il n'y a pas un modèle, une manière de faire qui serait la bonne : chacun, chaque famille est essentiellement originale.

Mais ne nous laissons pas endormir. Il faut aussi, parfois, du courage pour s'arrêter, se regarder vivre, oser voir ce qui ne va pas, rectifier, prendre un crayon peut-être. (Repensez à ce que vous avez vécu enfant.) Car il arrive aussi que l'on fasse fausse route : les conséquences seront de plus en plus difficiles à gérer... **N'attendez pas trop** (cf. dernier chapitre) ! Une personne extérieure aide souvent à prendre du recul par rapport à ce que l'on vit chaque jour et que l'on finit par ne plus voir. La vie peut être moins fatigante après.

> À la fin d'un entretien où l'on avait parlé des soirées si pénibles au retour du travail, avec son petit garçon de 5 ans (elle vit seule avec lui), une maman réfléchit tout haut : « Mais oui... je n'arrête pas de le gronder, il continue à être insupportable et on n'a plus de bons moments. Au lieu de se battre, il faut devenir des alliés tous les deux, pour que les soirées soient bonnes... On va chercher tous les deux... On va avancer ensemble. »
> Quinze jours plus tard, elle avait le sourire, les relations étaient meilleures. La vie devenait plus agréable.

Les comportements d'allure agressive

Pouvez-vous relire l'encadré de la page 170 : « Si petit et déjà agressif ? »
Nous y avons parlé des émotions qui sous-tendent ces comportements
d'**allure** agressive : tirer les cheveux, frapper, mordre. Ce chapitre va
nous permettre de trouver des solutions pour aider l'enfant à renoncer
à ces gestes. Comment pourra-t-il se rendre compte de la souffrance
qu'il cause ?

• Un petit enfant a tout un travail à faire pour réaliser que l'autre, enfant
ou adulte, est une personne comme lui : qui a mal si on lui fait certaines
choses, qui aime ou n'aime pas, à ce moment, être touchée ou embrassée,
qui refuse de donner son jouet... qui n'aime **jamais** qu'on la frappe ou
qu'on la morde. C'est la base du respect pour toute personne humaine.
Ceci implique d'abord qu'il fasse l'expérience du respect que nous
avons pour lui, nous en avons parlé tout au long de ce livre. Rappelons
nous que la plus grande source d'apprentissage est l'imitation[1].
Ainsi, les adultes aident les enfants à se découvrir mutuellement. À
la crèche par exemple : « Paul aime bien les haricots verts, moi je les
aime pas »... « Regarde, Marie pleure, elle est tombée de son vélo, elle
a mal »... « Augustin aime beaucoup le livre que tu regardes... ». La
connaissance et le respect des autres passent par la relation avec des
adultes en qui l'enfant a confiance. (D'où l'importance, dans les lieux
d'accueil, de l'adulte référent, décrit dans le chapitre sur l'accueil.)
À travers tous ces dialogues, les enfants se construiront l'idée que les
autres sont des personnes comme lui et ils seront plus coopérants pour
apprendre à contrôler les gestes à leur égard (redisons-le : il ne suffit
pas de **comprendre** pour réussir mais ils ont alors **envie** de réussir, ce
qui donne évidemment les meilleures chances de fournir les efforts
pour y parvenir).

---

1. Il serait intéressant que les notions exposées dans ce chapitre entrent dans
les programmes de formation des enseignants et des personnels de la petite
enfance. Imaginez que les petits enfants de notre pays soient considérés de
cette façon par des adultes qui ont compris ce que nous montrons là, et qui
peuvent s'aider entre eux pour le pratiquer. Imaginez les crèches, les cours de
récréation, et la vie adulte, plus tard... N'y a-t-il pas là une part de réponse à la
lutte contre la violence des adolescents et contre la violence en général ?

APPRENDRE À MAÎTRISER SES GESTES

M. D. Fabre, directrice d'une crèche, raconte :

« Les enfants de la crèche savent qu'ils ne doivent pas frapper, mordre, faire mal... mais pour certains, c'est long à intégrer. Lorsqu'un enfant en a frappé un autre, nous essayons de voir avec lui ce qui s'est passé. Souvent, en même temps, je prends ses mains dans les miennes et je lui parle : "Tu es très coquin aujourd'hui avec tes mains (ou avec tes pieds, ou avec ta bouche s'il a mordu...), tu embêtes les copains qui ne sont pas d'accord du tout, et moi non plus, je ne suis pas d'accord avec ce que tu as fait avec tes mains... Je les tiens pour que tu ne recommences pas." J'aide l'enfant à se rendre compte qu'il peut commander ses mains (ses pieds, sa bouche). Après un court instant, je lui demande s'il est capable maintenant de les retenir, ces mains... de ne pas recommencer. Je rappelle pour quoi elles sont faites les mains... pour tenir la pelle, taper sur le coussin, aussi pour caresser...... on cherche ensemble sous forme de jeu : pour "casser" la tour de cubes et pour la construire... Ainsi, j'établis un contact proche avec lui (ce dont il avait sans doute besoin aussi), tout en manifestant ma désapprobation.

Le plus souvent, nous allons voir l'enfant agressé, car il est aussi important de s'occuper de lui : tu es (ou tu es sans doute...) très fâché, en colère... Nous l'engageons à le dire avec des mots. Nous l'aidons : "Dis à Paul que tu n'es pas d'accord, que tu es fâché, en colère, que tu as du chagrin... que tu ne veux pas qu'il prenne ton doudou..." S'il a du mal, on peut l'aider : "Qu'est-ce que tu veux lui dire ?" (Nous pouvons le dire à sa place, s'il ne parle pas encore : "Jordan te dit que..."). Observer, écouter les réponses : il peut y avoir des gestes, des modes d'expression bien personnels... »

Les enfants expérimentent ainsi le pouvoir positif des mots.

L'adulte peut expliquer : « Ce geste, tu peux le faire ici ; là, tu peux dire tout ce que tu veux... mais là tu ne peux pas. » Les enfants comprennent très vite.

Ainsi, les émotions peuvent s'exprimer, mais chaque enfant est invité à prendre en main son propre comportement : *on n'a pas le droit de tout faire*. L'adulte l'accompagne dans cet apprentissage du contrôle de soi, en lui donnant aussi une image positive de lui. Il est important de bien noter ses réussites et dans le cas contraire : « Là tu n'as pas réussi... Demain peut-être que tu réussiras mieux. »

Dans les moments difficiles, dites-vous souvent qu'il est un « bon » enfant !

Malgré cela, certains enfants ont beaucoup de mal à se contrôler. Ils peuvent en faire un jeu, une occasion de s'opposer : il y faut la détermination, la patience, le soutien de l'adulte.

Dans le témoignage figurant dans l'encadré, l'enfant agressé n'est pas victime passive et/ou douloureuse. Il est aidé par des adultes qui n'ont pas comme seule réponse (impuissante) le « Défends-toi ! » : il lui est proposé d'autres réponses que celles qui entraînent si facilement la spirale de la bagarre. Il va pouvoir se poser comme une personne à part entière qui prend sa place et la met en évidence. Il ne s'enferme pas dans l'émotion ressentie.

Cet échange peut entraîner éventuellement acte de réparation : rendre le jouet ou en prêter un, dire pardon, faire un geste...

Les enfants apprennent par les mots et par les actes qu'**il y a une autre réponse à la violence que la violence.**

• Ce type de réponse peut servir dans bien d'autres situations, comme celle où un enfant a cassé le jouet d'un autre par colère ou sans le faire exprès, ce qui est fréquent dans une famille. Il est évident que le propriétaire n'est pas content. L'aider à le dire lui-même, avec des mots qui sont les siens, lui évite, soit de devenir agressif à son tour, soit de se vivre en victime passive. Si ces situations sont fréquentes, le ressentiment accumulé peut ressortir plus tard sous forme de désirs de vengeance et/ou de comportements violents, perturber durablement leur relation quand ils seront adultes. Le fait de devoir réparer fait prendre conscience que les actes ont des conséquences bien réelles et que, ainsi, on peut re-trouver le plaisir de la relation.

◆ *Apprendre à attendre*

Se représenter dans l'imaginaire ce qu'il aimerait tant avoir aide bien l'enfant : parler de ce camion rouge qu'il aimerait tant que maman achète, mais elle a dit non... ce qu'il pourrait mettre dedans, il n'en a pas qui soit rouge et puis les roues ne sont pas pareilles et puis... Chacun peut parler de

La frustration permet d'accéder à la représentation et à la créativité.

son désir, a le droit d'avoir envie... en même temps qu'il se rend compte que ce n'est pas possible. Souvent, en arrivant à la maison, il n'y pense plus alors que la maman se demandait encore quelle occasion elle pourrait trouver pour le lui offrir !

Et comme le petit garçon à qui le papa avait enlevé le garage bruyant, celui qui a dû renoncer au camion rouge sera peut être très actif à son retour à la maison. S'il a l'habitude de cette attitude à la fois ferme et compréhensive de ses parents, il est probable que ces protestations violentes se reproduiront de moins en moins souvent (et nous savons comme les enfants à qui on ne refuse rien ou presque deviennent insatiables, exigeants, donc insatisfaits puis agressifs et violents. Les frustrations sont nécessaires...).

Quelques moments particuliers

◆ *Des messages à décoder*

Quand l'enfant n'arrive pas à se faire comprendre, il s'énerve, nous comprenons encore moins et un cercle vicieux s'enclenche.

> Julien, 18 mois, montre du doigt sur la table du petit déjeuner la confiture, le café, le sucre, avec de petits cris : « Non, tu n'en auras pas, tu as assez mangé, ce n'est pas pour toi... » Sa maman pense : « Il est exaspérant, il n'est jamais content ! » Julien continue à grogner.
> Le lendemain, lorsqu'il montre encore la confiture, sa maman lui dit, agacée : « Ça, c'est la confiture. C'est Mamie qui l'a faite. » Julien pousse un « ah ! » de satisfaction, puis il montre le pot d'à côté. « Ça, c'est le café, c'est pour papa et maman. » Nouveau « ah ! » de satisfaction.

Ce que souhaitait Julien n'était pas de manger ni même de toucher la confiture, le café, le sucre, mais d'en connaître le nom et qu'on lui en parle. Tout au moins, cette manière « intellectuelle » de les appréhender lui a parfaitement convenu. Cette interprétation paraît confirmée par un autre épisode à peu près au même moment :

> Il tourne autour de ce que sa maman a rapporté du marché, un peu grognon, cherchant à tout prendre. Elle lui nomme alors les légumes, montre la peau, les endroits qui piquent. Il est intéressé, coopérant, montre du doigt d'autres fruits et boîtes ; il est calme et... pas du tout gênant !

Les enfants ont un extraordinaire besoin de toucher, de voir, d'entendre, qui est en fait un besoin de connaître.

C'est toujours la référence à l'intelligence... Vouloir toucher, c'est souvent vouloir connaître. Avant de refuser, voyons si nous pouvons lui montrer l'objet de près, lui permettre de le tenir peut-être, de le porter à la bouche, sous notre contrôle. Souvent, ensuite, l'objet est désinvesti et il ne le recherche plus (énergie gagnée pour vous !). Plus tard, nous lui parlerons de ces objets : par l'intelligence et le langage, il n'y a pas de limites à la connaissance (alors que l'on ne peut pas tout faire).

Françoise Dolto me disait un jour : « Dans les familles, il devrait y avoir un jour où on touche tout... les bibelots, l'intérieur des boîtes, les tableaux et ce qu'il y a derrière... ! »

◆ L'ennui

• Il est fréquent qu'un enfant revendique, soit « crampon » ou hargneux quand il s'ennuie. Il ne trouve pas tout seul une activité qui lui convienne.

> Pierre, 17 mois, est désagréable, grognon, touche-à-tout. Son comportement change quand sa maman lui propose d'apporter son tabouret près de l'évier et de laver la salade. Il se lance dans cette activité puis dans l'exploration d'un ouvre-boîte ; il est complètement absorbé par cette occupation et le calme redevient total.

> Deux enfants sont en conflit : le grand frappe le petit sournoisement. On se rend compte qu'il s'ennuie et régresse au contact du plus jeune... La personne qui est là improvise une construction avec des planches et des cageots sur lesquels ils peuvent grimper. La gymnastique est un peu compliquée pour le grand, qui se lance et se désintéresse du petit, lequel cherche tout de suite à imiter son copain. La dispute cesse aussitôt.

Les enfants qui protestent et qui paraissent difficiles sont souvent des enfants riches et pleins de possibilités. mais qui ne trouvent pas suffisamment à les investir. Il faut toujours penser à cette possibilité. Certains ont une grande énergie pulsionnelle, assez encombrante... Ne les cassez pas... cherchez avec eux comment l'utiliser... sortez des sentiers battus ; il faut parfois faire preuve d'imagination et sortir du conventionnel... (voir l'exemple de la maman d'Élise p. 144).

• Il peut y avoir un **changement d'habitude :** il peut être très grognon parce qu'il a faim à l'heure habituelle de son repas alors qu'il avait mangé peu avant. Ou encore : une mauvaise humeur inexpliquée précède souvent un problème digestif, une rhinopharyngite... qui se manifesteront le lendemain.

Et nous encore !

• **Notre bonne ou mauvaise humeur** en arrivant le soir le fait souvent pencher du même côté que nous... Arriver avec le sourire (même si nous voyons d'emblée quelque chose qui ne nous plaît pas), ou avec un ton bourru ou fâché... Y penser avant d'arriver peut modifier l'atmosphère de la maison (une maman se disait très aidée quand elle se remémorait sur le chemin du retour quelques bons moments passés la veille.)
N'oublions pas de rire et de sourire, sachons parfois nous moquer... Humour sans qui la vie est bien plus difficile.
L'objectif n'est pas de toujours faire bien, il est de leur permettre de se construire et de vivre au mieux avec leurs parents tels qu'ils sont. Rions parfois de nous avec eux, parlons aussi des choses qui n'ont pas été bonnes du tout : ça fait partie de la vie ; quand on peut se le dire et ne pas s'en vouloir, est-ce que parfois on ne s'en aime pas davantage ?

• **Le regard que nous portons sur notre enfant** influence beaucoup son comportement. Nous en avons été très frappés au cours de nos observations dans les lieux d'accueil.

> Manon, 2 ans et 8 mois, était considérée à la crèche familiale comme peu sympathique et décevante. Elle souriait peu ; contrairement aux autres enfants, elle ne venait jamais vers les deux puéricultrices lors de leurs visites hebdomadaires. Celles-ci, dans le cadre de leur travail de réflexion, ont décidé de s'intéresser particulièrement à elle. Elles ont donc passé plus de temps avec l'assistante maternelle, pour suivre davantage Manon dans ses activités et son comportement en général, mais sans rien faire de plus avec elle.
> Le comportement de la petite fille a changé presque immédiatement : sans être vraiment enjouée, elle est devenue plus souriante, montrant ses jouets et tendant sa joue par exemple.
> « Avoir vécu cette expérience a changé notre manière de travailler et de voir les enfants », ont dit les deux jeunes femmes et l'assistante maternelle...

Ce fut aussi le cas pour Jérôme à la crèche collective :

> Jérôme ne faisait rien, il « chouinait » toute la journée. Lors d'une réunion du personnel, chaque auxiliaire a recherché ce qu'elle avait pu observer de ce petit garçon. On a ainsi découvert qu'il jouait quand même parfois avec de petites autos bleues en les promenant sur les radiateurs, et qu'il affectionnait particulièrement la petite Charlotte ; c'était très discret et passé inaperçu jusque-là. Lors de la réunion suivante, huit jours après, tout le monde avait été frappé du changement de comportement de Jérôme, qui s'était animé et avait commencé à avoir des activités plus variées, plus intéressantes.

C'est très fréquent : un enfant peut changer de comportement quand nous nous intéressons vraiment à lui, que nous parlons de lui (cf. aussi le chapitre « Accueil, mode d'emploi »). Quand il y a des difficultés (et même quand il n'y en a pas) cherchons toujours le positif, une amélioration, une réussite même modeste, une originalité intéressante. Si on lui montre surtout, et en permanence, ses insuffisances, croyant souvent le stimuler, il s'y identifie et devient « celui qui fait des colères », « qui ne veut pas dormir »... il se conforme à cette image que l'on donne de lui. Il peut désespérer de lui-même, souvent en vous faisant croire qu'il s'en moque. Chercher vous-même – parfois au prix d'un véritable effort conscient – les points positifs va changer la qualité de la relation et la manière d'être de l'enfant lui-même.

> Téo, 3 ans et demi, participe au jeu de boules et par maladresse envoie le cochonnet par-dessus le mur. Il se fait gronder très fort et il est prêt à faire une colère, à tout jeter par terre. Sa maman discute avec lui : là, il a fait une maladresse, mais avant, il avait très bien joué (ce qui est vrai !)... Il reste à l'écart, mais les sanglots s'apaisent. Il n'est pas un « mauvais garçon », il a été maladroit. Si les parents n'avaient insisté que sur le côté bêtise, la colère aurait sans doute éclaté avec la mauvaise image de soi, la honte, etc.

Nous voyons encore que nous avons plus à l'accompagner qu'à le gronder. Même s'il est encore souvent maladroit, n'oublions pas de regarder **aussi** les efforts qu'il fait... les enfants en font beaucoup plus qu'on ne pense.

L'incompréhension fréquente des adultes peut faire glisser un enfant riche et sensible vers l'opposition et même vers ce qu'on appelle les « troubles du caractère ».

◆ *La manière de dire*

Une subtilité de langage traduit une attention à l'enfant lui-même et peut contribuer à développer son autonomie intérieure. Ainsi, dès qu'il a retrouvé la balle, ou construit une grande tour, vous pouvez lui dire : « C'est bien ! », parfois avec emphase..., ou partager la satisfaction qui est la sienne : « Tu es content ? »
Sentez-vous la différence ? Dans le premier cas, vous posez un jugement d'après « vos » normes, vous le mettez dans une évaluation de ce que vous pensez, vous. Positive certes, mais qui vient de vous. Dans le second, vous le renvoyez à lui-même, à son propre plaisir et à la fierté de sa réussite. Il accomplit ses efforts pour lui plus que pour vous !

◆ *Ne pas l'humilier*

Il est évident qu'il ne faudrait jamais dire à un enfant des paroles blessantes, ni le vexer, surtout publiquement. La souffrance provoquée peut rester enfouie ou ressurgir dans des comportements inacceptables et c'est la spirale où l'amour et la confiance risquent de laisser place à la déception et à la colère...
L'humilier, c'est ne pas le respecter.

Évitons aussi de parler d'un enfant devant lui, comme s'il était un objet, nous ne le ferions pas d'une « grande personne »... Au cours de leur travail de réflexion, des assistantes maternelles ont fait attention à la façon dont elles parlaient, le soir, de la journée qui venait de s'écouler : non plus en parlant *de* l'enfant, mais en l'associant à ce qu'elles disaient : « Je raconte à ta maman que tu as mangé des tomates à midi, que tu n'as pas dormi très longtemps... »
Être aimé ne veut pas dire seulement être pris dans les bras, cajolé, mais aussi – surtout peut-être – être apprécié et reconnu tel que l'on est...
Rappelons la phrase de Bettelheim : « Permettre à l'enfant de découvrir la personne qu'il veut être, grâce à laquelle il pourra être satisfait de lui-même et de sa façon de vivre. »

Les chapitres 5 et 6 de ce livre sont le fruit de mes conversations avec beaucoup de parents et de professionnels. Nous pourrions continuer encore...

Certains propos que vous lirez ici peuvent vous correspondre ou vous paraître clairs, et d'autres, non... Peut-être pouvez-vous lire, relire, y revenir plus tard en les confrontant à la succession de vos expériences. Certains mots, certaines situations, prendront alors un sens... Et vous les utiliserez à votre façon à vous...

Apprendre à être propre

Vous pourrez aussi faire confiance à votre enfant dans cet apprentissage où il s'agit surtout d'une adhésion intérieure. Tout l'être est impliqué, il ne doit pas s'agir d'un dressage. Certains d'entre vous pensent que « ça se fera tout seul » et qu'il est inutile de s'en soucier trop. Il est vrai que, moyennant quelques avancées et recul, beaucoup d'enfants sont « propres » dans la journée, autour de 3 ans. L'important pour nous est de comprendre ce qui se passe[1] et ce que l'enfant peut y découvrir de si utile pour lui.

Dans ce domaine également, ne demandez pas à un enfant quelque chose qu'il n'est pas encore capable de réussir : une certaine maturation physiologique est nécessaire à l'apprentissage de la propreté.

Attendre la maturation physiologique

Pour qu'un enfant réussisse à être propre, il faut attendre qu'il puisse agir volontairement sur ses sphincters, ces muscles en anneaux qui permettent l'ouverture et la fermeture de l'anus et de l'urètre. Il ne pourra les contrôler qu'à partir du moment où les terminaisons nerveuses de la moelle épinière seront en place.

---

1. La propreté nocturne fait intervenir d'autres facteurs qui dépassent la limite d'âge choisie pour ce livre.

Chaque enfant a son rythme, mais on peut observer que cette maturation correspond au moment où il est capable de monter debout, seul, un escalier en alternant les pieds, ce qui survient autour de 2 ans environ. Vous voyez donc à peu près quand commencer l'apprentissage.

L'« apprentissage » se fait par étapes

Vous le verrez alors franchir trois étapes plus ou moins concomitantes :

• D'abord, il doit différencier ses sensations et devenir plus conscient de ce qui se passe dans son corps : la sensation du besoin, la possibilité qui existe de se retenir, le plaisir de se soulager lui-même, le bien-être qui suit. Il peut ressentir ses productions plus ou moins, ou successivement, comme un objet de fierté (quelque chose sort de son corps) ou comme une perte (quelque chose se détache de son corps) ; sensations très intimes et très intenses, qui peuvent à certains moments l'inquiéter très fort, voire l'angoisser.

• Ensuite, il doit devenir **capable de se retenir**, pour aller jusqu'au pot, demander, se déplacer, enlever sa culotte... Il a besoin d'un pot sur lequel s'asseoir et tenir assis sans difficulté. Certains, qui grandissent pendant cet apprentissage, préféreront les toilettes adultes, parfois avec un rehausseur, le mieux étant ce qui correspond à chaque enfant en particulier. Vous comprendrez en lisant ce chapitre pourquoi les pots avec jouets, voire musique, sont parfaitement inutiles, voire ridicules...

• Enfin, au cours de la troisième étape et maintenant qu'il est mûr sur le plan physiologique et neurologique, c'est sur le plan de « sa personne » qu'il a un grand pas à faire : **décider lui-même** de faire caca dans le pot ou les toilettes et non plus dans la couche : il doit en devenir capable. C'est un passage constructif pour lui.
Vous lui présenterez les choses comme l'occasion de faire comme les grands, et vous lui donnerez une information claire, avec vos mots : « Dans ce que tu manges, une partie sert à grandir et reste dans ton corps pour que tu aies des os et des jambes bien solides, etc. Le reste ne sert à rien, il sort et on le jette. »

Quand vous voyez que physiologiquement, il est capable de réussir, vous l'accompagnerez en l'encourageant discrètement pour qu'il mette à profit cette nouvelle capacité. Bien entendu, il est debout quand vous le changez et il participe à enlever et jeter la couche sale, à mettre la couche propre...

C'est alors lui qui fait le travail intérieur d'accepter de devenir grand, C'est un **passage** dans la représentation qu'il a de lui-même et de ce qu'il veut devenir. Il y a là un acte de socialisation, d'entrée délibérée dans le monde des grands

• Cette démarche intérieure peut être rapide ou demander beaucoup de temps selon les enfants, sans qu'on puisse porter de jugement de valeur sur les uns et les autres. Mais il y faut bien souvent une année, et beaucoup d'enfants ne sont réellement propres dans la journée que vers 3 ans ou un peu plus. Ce n'est pas prévisible.

Certains auront du mal à renoncer à la situation de petit, ou à accepter de se soumettre à la volonté des adultes pour quelque chose de très intimement soi.

Certains manquent de sécurité intérieure ou se racontent des histoires qui leur font peur ; des problèmes médicaux : gastro-entérite à cette période, tendance très ancienne à la constipation, etc. peuvent compliquer les choses...

Le vôtre gagnera beaucoup dans la représentation de lui-même si vous lui laissez le temps dont il a besoin pour manifester qu'il peut « passer le cap » : aller lui-même sur le pot ou même enlever sa couche en prenant le risque de la réussite ou de l'échec que cela comporte au début. On peut parler avec lui de ce désir qu'il a maintenant, comment il va pouvoir réussir. Il a besoin de l'attention et de la « sympathie » de ses parents et des personnes proches de lui affectivement. Besoin d'être accepté dans son rythme, soutenu, encouragé, surtout si c'est un peu difficile pour lui. Pour les parents, il n'y a pas de gloire à avoir un enfant propre tôt[1]. Soyez patients et encourageants, ni punitifs ni dévalorisants (quand il a réussi, vous pouvez le féliciter plus pour sa réussite personnelle

---

1. En essayant de savoir comment vous avez été éduqué vous-même, et/ou si vous en avez des souvenirs, vous comprendrez mieux vos réactions actuelles avec votre enfant.

que pour le plaisir qu'il vous fait). Si vous insistez trop, il risque de se soumettre, gardant l'idée intime (dont l'origine lui restera inconsciente) que son corps ne lui appartient pas vraiment et que l'autre peut – ou a le droit – de lui imposer des choses qu'il ne souhaite pas. Il peut en garder une attitude de défense à l'égard des autres (prudence excessive, distance, craintes...) que nul ne songera à rapprocher de son éducation à la propreté... Il peut, au contraire, s'opposer très fort.

Une autre réaction peut être, en se soumettant là (et dans d'autres situations), d'« apprendre » à vivre plus pour ce qu'on attend de lui que pour ce qu'il est lui-même, recherchant alors la satisfaction des autres et de ses parents, avant la sienne: « Elle en oublie sa personne... », me disait une maman de sa petite fille...

• À propos de l'apprentissage de la propreté, Bettelheim écrivait : « Si cet apprentissage ne se passe pas bien, l'enfant peut venir à penser qu'on ne dirige pas sa vie puisque d'autres vous imposent leurs volontés, même en ce qui concerne le bon fonctionnement de son corps. » Il insistait sur le fait que, à l'inverse, étant totalement respecté dans son corps, l'enfant pouvait intégrer, par les faits, que c'est bien lui qui dirige le sien et que personne n'a le droit d'en disposer.

LORSQUE L'APPRENTISSAGE EST TROP PRÉCOCE

Françoise Dolto évoque les conséquences de l'apprentissage précoce de la propreté par des mamans trop exigeantes :

« L'enfant ainsi contrarié, dérythmé, [...] ne saura jamais ce qu'il veut faire : c'est maman qui savait tout pour le caca et le pipi [...], et c'est malheureusement une métaphore de cet état qui se réalisera ensuite avec les mains, avec le corps, avec l'intelligence, pendant toute sa vie. Il aura toujours besoin d'une loi extérieure, d'appels et d'injonctions extérieures, pour lui dire ce qu'il doit faire. Car il a commencé dans la vie par ne rien savoir de lui-même : c'est sa mère qui savait pour lui[1]. »

---

1. Françoise Dolto, *La Difficulté de vivre*, Gallimard, 1997.

« C'est mon affaire ! »

Y aurait-il là un élément de prévention : contribuer à rendre capable de résister aux manipulations physiques ou psychiques dont chacun peut être l'objet dans sa vie et les enfants en particulier. « Je suis le maître de mon corps – et de mon esprit. » C'est contribuer à construire la capacité de s'autoprotéger.

Quand votre enfant accepte d'enlever sa couche, il y a comme un envol, une page qui se tourne, une capacité à se détacher de sa première enfance, à n'être plus protégé par cette couche…

◆ *Et s'il tarde vraiment à être propre...*

Soyez plus patient(e) et encourageant(e) que punitif(ve) et dévalorisant(e). Votre enfant, comme la plupart des autres, fait sans doute de réels efforts et il peut lui être très douloureux que ceux-ci ne soient pas reconnus. Tristesse, révolte agressive, problèmes de sommeil, diminution de la confiance en lui peuvent en découler (vous aurez peut-être à le défendre contre les exigences de votre environnement). Il y a des tempéraments riches, plus intérieurs parfois, qui ne veulent pas « se laisser faire », des actifs que ce problème-là n'intéresse pas et qui le règlent tout de suite.

Mais vous verrez que c'est souvent notre manière à nous de considérer le problème qui est en jeu. Je le répète, ne commencez pas trop tôt. Attendez qu'il soit mûr. « Ça se fera (presque) tout seul ! » Si vous essayez de vous rendre compte de la manière dont vous êtes vous-même touché(e) ou non par ses résultats, pour lui et par rapport aux autres enfants de votre entourage, vous serez un peu plus à distance, un peu plus disponible intérieurement et plus détendu(e).

Vous ne serez pas étonné pendant cette période de l'entendre dire « je » de plus en plus souvent. Il prend bien conscience de lui en tant qu'individu séparé ! Comme il va aussi prendre conscience du fait qu'il est fille ou garçon (découverte qui s'accompagnera de réactions émotionnelles diverses), le corps des autres l'intéressera également beaucoup. Là encore, vous pouvez l'accompagner tranquillement, avec bienveillance et amusement parfois ! Soyez très respectueux(se) et formulez quelques mots tout simples : n'est-ce pas formidable d'être comme ta maman ou comme ton papa, ou comme tel ou telle qu'il aime beaucoup ?

7
La séparation, histoire de toute vie humaine

« Je me suis noué au cou
Un foulard de pleine lune
Dans ma poche ai mis un bout
De pain et deux ou trois prunes.

J'ai chaussé mes gros souliers
Pris mon chapeau de tempête
Et je me suis en allé
Esprit clair et cœur en fête.

J'irai jusqu'au bout du monde
Et je rentrerai chez moi.

(Si la terre est vraiment ronde,
Le bout est derrière toi.) »

Arthur Haulot, 1990.

Séparation, histoire de toute vie humaine : passer de l'état de dépendance et de protection totale à l'état d'adulte autonome, capable de prendre ses responsabilités et une place dans la société. L'évolution d'un être humain est œuvre lente, intérieure, secrète, jamais terminée... Votre tout-petit est au seuil de cette longue marche...
On observe actuellement quelque chose de très paradoxal : les enfants sont entourés, comblés, adulés. Intérieurement, on ne veut pas s'en séparer. Et pourtant, on les propulse dans une crèche ou chez une nounou à quelques mois, puis à l'école maternelle (pour certains avant

3 ans) bien avant qu'ils n'aient conscience de leur identité et constitué une bonne sécurité intérieure.

Nous devons donc connaître l'itinéraire intérieur d'un tout-petit, de la dépendance totale à ce que nous appelons « l'intériorisation de l'image de ses parents », c'est-à-dire quand il peut se séparer d'eux sans précautions particulières et sans dommages. C'est une élaboration très progressive, qui n'est vraiment constituée chez la majorité des enfants, que vers 5 ou 6 ans.

L'apprentissage de la séparation

Dès sa naissance, vous avez été impressionnée par cet état de dépendance totale à votre égard. Comme si c'était vous, votre regard, votre amour qui le mainteniez en vie : il y a là, sans doute beaucoup de vrai. Puis vous l'avez vu s'éveiller, être capable de manifester, parfois avec beaucoup de force, ce dont il avait besoin. Votre responsabilité s'en trouvait un peu allégée : il avait sa propre vie.

• Le bébé a besoin d'accumuler toutes ces expériences positives pour intégrer à l'intérieur de lui-même, ce sentiment de sécurité : conviction que maman est toujours là quand il a besoin d'elle ou plutôt qu'il se passe toujours quelque chose de positif quand il est en difficulté ; la souffrance n'est pas destructrice.

En faisant l'expérience de l'attente (du sein ou du biberon, d'être pris dans les bras, changé etc.), il va découvrir qu'il est un individu séparé. Il y a une durée : celle de l'attente. Puis vient la satisfaction, mais dans une interaction avec un visage, un sourire, quelque chose dont il s'apercevra peu à peu qu'il n'est pas lui. On voit là que l'attente, la distance (si elles ne sont pas trop longues bien sûr) sont constructives, nécessaires. Dès 2 ou 3 mois, il n'y a pas lieu de vouloir combler immédiatement un nourrisson ; en plus, ce temps où il doit attendre lui permet de s'apercevoir qu'il a des ressources en lui : bouger ses jambes, frotter sa joue avec son doigt, le sucer... regarder autour de lui et s'intéresser à quelque chose qui bouge, à une petite lumière...

Un peu plus tard, quand vous le posez sur le grand matelas ou sur le tapis, il se vit (se ressent) **individu séparé**. En touchant, puis attrapant, lâchant... son jouet, il éprouve une émotion de plaisir, « lui », **seul, dans la proximité avec vous**. Cette expérience sera très différente selon ce que vous lui permettrez de vivre.

> Amélie, 7 mois, est élevée par sa mère, qui prend beaucoup de plaisir avec elle. Elle l'installe dans un transat après la toilette et la promène avec elle dans toutes les pièces de la maison. Elle lui parle, toutes deux sont en interaction permanente. Elle aime voir du monde... mais Amélie ne supporte pas de rester seule un moment. Posée bien à plat avec des jouets autour d'elle, elle pleure et ne cherche pas à les attraper ; elle tend les bras pour qu'on la prenne.

> La mère de Jules, 4 mois, commence à le poser sur un matelas avec des jouets après la toilette, qui est un moment d'échange très proche. Elle lui dit qu'elle va dans la salle de bains et qu'elle revient aussitôt. Les premières fois, Jules est un peu surpris, il reste d'abord immobile, pleure quelquefois : sa mère revient, parle avec lui, repart. Très rapidement, il tend la main vers un objet proche, le fait bouger, gazouille, le fait à nouveau bouger ; tout son corps se met à remuer. Cela dure quelques minutes. Puis il grogne.
> Sa mère, qui l'observe sans qu'il la voie, se manifeste. Elle parle avec lui et reste un petit moment. Les jours suivants, Jules peut ainsi passer quelques minutes seul, mais il y a aussi de nombreux moments où il proteste, pleure ; sa mère l'emmène alors dans la pièce où elle travaille, dans un couffin ou sur un petit tapis, en se demandant si elle ne devrait pas acheter un siège-relax.
> Mais elle continue à proposer à Jules de jouer sur ce matelas bien aménagé pour lui dans sa chambre, et revient le voir fréquemment. Une semaine après, elle est très heureuse et émue de le voir commencer à s'étirer pour attraper un de ses jouets en jubilant ; quand l'un d'eux s'éloigne ou se rapproche, tout son corps se met en mouvement.
> Au bout d'une quinzaine de jours, Jules reste un quart d'heure ou un peu plus seul dans sa chambre, prenant un réel plaisir à faire ses expériences. À d'autres moments de la journée, il est par terre dans la pièce où travaille sa mère. Il peut la voir mais souvent, absorbé dans la contemplation de ses mains ou d'un objet proche, il semble ne pas s'occuper d'elle.

Les enfants qui ont été « comblés » de relations maternelles sécurisantes durant les premiers mois de leur vie seront plus forts face aux séparations ultérieures.

Ces deux enfants sont heureux de vivre, dorment et mangent bien et semblent combler leurs parents respectifs :
– le premier découvre la vie dans le besoin d'une relation permanente à autrui,
– le second découvre en plus le plaisir de s'activer seul ; au cours de moments très joyeux pour lui, il expérimente une distance possible entre sa mère et lui, distance encore limitée qui n'est ni un vide ni une souffrance. Là, il ne se prépare pas seulement à la séparation, il **vit** la séparation comme une petite distance, en douceur, en bien-être.

• **Vers 5, 6 ou 7 mois,** il vous différencie de lui et commence à vous différencier des autres personnes, qu'il perçoit maintenant comme des étrangers. Il va souvent en avoir peur : il peut pleurer ou avoir des réactions de fuite (ce qui est donc la marque d'un progrès et non d'une difficulté).

Gilles est sur la table de change, devant sa maman. Une amie proche vient le voir : il la regarde, intéressé, presque émerveillé... Elle lui tend alors les bras pour le prendre, il se retourne vivement vers sa mère en pleurant, comme si c'était la découverte, la prise de connaissance qui était plaisante, mais à condition de rester dans la relation essentielle avec sa maman.

Votre enfant fera donc une très bonne expérience si cet apprentissage de « l'autre qu'il ne connaît pas », toujours inquiétant, peut se faire avec vous, dans la sécurité de votre présence toujours proche. Il en deviendra plus solide.

On entend dire : « Il a l'habitude de voir beaucoup de monde, il n'aura pas de mal à se séparer. » Non, ce n'est pas l'habitude de voir beaucoup de monde qui aide les enfants (bien que ce soit riche dans les conditions que nous venons de décrire), c'est le fait de pouvoir accumuler au fond de soi suffisamment de confiance et de sécurité. Des enfants « habitués à voir beaucoup de monde » peuvent être un peu indifférents aux relations ou, au contraire, ne pas vouloir se séparer de leur mère pour aller à l'école, par exemple, ou dans une maison peu connue.

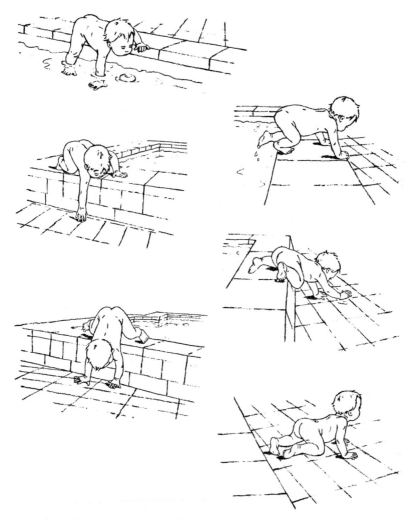

Cet enfant de 10 mois enjambe le muret d'une pataugeoire,
probablement pour aller rejoindre sa maman qui l'observe discrètement,
ne le perdant pas des yeux. Très vite, absorbé par l'effort et la tension
nécessaires à ce mouvement, il semble l'ignorer complètement.
Elle ne se manifeste pas, bien que toute proche...
Ces images illustrent bien tout ce qu'un petit enfant peut élaborer
en lui-même. Nous pouvons nous représenter la force intérieure qu'il est en
train de se constituer : il devient capable d'être seul – et bien – en présence
de l'autre, pour être un jour seul – et bien – éloigné de l'autre.

• **Vers 10, 12 15 mois,** se séparer peut devenir source de tristesse, de chagrin : l'enfant a plus conscience du plaisir à être avec vous.

Il peut aussi ressentir votre départ comme une atteinte à son pouvoir : maman n'est pas là quand il le veut... et il prend conscience du fait que vous avez une autre vie, indépendante de lui. C'est dur pour certains enfants qui peuvent aussi éprouver cette tristesse plus tard, à d'autres moments... ce peut être une réelle frustration pour certains.

Prenez le temps d'entendre, partager, soutenir, pour que, bien accompagnés, ces moments deviennent des expériences positives d'où l'enfant ressort apaisé et non plus agité ou exigeant...

C'est là aussi l'intérêt de ces lieux de rencontre parents-enfants (type Maisons Vertes) où les enfants peuvent faire leurs expériences un peu loin des parents tout en pouvant venir les rejoindre dès qu'ils en sentent le besoin. Vous vivrez cela spontanément au cours des rencontres amicales ou familiales.

• **De 1 à 2 ans, puis jusqu'à 4 ans,** commence un long travail : **porter ses parents en soi.**

L'information suivante peut vous permettre de mieux comprendre ce qui se passe : à la fin de la première année, le petit enfant commence à comprendre que le jouet qu'il ne voit plus continue d'exister ; il jouera beaucoup, seul ou avec les adultes, à cacher cet objet, à feindre la tristesse ou l'inquiétude puis à le retrouver. Il apprend ce qu'on a appelé « la notion de permanence de l'objet » : il existe même quand je ne le vois pas. Pour papa et maman, il en va de même : ils existent, même si je ne les vois pas. Mais j'ai besoin de sentir leur existence toute proche pour me sentir exister. Et la durée de cet éloignement doit rester très limitée (quelques heures seulement les premiers mois).

Peu à peu va se constituer une autre notion, qui est celle de la permanence de cet amour entre ses parents et lui, qui le maintient en vie psychique. Il porte en lui cette certitude, sans avoir besoin de manière aussi concrète et fréquente d'en vérifier l'existence. Les exemples qui suivent vous montreront ce processus à l'œuvre. Cette notion s'élabore entre 2 et 4 ans et n'est bien consolidée que vers 5 et même 6 ans :

Le travail avec les éducatrices et les groupes d'assistantes maternelles nous a apporté beaucoup sur la connaissance concrète de ce processus. Ainsi, certaines se demandaient s'il était judicieux de parler des parents aux enfants, au risque de les faire pleurer. Toutes se sont accordées pour dire finalement que si un petit se met à pleurer quand on lui parle de sa maman, c'est que le chagrin n'est pas loin : il n'est pas bon pour lui de rester seul et sans réconfort. Ceci fut le point de départ de nombreuses observations.

L'une d'elles raconte : « Quand je parle à Kevin, 13 mois, de sa maman ou de son papa, son regard s'illumine, il est comme "rechargé". C'est quand il est un peu fatigué, comme un peu lointain... Souvent, après, il reprend son activité, il est plus actif, plus vif. »

Éprouver la capacité à être seul : l'enfant concentré sur la tâche
qu'il s'est donnée n'a pas besoin que vous vous occupiez de lui.
Il « sait » que vous êtes là.
Pendant quinze, vingt minutes, voire plus, il est tout à ses objectifs
qui se succèdent, et dans l'attention à ce qu'il éprouve dans son corps.
Son corps devient vraiment « lui ». Au cours de ces efforts,
difficultés dépassées, moments de bien-être,
il va aimer ce corps qui est lui et qui va devenir de plus en plus adroit.
Il devient une personne efficiente...

C'est aussi ce que Françoise Dolto pensait quand elle disait : « Un enfant doit s'enraciner dans ses propres parents. »

« C'est parce que ta maman a des difficultés en ce moment qu'elle me demande de m'occuper de toi. » Cela signifie : « Je suis peut-être plus calme qu'elle, mais c'est parce qu'elle veut que tu aies du calme qu'elle me demande de m'occuper de toi. C'est toujours elle qui veut ce qui est le mieux pour toi. » Ainsi, l'enfant se trouve vivifié par quelque chose de ses parents, il n'est pas morcelé ni atteint dans l'estime profonde qu'il a pour eux.

Au jardin d'enfants d'une crèche familiale (les assistantes maternelles y sont regroupées autour d'une puéricultrice et d'une équipe d'encadrement, et les enfants peuvent bénéficier d'activités collectives), Fabrice, 2 ans et 3 mois, est solitaire, à l'écart.

Je remarque que, seul sur son camion, il se parle à voix basse, comme pour lui-même, en murmurant : « Papa. » L'observation est livrée à l'éducatrice. À la séance suivante, Fabrice joue avec le téléphone. L'éducatrice entre dans le jeu : « Allô, c'est papa... Oui... Je suis en train d'écrire, etc. » Fabrice s'illumine, continue la conversation ; nous lui découvrons un vocabulaire que nous ne soupçonnions pas.

Ce petit garçon, privé du lien avec ses parents, vivait a minima ; le changement de comportement a duré et, pendant la suite de la séance, il a été plus actif, plus présent.

Une autre éducatrice nous a raconté l'histoire suivante : « Frédéric, 2 ans et 7 mois, hurlait tous les lundis matin quand on allait le chercher chez son assistante maternelle pour la séance de jardin d'enfants. Un jour, l'assistante maternelle m'a raconté qu'il venait le matin à cyclomoteur avec son père. Alors, dans la voiture, j'ai demandé à Frédéric s'il avait un casque et j'ai parlé de son papa, de la moto. Il s'est calmé en répondant aux questions. Puis nous avons ralenti devant le marchand de cycles, pour qu'il me montre "la Mobylette de papa". Ce fut spectaculaire. Il était complètement transformé... Ensuite, tous les lundis matin, nous suivions le même itinéraire, comme un rite. Frédéric pleurait encore au moment de quitter son assistante maternelle, mais il se calmait dès que l'on parlait de son papa et de sa Mobylette. Après quelques semaines, il ne pleurait plus du tout. »

Toujours dans un groupe de crèche familiale, Tom, 2 ans et demi, participe à la confection d'un gâteau. Je suis étonnée de son absence totale de langage alors qu'il participe activement ; il est adroit, a le regard très présent. Sa maman arrive ; il la regarde à peine, mais va s'asseoir près d'une petite fille, parle avec elle avec un langage déjà bien construit, puis se déplace, goûte le gâteau en continuant à parler avec d'autres enfants... Sa maman étant là, il semble alors pouvoir profiter de toutes ses possibilités, alors même qu'il ne semble pas faire attention à elle.

La capacité à se séparer intérieurement sans dommage n'est donc pas une mise à distance mais au contraire une « mise à l'intérieur de soi », de telle sorte que l'enfant peut s'éloigner sans perte, sans baisse de tonus, sans inquiétude. Chez chacun des enfants décrits ce processus est en cours et loin d'être terminé.

Les séparations mal vécues sont une des sources de l'agressivité et de la violence, de plus en plus fréquentes chez les enfants. Des recherches sont à faire mais, dès maintenant, les pouvoirs publics et les parents devraient y être beaucoup plus attentifs.

Vous voyez aussi que c'est dans une relation très individuelle et confiante avec une autre personne respectueuse de son rythme, que se construit cette sécurité.

C'est seulement quand ce travail est accompli qu'un petit enfant peut vivre sans perturbation, séparé de ses parents, pendant quatre ou cinq heures d'affilée et sans être l'objet d'une attention particulière comme il l'était à la crèche par exemple.

C'est l'une des raisons qui conduit tous les spécialistes à **déconseiller l'entrée en maternelle avant 3 ans** dans les conditions où est organisée l'école maternelle en France actuellement : il est impossible à la meilleure enseignante de porter une attention individualisée à 23 ou 25 enfants à la fois. À l'exception de quelques-uns, plus mûrs affectivement (ce qui est différent de rapides ou précoces dans leurs acquisitions), la plupart en pâtissent même si on ne s'en aperçoit pas, comme ce serait sans doute le cas pour Tom s'il se trouvait au milieu de vingt autres enfants. L'insécurité sous-jacente provoque alors fatigue, tension, agitation, agressivité, voire violence, petites maladies faussement attribuées à la collectivité, pleurs, difficultés à se séparer le matin. Les acquisitions ne se font plus avec détente et plaisir (on voit ce qui risque de se préparer pour la scolarité future). Le processus de construction interne que nous avons décrit est interrompu. Reprendra-t-il ? Pas pour tous les enfants. Par contre l'insécurité demeure avec tous les moyens de défense qu'elle suscite et que nous venons d'énumérer[1].

Premières expériences

Connaissant maintenant les processus à l'œuvre chez votre tout-petit, vous pourrez l'aider à mieux vivre ces séparations.

Quand on se quitte

Vous l'avez vu chercher à participer activement à sa vie, vous ne lui ferez donc pas vivre ces petites séparations sans qu'il y coopère. Un moment avant la séparation, vous lui expliquerez que vous allez devoir le confier à quelqu'un, vous lui direz pourquoi (vous devez aller faire des courses, reprendre un travail, partir vous reposer avec son père...), vous lui parlerez de la personne qui va s'occuper de lui pendant votre absence. Vous lui expliquerez que bien sûr vous reviendrez, que vous penserez à lui pendant votre absence, que vous l'aimez toujours très fort même quand vous n'êtes pas là. Vos mots à vous sont ceux que votre enfant aime et qu'il comprend.

Encore une fois, si vous ressentez une sorte de pudeur à parler ainsi à un bébé, ne vous inquiétez pas : commencez quand vous êtes seul(e) avec lui, il est probable que vous sentirez dans l'intensité de son regard combien il est intéressé par ce que vous lui dites et vous vous sentirez encouragé(e).

Nous n'avons pas toujours les moyens d'éviter la souffrance, mais nous pouvons donner au petit enfant quelques moyens d'y faire face. Nous avons déjà dit que lui parler ainsi ne supprimera pas sa difficulté mais le laissera moins démuni.

---

1. Cf. C. Brisset et B. Golse, *L'École à deux ans : est-ce bon pour l'enfant ?*, Odile Jacob, 2006.

Gérer soi-même la distance, voir et ne plus voir, être retrouvé par l'adulte quand celui-ci veut bien participer au jeu.

Le temps de faire connaissance

• Il est bon que votre bébé fasse connaissance, en votre présence, de la personne qui va l'accueillir. Occupez-vous de lui devant elle, non seulement pour qu'elle sache comment vous faites et qu'elle puisse faire pareil, mais aussi pour que votre enfant puisse se familiariser avec elle, ressentir pour elle sympathie et confiance puisque vous semblez bien vous entendre toutes les deux. Quand vous serez absente, elle sera associée à vous dans la tête de votre enfant, elle vous représentera ; vous serez un peu présente pour lui à travers elle.

• S'il ne reste pas à la maison, veillez aussi à ce qu'il fasse connaissance en votre compagnie du lieu où il va vivre pendant votre absence, il sera moins dérouté.
Il découvrira avec vous les nouveaux bruits, les odeurs, éventuellement les autres enfants. Mettez des mots sur ce qu'il est en train de découvrir afin qu'il ait quelques repères, des moyens de comprendre un peu ce qui lui arrive.
Sachez qu'il faut du temps à un enfant pour effectuer ce travail de familiarisation : prévoyez plusieurs jours, voire quelques semaines si

l'absence doit être longue ou si votre enfant est sensible de caractère (voir au chapitre 8 l'organisation concrète de l'accueil).

Bien sûr, un objet à vous, imprégné de votre odeur, l'aidera pendant que vous ne serez pas là, mais il risque de n'être qu'un gadget si vous ne prenez pas toutes les précautions dont nous venons de parler.

Le temps de séparation

Pendant le temps de séparation, votre bout de chou sera très aidé :
– si la personne qui s'occupe de lui soutient dans son esprit l'idée que sa mère et son père, ses frères et ses sœurs éventuellement, existent toujours, que vous pensez à lui, que vous reviendrez tout à l'heure ou bientôt, etc. (elle peut lui donner les soins d'une manière proche de la vôtre et le lui dire) ;
– s'il peut retrouver des activités motrices et manuelles familières (veillez à ce qu'il ait à sa disposition quelques-uns de ses jouets préférés).

Quand on se retrouve

Les retrouvailles sont très différentes pour chaque enfant. Le retour de la mère n'apporte pas toujours un soulagement immédiat : souvent, le bébé tourne la tête, tend les bras vers la personne qui s'est occupée de lui et même s'y cramponne.

Il peut aussi pleurer ou manifester une euphorie excessive : chacun exprime à sa façon l'émotion qui est la sienne. L'intensité de la réaction correspond plus, parfois, au tempérament de l'enfant qu'au degré de souffrance éventuelle.

Peut-on savoir au juste quelles émotions s'accumulent chez le bébé : soulagement, joie, pleurs contenus qu'il peut enfin relâcher maintenant que sa maman est revenue ? Ressentiment ? Peut-être aussi.

• Comment faire pour l'aider lors des retrouvailles ? L'embrasser, rire, le chatouiller pour faire disparaître au plus vite la tristesse ? Sûrement pas ! Au contraire, s'il est tout petit, vous le verrez souvent détourner les yeux et, un peu après, vous regarder de manière très intense, comme s'il se posait des questions. Puis, tout à coup, vous verrez son regard s'illuminer : il vous a retrouvé(e). Avec un élan de tout son être, il se dirigera à nouveau vers vous...

Parfois, vous pouvez le soutenir : « Tu as l'air très triste, tu es fâché ? Tu vois, je t'avais dit que je reviendrais quand tu serais réveillé... que c'est Pauline qui s'occuperait de toi pendant que je ne serais pas là. »

> Marie, 6 mois, est restée seule pendant deux heures avec Sophie, une amie de sa mère qu'elle connaît bien ; elles ont joué ensemble, calmement, sans pleurs ni difficultés apparentes.
>
> Au retour de sa maman, Marie se précipite vers Sophie, qui la prend dans ses bras mais se prépare à partir. La maman lui parle : « Tu as peut-être été un peu triste ou inquiète, tu te demandais si j'allais revenir... » Elle la regarde, serrée dans les bras de l'autre : « Tu vois, je reviens toujours. »
>
> Sophie se penche pour la déposer dans les bras de sa maman mais Marie résiste et, bien ennuyée, l'amie essaie à son tour de la « raisonner ». Elles vont jusqu'à la porte de l'appartement. La maman : « Que vas-tu faire ? Tu veux partir avec Sophie ? »
>
> Le bébé regarde l'une puis l'autre alternativement deux ou trois fois, puis, tout à coup, elle tend les bras vers sa mère, qui évidemment la prend. Elle se blottit en regardant Sophie partir. Fille et mère se retrouvent alors toutes les deux.

Sans doute un tel bébé ne serait-il pas gravement perturbé par un départ rapide de sa gardienne. Pourtant, le calme, la facilité à s'endormir, le sentiment de sécurité qui se révèlent dans le regard de certains enfants ne viendraient-ils pas de leur nature sans doute, mais aussi de l'accumulation de ces petites expériences où ils sont écoutés, suivis dans leurs rythmes ?

• On entend dire : « C'est créer bien des problèmes ! Les enfants sont comme ça : ils vont dans les bras de quelqu'un d'autre, ils pleurent un peu, mais très vite ils prennent l'habitude d'aller avec tout le monde. »

Première réponse : bien des enfants ne s'habituent pas si vite, et la raideur de leur corps, les mimiques de leur visage, si on les regarde bien, trahissent un gros effort pour ne pas pleurer.

Seconde réponse : nous sommes au cœur de notre sujet ; prendre en compte les sentiments du bébé et son travail de compréhension active de ce qui se passe.

• Bien souvent, on secoue l'enfant, on veut l'amuser : il finit souvent par rire, tout le monde est content... sans s'apercevoir que ce rire est souvent un peu crispé. Il n'est pas rare que, quelques minutes plus tard, il se mette à pleurer sans que l'on comprenne pourquoi... La réalité de son émotion n'était pas prise en compte[1].

Pour Marie, au contraire, n'était-ce pas une chance de pouvoir exprimer complètement la réalité de ses sentiments ?

Nous verrons au chapitre 8 des idées concrètes pour vous aider lors de la reprise de votre travail.

Les séparations plus longues

Vous vivrez peut-être aussi des séparations plus longues : pour un accouchement, un événement particulier dans la famille, quelques jours de vacances, une hospitalisation de l'enfant lui-même.

Vous serez peut-être intéressé(e) de savoir que l'on a découvert des constantes dans les comportements des enfants de moins de 3 ans confiés une ou deux semaines à quelqu'un d'autre que leurs parents. Elles ont été décrites par J. Robertson (voir bibliographie), et je ne peux ici que vous les résumer rapidement.

• Le scénario est souvent le suivant : le petit enfant s'adapte assez bien les deux ou trois premiers jours puis il devient plus triste, moins actif, comme s'il se vidait. On observe ensuite une sorte de revirement : il commence à s'attacher plus fortement à cette personne qui s'occupe de lui, comme s'il pensait devoir faire son deuil de ses mère et père.

Si la séparation se prolonge et si la personne est attentive, il peut « s'installer » réellement, intensifier sa relation. Quand les parents reviennent, c'est à nouveau le déchirement. Il faut souvent plusieurs semaines pour que l'enfant se sente à nouveau complètement en confiance avec ses parents, et il est nécessaire que ceux-ci l'aident par des paroles, par une

---

1. Cf. chapitre 5 sur la force des émotions.

grande bienveillance à l'égard de tous les sentiments contradictoires qu'il peut éprouver.

• Il est donc possible qu'il « régresse » en vous retrouvant après une absence de quelques jours. Vous pouvez en être gêné(e), agacé(e), avoir envie de le bousculer (souvent, en effet, ce n'est pas très agréable !). Pourtant, essayez de lui répondre à ce niveau : il a besoin de se ressourcer dans ses expériences antérieures, de se refaire tout petit dans vos bras. Il est fort probable qu'ayant trouvé ce dont il avait besoin, il s'échappe ensuite rapidement... Répondez, et faites confiance !

> Léa, 3 ans, revient à la maison après un mois d'absence qu'elle a passé chez sa grand-mère, loin de chez elle. Sa mère a dû subir une opération et son père travaille loin. Simon, son grand frère de 5 ans, était chez une amie. La famille se rassemble mais Léa refuse de dire bonjour à sa mère, évite son regard, semble gênée, attitude qui se prolonge deux ou trois jours. La maman en parle à une psychologue et risque une explication :
> « Tu es peut-être fâchée contre moi ? Tu penses peut-être que je t'aime moins que Simon parce que lui était plus près de moi ? Mais si je t'ai envoyée chez Mamie, c'est parce que je pensais qu'elle s'occuperait mieux de toi pendant que j'étais à la clinique... Et Simon, je ne l'ai pas vu non plus pendant ce temps... Qu'en penses-tu ? »
> Silence de Léa ; la tête baissée elle écoute et semble réfléchir quelques secondes... Puis elle lève la tête et, avec un sourire radieux, elle saute au cou de sa maman, lui fait un long câlin et reprend sa vie joyeusement.

• Soyez donc prudents pour décider d'une séparation. Le confier huit jours quand il est très petit risque de le fragiliser. Il est probable que, quelques jours après le retour, avec votre aide et votre patience, il soit à nouveau complètement en confiance et détendu. Mais il arrive qu'un petit enfant conserve une inquiétude dès qu'il ne voit plus sa mère, des difficultés à s'endormir... C'est à vous de voir si ce départ est vraiment indispensable pour vous à ce moment ou si vous pouvez attendre un peu. Plus tard, ces quelques années où vos enfants étaient très jeunes vous paraîtront bien courtes.

Si vous devez partir, essayez au moins de faire en sorte que le bébé reste chez vous, avec quelqu'un qui le connaisse bien et qu'il connaisse bien lui-même, et que votre départ soit bien préparé.

Certains continuent pourtant à croire que, avant quelques mois, cette séparation est moins importante « puisqu'il ne comprend pas, du moment qu'il a son biberon ». Vous le sentez sans doute, et nous le savons maintenant avec la plus grande certitude, il n'en est rien, bien au contraire.

• Pensez aussi qu'il n'y a pas que la séparation d'avec vous qui peut être difficile pour un petit enfant : changer de crèche, d'assistante maternelle ou de « la personne qui vient à la maison » peut être inquiétant et souvent triste. Cela signifie qu'il se développe bien, les relations qu'il vit sont importantes pour lui : il s'engage dans ce qu'il vit. Un enfant « riche affectivement » peut ressentir douloureusement la perte d'une personne aimée. Pensez-y, prévenez-le, faites les choses en douceur... Faites donc très attention à la stabilité de ses liens et ne changez la personne qui s'occupe de lui que si vraiment vous ne pouvez pas faire autrement...

• Des séparations mal vécues peuvent laisser des traces très regrettables, un sentiment permanent d'inquiétude et/ou de l'agitation ; plus tard, difficultés à se séparer, et lors de tout changement de vie ; crainte de s'engager dans les relations affectives puisqu'on a l'expérience de voir souvent disparaître la personne qu'on aimait bien.
Soyez très attentifs. **Un petit enfant n'a pas surtout besoin « d'être gardé », il a besoin, à chaque instant, de vivre dans une relation de confiance.**

Et pour vous ?

Vous : la maman surtout, car en général c'est elle qui vit plus difficilement l'éloignement. Souvent coexistent en nous le désir de nous éloigner de l'enfant et la peur de le faire réellement, la culpabilité de le laisser, la peur qu'il ne s'attache à une autre personne ou qu'il ne se sente mieux avec elle, l'amertume que quelqu'un d'autre puisse le combler ou qu'il puisse se passer de nous, alors que nous trouvons beaucoup de réconfort personnel à l'idée que ce petit être tire de nous toute sa vie et toute sa joie de vivre.

Beaucoup d'entre nous trouvent un bonheur profond dans la relation à leur bébé. La perspective de la voir se rompre nous est souvent très pénible, mais... nous n'osons pas le dire de peur d'être l'objet de moqueries ou de critiques : « Mère poule, tu le couves trop, tu es trop anxieuse... »

Pensez que **la force de votre attachement est la plus naturelle qui soit et qu'elle est un immense cadeau à cet enfant.** Quand il montrera peu à peu son désir de découvrir le monde par lui-même, vous vous sentirez moins indispensable et recommencerez à vous intéresser davantage à l'extérieur, à reprendre des activités et à sortir de ce quotidien très terre à terre.

Vous ferez ce cheminement intérieur, évident pour certaines, long et presque douloureux pour d'autres : il est lui, je ne suis pas lui, nous ne sommes pas « mélangés » en quelque sorte... je le regarde vivre et progresser, protester, faire face aux situations nouvelles ou difficiles... Nous sommes deux êtres séparés. J'ai **ma** vie, il a **sa** vie...

Le travail de séparation ne se fait pas que du côté de l'enfant.

Quand ce sont les parents qui se séparent

Il n'est pas exceptionnel maintenant que les parents se séparent quelques mois ou quelques années seulement après la naissance d'un bébé. Ce n'est pas le lieu ici d'en rechercher les causes (on peut seulement rappeler à quel point l'arrivée d'un bébé provoque un remaniement intérieur et profond), ni de parler des tensions que suscite cette séparation tant chez les parents que chez les enfants et dans leurs relations mutuelles[1].

---

1. Voir les chapitres 5, 9 et l'ensemble de ce livre : un jeune enfant n'a pas besoin, pour aller bien, que se mobilise autour de lui toute l'énergie de ses deux parents...

En général un tout-petit reste avec sa mère, mais les pères souhaitent de plus en plus avoir des moments où ils s'occupent directement de leur(s) enfant(s) même très jeune(s)... Dans la souffrance et le désarroi de ces moments-là des idées claires et concrètes sur l'organisation de la vie quotidienne des enfants peuvent aider les parents à ne pas se laisser envahir par leurs émotions. Il y a là une sorte de bouée à laquelle vous raccrocher tous les deux, car vous restez tous les deux parents de cet (ces) enfant(s) et tous les deux vous souhaitez qu'il(s) continue(nt) à grandir au mieux.

Gardez donc présents à l'esprit nos principes de base, ce que nous venons de dire sur la séparation et ce qui sera expliqué dans le chapitre sur l'accueil.

D'abord, il est nécessaire que votre tout-petit continue à se sentir en sécurité physique et affective. Plus il est jeune, plus il serait souhaitable qu'il puisse rester dans le même lieu. Le changement de lieu (pour aller chez son père, par exemple), s'il doit se faire, doit être court et préparé de manière progressive. Veillez à ce que la personne qui s'occupe habituellement de l'enfant soit en mesure de donner des indications précises à l'autre personne, et à ce que ces indications soient suivies, pour que le bébé sente une continuité dans les soins qui lui sont donnés, qu'il ne soit pas dérouté par des manières de faire à son égard complètement différentes. Bref, nous retrouvons là tous les aspects abordés lorsque nous évoquions, chez l'enfant, les premières séparations d'avec sa mère.

Vous devrez prendre, non seulement toutes les précautions nécessaires en cas de séparations banales, mais y porter encore plus d'attention à cause de la stabilité dont un tout-petit a besoin pour construire son sentiment d'identité.

Mettre par écrit ou préciser les horaires, les habitudes de repas, de sommeil, les types de jeux (en somme ce que vous feriez si vous partiez deux jours pour une activité professionnelle en confiant votre bébé à quelqu'un) peut vous aider dans cette situation difficile :
– à vous recentrer ensemble sur cet enfant considéré comme personne indépendante de votre drame et qui doit continuer à vivre ;
– à avoir ensemble un moment de dialogue en dehors du conflit puisque vous devrez vous occuper de petites choses matérielles, simples et précises.

Vous serez obligé(e) aussi de vous souvenir que plus l'enfant est petit, moins il peut supporter une séparation avec sa mère longue dans le temps : week-end prolongé, vacances pendant une semaine ou quinze jours. Le problème n'est pas simple car le père peut juger, avec raison, que ce sont des moments où il pourra développer la relation avec son enfant. Il en a l'occasion et il veut en profiter. Mais il doit penser que le bébé, pendant sa première et sa deuxième année, se trouvera inquiet, voire angoissé, dans un lieu inconnu et éloigné de sa mère ; voyez ce qu'on a dit plus haut, en dehors de tout problème familial. Si la séparation n'est pas soigneusement préparée, le tout-petit aura du mal à profiter de ce que son père voudrait réellement lui apporter.

Il doit aussi être sûr que de se « donner » à ce père ne lui fera pas perdre sa mère. Sinon, sans manifester de refus très évident, il risque de se fermer à ce père dont la présence se trouve associée à la peur ou à la souffrance. Lors d'un séjour prolongé, il peut vivre avec son père ce que nous avons décrit plus haut (voir les observations de J. Robertson, p. 228) : un attachement de substitution qui comble le désarroi de ne plus être avec sa mère, mais qui rendra difficiles les retrouvailles avec celle-ci quand il rentrera à la maison. Et ce sera un nouvel arrachement.

Et n'oubliez pas de bien lui dire qu'il n'est pour rien dans cette séparation (souvenez-vous qu'un enfant se croit le centre du monde !...).

L'enfant a besoin de comprendre ce qui va se passer pour lui, pour sa vie à lui, maintenant et dans le plus proche avenir.

Soyez vigilants sur tous ces points, car l'avenir de vos relations réciproques est en train de se jouer.

Dans le cas d'un enfant très jeune, le plus utile serait que le père aille fréquemment voir le bébé au domicile de la mère (la maman pouvant peut-être s'absenter pendant ces moments-là si passer du temps ensemble est difficile). Moins un enfant ressentira de morcellement à cet âge précoce, plus il sera capable à l'avenir d'instaurer des relations positives avec ses parents et donc avec le père en particulier.

Car, après tout, l'objectif réel à long terme n'est pas qu'un enfant soit avec ses deux parents ensemble, mais **qu'il devienne lui-même** en pouvant s'appuyer sur une relation confiante avec chacun d'eux (bien qu'on ne puisse nier le chagrin et la souffrance de ne plus être avec les deux en même temps).

Ne vous fiez pas trop à une aisance apparente de votre enfant, vous laissant croire qu'il est indifférent à ces changements : les enfants ont une extraordinaire capacité à sentir – et à faire – ce dont les parents ont besoin intérieurement.

Ne cherchez pas à compenser votre absence par des cadeaux, des spectacles, etc. Intérieurement, votre enfant sait que vous lui donnez le plus important en essayant d'être attentif à ce qui est le mieux pour lui. Les cadeaux sont souvent une forme de séduction et l'on ne fait pas assez confiance à la valeur de ce qu'on donne au cours des échanges, des activités partagées, pourtant bien plus riches que des objets...

Puisque vous vous situez dans une optique de collaboration, vous pouvez préparer avec l'enfant le sac, les habits, les jeux qu'il va emporter ; l'aider à (se) formuler ce qu'il aimerait ou n'aimerait pas pendant ces jours. S'il est plus petit, vous lui montrerez ce que vous préparez.

L'enfant a besoin de savoir s'il va rester ou non chez son père, s'il reviendra avec sa mère, à quel moment. Non pas « tout à l'heure » ou même « ce soir » mais « après le bain... après le goûter ». Le petit enfant a besoin d'explications très précises ; sa représentation du temps et de l'espace n'est pas aussi claire que la nôtre.

Ceux qui l'accueillent peuvent lui dire : « Tu es ici dans une autre maison et c'est peut-être difficile pour toi. Je vais essayer de faire le plus possible comme fait ta maman car j'ai envie que tu sois très heureux ici aussi... » Il lui faudra peut-être du temps pour se montrer en confiance, actif, pour participer. Ce sera encore un enrichissement de sa relation profonde avec vous si vous pouvez respecter ces réticences et ne pas le bousculer.

Naturellement, ces suggestions sont valables pour vous aussi si vous accueillez l'enfant d'un(e) autre.

Nous avons souvent parlé de l'importance de laisser l'enfant vivre et progresser à son rythme. S'il vient chez vous, son père, nul ne peut prévoir comment il se comportera : il serait bien que vous commenciez par regarder ce qu'il choisit comme jeu et comme manière d'être. Non pas en « évaluant les progrès qu'il fait chez sa mère », car ce n'est peut-être pas du tout ça qu'il vous montrera, mais pour répondre à ce qu'il vous demande.

Ainsi, il peut choisir des jeux de « petit » qu'il faisait quand vous étiez à la maison, annulant en quelque sorte la rupture ; il assure une continuité, un lien avec ce qu'il connaît et qui est fondamental. Il vous demande de vous retrouver tous les deux, vous et lui, comme avant. Quand il en sera assez nourri, c'est lui qui vous réclamera des autos, des sorties ou d'autres activités plus évoluées. Ce n'est pas toujours simple à décoder, mais dites-vous que dans ces situations, comme pour la nourriture, votre enfant sait ce dont il a besoin. Là encore, vous pouvez le regarder, essayer de vous laisser un peu guider par lui, lui faire confiance...

Bien sûr, personne ne peut comprendre ni répondre entièrement à tout, ce ne serait pas la vie. Mais dans l'attitude d'écoute, quelque chose passera chez votre enfant qui le fortifiera, l'aidera à grandir. Il sentira inconsciemment que votre désir est qu'il puisse grandir pour lui-même, selon ce qui est le mieux pour lui.

Regardez sa joie de vivre, son dynamisme. Car, en même temps qu'ils souffrent, les enfants nous étonnent par leur formidable potentiel de vie, de rire, d'activité, leur désir de découverte. Ne les enfermons pas dans la souffrance, même si à certains moments cette vitalité peut faire mal. Elle peut parfois être ressentie comme une espèce d'injure à l'égard de notre propre souffrance, mais si nous pouvons « lâcher prise », elle peut tout doucement redonner goût au plaisir...

8
Accueil, mode d'emploi

Vous avez maintenant une idée assez claire de ce que représente la séparation pour un très jeune enfant et à quelle tâche difficile il se trouve confronté. Nombre de professionnels pensent que l'on devrait attendre le milieu de la deuxième année pour le confier régulièrement la journée entière : qu'il ait acquis une bonne sécurité de base et un début de conscience de lui. Ici n'est pas le lieu d'en discuter mais plutôt de bien comprendre les précautions à prendre pour qu'il vive au mieux cet accueil[1]. Bien des mamans s'aperçoivent, quand le bébé est là, comme il a besoin d'elle et comme ils sont bien ensemble. Il faudrait alors pouvoir repousser la date de reprise du travail : la séparation s'avère très douloureuse. Il serait bien de se poser la question avant la naissance et de garder une souplesse de choix quand il sera là. Ne considérez pas forcément comme allant de soi la reprise immédiate de votre travail. Vous serez peut être étonnée de trouver des solutions que vous n'auriez pas imaginées quelques mois auparavant. Prenez vraiment le temps d'y réfléchir ensemble.

Vous pouvez aussi ne pas être en mesure de faire autrement, ou préférer ce choix : il ira à la crèche ou chez une assistante maternelle (AM) à moins que vous ne choisissiez une autre solution : à la maison, chez quelqu'un de votre famille... ou autre.

Voici quelques indications brèves mais essentielles – et nécessaires.

---

1. Le fait que l'accueil des bébés soit « banalisé » ne doit pas faire oublier qu'il représente un très réel bouleversement pour ces petits *en train de* construire leur représentation d'eux-mêmes et du monde.

• J'insisterai d'abord sur l'exigence de lieux d'accueil de qualité (et pas seulement en grand nombre) puisque nous en connaissons toute l'importance pour les jeunes enfants. Vous avez maintenant quelques éléments d'appréciation. Un accueil de qualité demande un gros travail de formation et de réflexion de la part des directrices, du personnel, des AM chez elles. Il est possible : je disais au début de ce livre que les conceptions énoncées ici ont été travaillées avec des centaines de professionnels de la petite enfance qui les ont enrichies de leur expérience. Des crèches de plus en plus nombreuses y parviennent, mais l'Administration et les responsables politiques ne devraient pas en gêner la mise en place comme ils le font trop souvent, par une méconnaissance des besoins des enfants, par des restrictions budgétaires excessives et des exigences de rentabilité toujours plus fortes. C'est un calcul à courte vue : des difficultés peuvent apparaître à l'école maternelle, primaire et plus tard. Or l'échec scolaire, l'agitation et l'agressivité de nombreux enfants inquiètent à juste titre sans que l'on se pose de questions sur l'impact des premières expériences de vie.

On devrait au contraire investir à fond pour la petite enfance. Nous en avons vu maintes fois les raisons[1].

L'accueil au quotidien

À la crèche

Votre bébé y passera la plus grande partie de sa vie éveillée[2].Ce qu'il y vivra devra lui permettre de développer l'ensemble de ses capacités,

1. Je renvoie ici au livre de Danielle Dalloz, *Où commence la violence ?*, Albin Michel, 2003.
2. Dans un objectif de rentabilité, beaucoup de crèches doivent maintenant être organisées en « multi-accueil », c'est-à-dire accueillant des enfants permanents et des enfants dans un statut « halte-garderie », en fonction des places disponibles. On se représente le travail d'organisation et de réflexion que cela suppose de la part du personnel pour continuer à offrir aux tout-petits la sécurité et les repères dont ils ont besoin...

la représentation de lui et de son corps, ses possibilités de concentration, cette « socialisation » si importante, etc. : tout ce que nous avons
décrit.

Regardez donc ce qui va lui être offert, et pas seulement les aménagements matériels, souvent très gais et jolis, et les activités parfois
séduisantes mais qui ne seraient que poudre aux yeux s'il n'y avait
pas l'essentiel : à savoir que **chaque enfant puisse bénéficier d'une
attention individualisée, et d'une relation de totale confiance avec
une personne qui vous représente.**

◆ *La préparation progressive*

Elle est indispensable et nous avons vu comment elle peut s'organiser.
Les directrices de crèche expérimentées prévoient trois semaines à un
mois pour qu'un bébé, quel que soit son âge, puisse passer ses journées
en crèche sans dommage en pouvant concevoir ce second lieu comme
un lieu connu et « habité » par ses parents. Cela l'aidera beaucoup à se
sentir en sécurité en se constituant des repères : personne qui s'occupe
de lui, lieux, odeurs, succession des soins, etc.

◆ *Une personne de référence*

Il se sentira bien, aussi, s'il peut nouer une relation de confiance avec
une personne qui lui donnera le réconfort dont il a besoin, les repas et
les soins. Elle sera la référence stable qui lui permettra de continuer à
se construire dans la stabilité et la cohérence.

Le danger des personnes multiples est que l'enfant, dispersant ses
élans affectifs, s'engage peu affectivement ; et inversement pour les
adultes. Nous avons vu comment la conscience de soi et des autres,
l'acquisition des règles sociales, entre autres, s'enracinent dans la relation à quelques adultes de confiance. Or un très petit enfant ne peut
donner sa confiance à un grand nombre de personnes.

Pour les adultes, il n'est pas possible de connaître intimement les
réactions de dix ou quinze enfants. Les auxiliaires devenues « nomina-
lement » responsables de quatre, cinq ou six enfants (selon les âges)
disent que leur travail est beaucoup plus intéressant. Elles continuent
évidemment à avoir des moments de travail ensemble où elles réfléchis-
sent au comportement de tous les enfants et à la vie du groupe.

À cause des impératifs d'horaire, cette personne « référente » ne sera pas toujours là, mais elle aménagera les transitions, transmettra à sa collègue ce qui est important pour chacun, sera l'interlocutrice des parents...

Si ce n'est pas effectif dans « votre » crèche, essayez de choisir une personne à qui vous parlerez plus volontiers, et d'en expliquer la raison. Si l'équipe peut le comprendre, cette personne s'intéressera particulièrement à votre bébé, sans bien sûr délaisser les autres ! et il le sentira.

◆ *Votre participation en tant que parents*

Participez à la vie de votre enfant : il a besoin que vous soyez accueillis en même temps que lui. Prenez tout le temps nécessaire pour parler de lui, de ses besoins actuels, des événements familiaux, et aussi souvent qu'il est utile.

Participez aux réunions de parents qui sont généralement fort intéressantes. Comme parents attentifs, vous pouvez faire beaucoup pour soutenir le travail de cette équipe.

◆ *Respect de l'autonomie motrice, calme et sécurité*

Votre bébé en a besoin. Sachez par exemple qu'il est possible, dans un lieu collectif, de séparer les bébés des (un peu) plus grands en les mettant sur un tapis, protégés par une barrière sympathique... Ils pourront alors faire toutes les expériences si importantes, que nous avons décrites, aussi longtemps qu'ils en ressentent l'intérêt, sans être interrompus.

• Les lieux d'accueil sont en général bien équipés en matériel[1] permettant d'investir toutes les capacités. Certains parents en sont même inquiets, pensant qu'ils ne peuvent offrir tout cela à la maison. Ne vous inquiétez pas : un enfant dans sa famille participe à des activités multiples ; prenez quelques idées mais pensez surtout que, chez vous, ils ont la vie réelle.

---

1. Sachant lesquels peuvent être nocifs, comme le youpala, s'il en existe dans cette crèche, vous pouvez demander expressément qu'ils ne soient pas utilisés pour votre bébé.

Ne vous réjouissez pas forcément des activités collectives : qu'elles ne soient pas réalisées trop tôt. Rappelez-vous la richesse d'invention, d'élaboration dont est capable un petit enfant s'il peut pousser jusqu'au bout ses expériences telles qu'il les ressent, au moment où il les ressent.

PARENTS ET PROFESSIONNELS

Sachez que les professionnels essaient de plus en plus de rencontrer les parents et de collaborer avec eux. Pourtant, l'expérience montre qu'il demeure souvent une inquiétude, et parfois une méfiance réciproque : à la crèche, on pense que certains parents sont exigeants et/ou se reposent facilement sur le personnel. Beaucoup de parents pensent : « Elles savent mieux que nous », beaucoup craignent d'être jugés.

Essayez de susciter le dialogue... Vous aurez sûrement une réponse.

Ce livre figure dans la bibliothèque d'un grand nombre de crèches. Même si ce n'est pas le cas dans « votre » crèche, il vous est peut-être possible d'y partager quelques idées qui vous paraissent intéressantes. Certaines assistantes maternelles et crèches en sont très contentes.

• La vie en collectivité demande beaucoup de réflexion et d'aménagements pour que chaque enfant s'y trouve bien : Il y va de l'avenir de chacun...

Je crois que nous ne pensons pas assez à la somme d'efforts demandés aux tout-petits dans une journée : depuis le réveil souvent matinal, toilette rapide alors qu'il aimerait bien, parfois, être câliné ou tranquille avec maman (qui aimerait bien aussi, peut-être), puis se séparer d'elle ou de papa, tenir compte des autres enfants, accepter le repas qui n'est pas toujours calme et aussi réconfortant qu'à la maison, de même que le matelas de la sieste... Il y a sans doute bien des moments où il joue, avec plaisir certes, mais où le corps appellerait au repos, à se blottir tranquille contre ses coussins, mais c'est le moment des jeux dehors et il fait beau... (il y a aussi tous les efforts indépendants de la séparation : tous ses jeux et mouvements où il apprend lui-même à se contrôler, accepter les interdits, contrôler ses gestes et comportements, etc.).

• Beaucoup d'enfants vivent cela sans pleurs, réussissent ces efforts, mais nous ne devrions pas les minimiser : est-ce que ces efforts permanents ne peuvent pas conduire à des moments ou à des périodes de fatigue, d'agitation, d'exigences plus grandes, de pleurs... ?

Si votre tout-petit passe une période difficile (lenteur dans son développement, agitation, agressivité, malaise physique, etc.), il peut s'agir d'un moment particulier dans sa croissance ou bien de quelque chose qui ne va pas dans l'organisation de sa vie.

Soyez vigilants : il n'y a pas que les pleurs du matin qui doivent attirer votre attention. Pour être calme, maintenant, **mais aussi à l'avenir**, « en bonne disposition de ses moyens », il a besoin que vous soyez très attentifs au rythme qui lui convient. Il y a sûrement des solutions mais il faut les chercher.

Il est donc important de parler avec les personnes qui s'occupent de lui. On observe toujours un progrès quand on parle ensemble d'un enfant (l'auxiliaire, la directrice, le pédiatre, psychologue peut-être...) Le courant circule autour de lui et avec lui. On ressent mieux de quoi il a besoin en ce moment, son rythme actuel. Il est possible d'offrir à un enfant, pendant quelques jours, davantage de moments de calme, de repos, de relation avec sa « référente » ou d'en susciter une...

Encore faut-il se poser les questions, chercher si les conditions essentielles sont réalisées[1]. Faites preuve d'esprit critique... et d'imagination. Par exemple, il est parfois possible de limiter la longueur de la journée en organisant ses horaires de travail, l'un des parents le conduit, l'autre va le chercher... N'hésitez pas à demander l'avis d'un psychologue qui connaît bien les tout-petits, ou celui de votre pédiatre, ils auront aussi des idées. Ne laissez pas le temps passer : il passe vite ! Et l'amélioration peut être rapide si on intervient rapidement. Votre pitchoun est en train d'organiser sa représentation de lui et du monde, ses propres façons de réagir. Il semble bien que l'agitation, l'agressivité, certaines inhibitions et peurs de se séparer que l'on observe plus tard peuvent prendre là en partie leur origine.

---

1. Des réunions devraient exister dans toutes les crèches et faire partie intégrante du travail. S'occuper de très jeunes enfants mobilise beaucoup d'émotions qu'il est indispensable de partager entre adultes pour que ce ne soient pas les enfants qui en supportent le poids.

Chez l'assistante maternelle
(à lire aussi si votre enfant est en crèche !)

Les principes sont les mêmes, en particulier l'importance de la préparation, la possibilité pour ce petit d'investir ses capacités, la limitation de
la durée de séparation, le fait que vous restez les parents à part entière.
Parlez, n'ayez aucune honte à dire vos habitudes, vos souhaits, c'est
vous la maman, le papa.

• Il est parfois difficile de se sentir complètement mère devant une autre
femme, surtout si elle est plus âgée et qu'elle « a de l'expérience »
(quelle que soit la qualité de cette expérience). Vous vous sentirez peut-
être un peu en situation d'enfant vis-à-vis d'elle. En être consciente
vous aidera ; vous pouvez, au contraire, vous sentir « soutenue », moins
seule. Parlez avec elle de ce que vous avez lu dans ce livre. Vous pouvez
le lui faire lire – beaucoup en sont très intéressées. (Peut être le connaît-
elle d'ailleurs...). Il s'agit d'échanges mutuels et de confiance. Soyez
ensemble pour essayer de comprendre ce petit être et de répondre à ce
dont il a besoin.

La préparation est tout aussi importante avec une assistante maternelle qu'à la crèche.

Gardez votre esprit critique : la plupart
des assistantes maternelles veulent bien
faire mais toutes n'ont pas les capacités
requises ni la patience nécessaire, surtout
si elles reçoivent plusieurs enfants.

Avec beaucoup de courage parfois, certaines affrontent des difficultés
financières ou autres. La confrontation permanente avec de jeunes
enfants est très fatigante, réveille leur histoire personnelle et ne leur
permet pas toujours d'avoir une vie extérieure suffisante.

• Nous ne pouvons qu'insister sur la nécessité pour elles de se regrouper[1]
et d'avoir de nombreuses occasions d'échanges sur ce qu'elles vivent
dans leur vie professionnelle et personnelle – les deux se trouvant liées
– avec des professionnels compétents. Leur travail est beaucoup plus
difficile qu'on affecte de le croire.

---

1. Il peut s'agir de crèches familiales, relais d'assistantes maternelles, participation aux Maisons Vertes ou accueils parents-enfants, etc.

Si vous avez quelques inquiétudes, ne laissez pas le temps passer, essayez de voir vous-même ou en contactant le service de PMI. Les puéricultrices, assistantes sociales, pédiatres, sont de plus en plus attentifs. Il suffit peut être qu'elle soit aidée et la demande que vous faites lui sera peut-être très utile.

LES ENFANTS DE L'ASSISTANTE MATERNELLE

Certaines assistantes maternelles sont elles-mêmes mères de *très jeunes* enfants, et ce paragraphe s'adresse à elles.

Si vous souhaitez accueillir un enfant jeune chez vous, réfléchissez à la différence pour vos propres enfants, entre :

– le fait de *supporter* à la maison la présence d'un autre ;

– le fait *d'accepter de l'intérieur* cette présence, sans l'angoisse d'être privé de sa mère, et envahi dans son environnement ; puis en considérant l'autre comme source d'intérêt.

Prévoyez donc un temps de préparation comme pour l'enfant accueilli. Acceptez les réticences, colères, manifestations d'inquiétude comme des émotions bien naturelles qui seront dépassées si elles sont entendues et si vous y répondez tranquillement. Par l'expérience quotidienne, votre petit fera l'expérience qu'il ne vous perd pas, que l'autre part tous les soirs, que son espace et ses jeux restent bien les siens, etc., et que l'on peut prendre aussi beaucoup de plaisir ensemble.

Expliquez à votre enfant que le fait de vous occuper d'un autre enfant pendant la journée est pour vous un travail, et que les parents de l'autre vous donnent de l'argent pour ce travail.

Ce n'est pas parce que vous lui aurez expliqué cependant qu'il acceptera tout de suite. N'oubliez pas qu'il faut du temps pour comprendre et accepter.

Autres possibilités d'accueil

Il peut exister d'autres modes d'accueil : les grands-parents, une personne venant à la maison pendant l'absence des parents, une jeune fille au pair, la halte-garderie. Les mêmes précautions sont à prendre (adaptation progressive, bonne qualité de la relation avec cette personne et stabilité, assurance qu'il vous retrouvera à tel moment).

Évitez les changements et veillez à ce que l'enfant puisse se repérer, anticiper, donc que le rythme soit régulier et cohérent. Sinon le monde n'est pas compréhensible, il ne peut l'appréhender de façon active et y prendre sa place.

Évitez les alternances trop fréquentes (certains enfants ne se trouvent pas deux jours de suite au même endroit…) comme le confier un jour sur deux ou la moitié de la semaine à chacun des grands-parents. Est-il un « cadeau » que l'on fait… ou vraiment une personne qui a besoin de son lieu de vie ?

L'adoption, accueil fondamental

Créer ce lien fondamental

Nous avons dit que l'histoire d'une vie humaine pouvait être vue comme un long cheminement de la « fusion » initiale avec sa mère et de l'étroite relation à ses père et mère jusqu'à l'autonomie intérieure. L'enfant qui est adopté a un autre travail à faire, antérieur à celui-là, qui est de nouer cette relation intense, « viscérale », avec ses nouveaux parents. C'est alors seulement qu'il pourra se construire réellement avec une vraie force, et acquérir une autonomie intérieure. Cette étape première me semble souvent oubliée. On ne prend sans doute pas assez le temps de se rendre compte de la différence entre :

– la relation extérieurement bonne : on est heureux ensemble, on s'embrasse, on fait des câlins, on joue…

– et la **relation qui est enracinement, non interchangeable, définitive, unique donc** et qui, si elle ne se crée pas naturellement par la naissance peut et doit se construire après.

C'est le travail auquel est confronté tout enfant adopté au début de sa nouvelle vie. Travail heureux mais qui ne va pas toujours sans à-coups

Un bouleversement intérieur

Plus l'enfant est jeune, moins ce travail est difficile et moins il est aléatoire, mais de toute manière il doit se faire. Et, bien qu'aidé par ses parents adoptifs, c'est l'enfant qui doit le faire : nul ne peut le faire à sa place. C'est lui qui va se « donner » fondamentalement à cette mère et à ce père qui l'attendaient, et qu'il ne connaît pas encore. Ce qu'il connaît de la vie, c'est une rupture, celle d'avec sa mère de naissance, une perte ; et bien souvent, il a vécu d'autres pertes, d'autres séparations, en plus de bien d'autres souffrances diverses. C'est cela qu'il a appris de la vie, qu'il porte inscrit dans ses cellules, quand il entre dans la joie de toute une famille.

Si petit qu'il soit, l'enfant perçoit que quelque chose de très important lui arrive : beaucoup de nurses, dans des pouponnières différentes, décrivent un changement qu'elles perçoivent dans le comportement des bébés quand les adultes ont décidé pour eux une adoption, ceci même avant que leurs futurs parents n'arrivent ou quand ils sont sur le point d'arriver.

Si les parents peuvent « prendre » tout de suite leur enfant sans préparation, celui-ci peut le vivre comme une « perte » de ces personnes et de ce lieu qu'il connaît : on observe alors souvent des troubles somatiques (diarrhées, troubles respiratoires, maladies de la peau, etc.), signes que le corps réagit. Ces troubles doivent être compris comme tels et il ne faut pas, dans la mesure du possible, s'empresser de les guérir trop vite, privant alors le corps de sa capacité d'expression et l'obligeant à se manifester autrement.

Une adaptation progressive

Pensez à ce qui a été décrit de la préparation à l'entrée chez l'assistante maternelle ou en crèche pour que le bébé n'ait pas le sentiment d'une perte de ses parents et aient le temps de se familiariser avec ce nouveau lieu. Ce qui est vrai dans cette situation « ordinaire » l'est encore bien plus pour les enfants qui vont être adoptés

Il est donc souhaitable qu'un bébé qui va être adopté ne soit pas enlevé brutalement à son lieu de vie, mais fasse connaissance progressivement avec ses nouveaux parents. On y est maintenant de plus en plus attentif à la DDASS et dans les pouponnières. Dans les pays étrangers, c'est encore inhabituel : les parents ont hâte de prendre leur enfant, et les lieux d'accueil sont souvent pressés de libérer une place.

Vous, les parents, n'oubliez donc pas l'importance pour votre bébé de cette connaissance progressive ; les troubles somatiques que je vous ai décrits sont probablement la réaction du bébé à la perte brutale des personnes qui s'occupaient de lui, souvent avec beaucoup d'amour, et au fait que, malgré tout l'amour que vous lui portez déjà, lui ne vous connaît pas.

Bien que ce ne soit pas toujours facile à réaliser, essayez de faire en sorte qu'il puisse faire votre connaissance en restant dans son lieu habituel, parlez-lui doucement, expliquez-lui qui vous êtes et ce que vous voulez pour lui. Oui, même s'il est tout petit... et évidemment aussi s'il est plus grand et qu'il peut comprendre un peu le langage. Veillez à ce que tout lui soit bien expliqué par une personne si possible familière et dans la langue qui est la sienne.

En allant le chercher, beaucoup de parents adoptants oublient que lui aussi, comme tout autre enfant, est une personne active et que tout de suite ils ont à le considérer comme tel : cet événement le concerne au premier chef. Il ne doit pas être un objet que vous allez déplacer, même avec beaucoup d'amour.

Vous le verrez vous regarder, puis les personnes qu'il connaît, vous sentirez peut-être cet élan qui vient vers vous mais il aura encore de grands sourires vers « les autres ». Essayez de lui donner des soins sur place pour ne pas trop bouleverser ses habitudes, et ne changez pas toutes les manières de faire dès qu'il sera avec vous (s'il doit y avoir une grosse différence, ménagez par exemple une transition entre la nourriture qu'il recevait et celle que vous lui donnerez). Vous l'aiderez ainsi beaucoup pour l'avenir, parce qu'il peut garder un peu de son passé au fond de lui malgré la perte qu'il a vécue. C'est de lui-même qu'il ira vers vous.

S'il doit quitter tout de suite le lieu où il se trouve, essayez d'emporter un drap, du petit linge, des jouets que vous rapporterez ensuite. Essayez aussi d'y retourner plusieurs fois, qu'il lui soit possible de vivre **un déplacement et non une perte** : les personnes à qui il s'est attaché ne l'abandonnent pas, elles le confient à d'autres pour qu'il soit plus heureux. Comme l'ont fait le plus souvent ses parents géniteurs (et surtout sa mère), qui ont voulu le faire adopter pour qu'il soit plus heureux malgré la souffrance qu'ils en ressentaient. C'est là une grande preuve d'amour.

N'oubliez pas que tout ce qu'il vit s'inscrit à l'intérieur de lui. Bien sûr, ce sera recouvert ensuite par ce qu'il vivra de bon, mais cela restera prêt à resurgir selon les événements. Avant de partir, accumulez le plus possible d'informations sur son passé, faites des photos : traces de ce qui lui appartient et qu'il vous demandera un jour.

Tout cela devient difficile à faire pour les enfants qui arrivent par avion mais si vous avez compris le principe, vous trouverez des solutions pour leur faire vivre une certaine continuité.

Rester à l'écoute

À l'arrivée « à la maison » et dans l'euphorie, les nouveaux parents ont souvent besoin de l'entourer, de le voir souriant, riant, transformé en somme ! Signe de son plaisir à être avec eux.

L'enfant, lui, surpris sans doute de ces nouveaux bonheurs, s'y précipite et réagit parfois plus dans l'excitation que dans la plénitude. Il peut être très content de cette relation joyeuse, mais somme toute assez super-ficielle pour lui, et se comporte plus en réponse aux autres qu'avec des élans venant vraiment de lui. C'est là que l'écoute de l'enfant peut être très précieuse : lui laisser aussi le temps d'exprimer ses étonnements, ses peurs, ses éloignements.

Car, un peu plus tard, surviennent souvent des moments de fatigue, de petites maladies, de régression ou d'agitation. Si on observe bien, il semble qu'il y ait des moments où le « corps-esprit » semble se poser des questions, où, face à cette proposition d'amour, il semble se rétracter comme si, devant cet inconnu, il hésitait à s'engager ou bien craignait déjà une nouvelle perte.

Un bébé de 3 mois, accueilli par ses parents à l'âge de 1 mois et demi, « s'installait » très bien. Puis, pendant une quinzaine de jours, il a refusé de croiser le regard de sa mère. Il ne la regardait pas quand elle lui donnait le biberon. Mais, quand c'était son père, il tournait la tête vers elle pour la regarder...

Il ne semble pas qu'il se soit passé quelque chose de particulier pour cette mère à ce moment-là, et on a plutôt compris le comportement du petit garçon comme une hésitation à « se donner ». Sa maman, le comprenant ainsi, lui a reparlé de sa maman de naissance, de l'admiration qu'elle avait pour elle et pour son père, de ce qu'elle savait de sa courte histoire, elle lui a dit que maintenant, ils étaient ses nouveaux parents pour toujours, etc.

« Et, un après-midi, mon petit garçon a plongé son regard dans le mien, tranquillement, le corps détendu, puis il n'a plus jamais eu ces réactions d'évitement. J'ai eu l'impression qu'il me disait : *"Maintenant je peux, je veux bien, tu es ma maman"*. »
Tout un travail qui se fait dans la profondeur de l'être...

Les moments de la toilette et du repas sont sans doute ceux où le bébé va pouvoir le mieux éprouver cette nouvelle relation : importance du corps à corps, des caresses ou des massages, encore plus que pour un enfant ordinaire. Soyez à l'écoute de ses réactions plutôt que d'essayer de le faire rire, parler, chanter, de le chatouiller (on en a parlé au chapitre 2).

Ce petit enfant qui a vécu l'abandon, la plus grande blessure au monde, doit se sentir maintenant entièrement écouté, toutes les manifestations qui viennent de lui doivent être reconnues, prises en compte, par une femme et un homme qui sont – et seront – toujours là désormais. Il lui faudra beaucoup d'années pour acquérir la certitude qu'il ne sera pas laissé à nouveau... et en sera-t-il jamais sûr au secret de lui-même ?

Attention aux séparations

On observe chez tous les enfants adoptés une grande sensibilité aux séparations et à tout ce qui peut rappeler une perte, même si cette sensibilité se manifeste autrement que par des pleurs : baisse de tonus quand la maman n'est pas là, fièvre inexpliquée pendant une absence ou même un voyage avec les parents, grande importance attachée à la présence ou au départ des copains, entrée mouvementée à l'école maternelle alors même qu'il a 3 ans et demi et qu'il est manifestement intéressé par ce qu'il y fait et par les enfants qu'il y retrouve, etc.[1].

---

1. Je crois que l'on minimise le temps nécessaire à un enfant adopté pour construire, *tisser réellement*, *intimement*, la relation fondamentale avec ses nouveaux parents : *le confier en crèche ou à une assistante maternelle, quelques mois, voire quelques semaines après l'arrivée dans la famille me paraît très dangereux pour l'avenir*. Le sourire apparent peut cacher un vide relatif (les fondations ne sont pas encore construites) qui se manifestera plus tard.

« Mais ce sont des enfants comme les autres ! »

Oui en ce qui concerne leurs capacités, non en ce qui concerne leur histoire. Ce qu'ils ont vécu est inscrit en eux. Prenez donc encore plus de précautions.

Évitez de confier trop tôt votre enfant adopté et retardez autant qu'il est possible l'entrée en crèche ou chez une assistante maternelle. Dans le choix de votre organisation de vie, rappelez-vous ce que nous avons observé de l'alternance des moments de relation et des moments d'activité par soi-même.

Peut-être un enfant adopté a-t-il plus besoin qu'un autre d'être pris dans les bras, mais n'oubliez pas combien vous l'aiderez en lui permettant de trouver du plaisir à développer lui-même toutes ses potentialités.

Si des moments de « garde » sont inévitables, essayez de donner vous-même le plus souvent les repas et les soins (même quand il aura 3 ans ou plus) : vous le savez, c'est là qu'il se « nourrira » le plus de vous. Confiez-le plutôt pendant ses moments de sommeil et d'activité.

Lorsque vous êtes présent(e), peut-être devrez-vous le garder plus longtemps près de vous, mais, comme les autres, il trouvera le plus grand plaisir à s'activer par lui-même. Il se rechargera en permanence en vous regardant, mais il fera l'expérience de ses capacités.

Et ceci est encore plus vrai s'il a acquis un retard ou une fragilité particulière : c'est en se trouvant dans cette situation de confiance que son dynamisme, quel qu'il soit, se manifestera le plus (voir chapitre 3).

Respectez donc absolument son rythme, ne le bousculez pas. Comme les autres enfants que nous avons vus en difficulté, c'est lui qui récupérera, et d'autant mieux que vous lui ferez plus confiance. Plus que tout autre, il a besoin de trouver confiance en ses propres forces, fierté de ce qu'il réalise (même si provisoirement d'autres de son âge en font plus), plaisir à développer tout ce qu'il porte en lui.

Ayant acquis un peu plus de force et d'indépendance intérieure, le jour – nul ne sait quand – où il prendra vraiment conscience de sa situation, il se sentira sans doute un peu moins démuni qu'un enfant que ses parents ont toujours voulu protéger, qui les a toujours eus tout près de lui dans les petits événements de la vie quotidienne. Il aura pu faire l'expérience que l'on peut trouver en soi des solutions.

Peut-être l'adolescence, où l'on revit quelque chose de sa première enfance, sera-t-elle plus facile, sans trop grande détresse ni sentiment d'abandon, sans crainte de n'être pas aimé, d'échouer...

Vous pourrez peut-être observer de temps en temps des régressions chez votre enfant, comme chez tous les enfants ; elles peuvent être à certains moments l'expression de son cheminement face à son origine, à son histoire, à sa situation. Si vous les comprenez ainsi, vous trouverez les moyens de l'aider, en reparlant des premiers événements de sa vie, en redisant que vous ne le laisserez jamais...

Car c'est son histoire, sa particularité, et pourquoi pas une de ses richesses ?

En essayant de faire comme si cela n'existait pas, vous le priveriez de quelque chose d'essentiel qui lui appartient.

9
Pour nous, les parents

Nous voici au terme de notre longue conversation...

Vous avez vu, ou vous allez voir, comme la vie avec votre tout-petit peut apporter des moments de plénitude, de grand bonheur : cette curiosité toujours en éveil, cette activité motrice ou intérieure permanente ; un peu plus tard, la délicatesse de ses observations et de ses questions, la spontanéité... tous ces moments délicieux, et toute la tendresse à donner qu'il reçoit tout simplement... tout cela nous émerveille, que nous soyons homme ou femme.

Cette vie comporte aussi bien des moments d'inquiétude, de déception parfois. Les découvertes d'Emmi Pikler montrant le bébé acteur de son développement vous rempliront à votre tour d'émerveillement et vous rendront la tâche plus légère face aux incertitudes, à ces désirs de perfection qui hantent si souvent les mamans pour leur bébé et face aux multiples sollicitations de l'entourage, familial et social – et des médias – qui cherchent à imposer leur propre vision. Vous comprendrez et observerez les méfaits de ces hyperstimulations.

Vous avez maintenant des éléments pour construire un point de vue qui vous soit personnel.

Mais comme rien n'est jamais idyllique, nous évoquerons quelques solutions aux difficultés pouvant survenir...

Allégez votre tâche : incertitudes et désir de perfection...

L'arrivée d'un premier bébé, et des suivants[1], produit généralement une sorte de révolution dont les formes sont imprévisibles : la jeune femme indépendante se retrouve étonnamment reliée à son bébé, incapable de le quitter, celle qui rêvait de ce bébé découvre qu'il la fatigue et la limite dans ses activités (nous l'avons évoqué au chapitre sur la séparation). La responsabilité est ressentie très fortement et la fatigue aussi...
Les pères se laissent de plus en plus toucher par ces petits. Certains s'en occupent avec beaucoup d'attention et de savoir-faire, y consacrant beaucoup de temps ; nombreux sont ceux qui essaient d'aménager leurs horaires en fonction du travail de la maman et des besoins du bébé.

• Si vous êtes deux pour élever votre (vos) enfant(s), pensez donc à partager, à compter l'un sur l'autre, à faire confiance... beaucoup de mamans se croient encore facilement investies de tout, et si, pour le tout-petit bébé, elles sont difficilement remplaçables, celui-ci grandit vite et elles peuvent faire confiance au papa : veillons à ne pas vouloir tout faire, et vous, les hommes, veillez à ne pas nous laisser tout faire...

• Face aux incertitudes et au désir de perfection, pensez que bien souvent il n'y a pas **une** solution, mais plusieurs, chacune ayant ses avantages. (La réflexion et ces informations vous éviteront les grosses erreurs.) Votre enfant va faire quelque chose avec celle que vous aurez choisie : « Il n'y a pas de solution, mais des forces en marche », écrivait Saint-Exupéry. Ensemble, vous allez tisser quelque chose d'unique, de bien personnel, différent de ce qui se passe dans les autres familles que vous connaissez...
« Si beaucoup de parents arrêtaient de vouloir être parfaits, et que leur enfant soit parfait, et "performant", de nombreux enfants iraient sans doute mieux, disait une psychologue de crèche. S'ils faisaient plus confiance et laissaient plus d'espace... » (D'autres parents, par plus

---

1. Nous avons parlé au singulier tout ou long de ce livre mais il est bien probable que votre enfant ne restera pas unique.

SAUVEGARDEZ VOTRE AMOUR, ENRICHISSEZ VOTRE RELATION

Au début, et surtout après la naissance de votre premier enfant (mais aussi avec les suivants), vos relations de couple vont changer : le changement radical d'organisation de la vie quotidienne, la responsabilité de ce petit être, la difficulté à comprendre les réactions de l'autre modifient les échanges et la qualité des relations. Soyez bienveillant avec l'autre, intéressé plus que critique à l'égard de ses réactions, allez à sa découverte comme vous allez à celle de ce tout-petit : « Quel père, quelle mère seras-tu ? » Parlez, questionnez, écoutez les réponses, ayez confiance en l'autre, soutenez-le dans ce désir d'être « le meilleur père possible », « la meilleure mère possible » pour ce petit. Les difficultés, les obstacles peuvent faire grandir l'amour quand on cherche les solutions ensemble. Veillez sur votre amour comme sur un trésor qui peut être fragile. C'est sans doute le plus beau cadeau à faire à votre petit, même si parfois c'est lui qui doit être confié[1] pour que vous puissiez vous retrouver. L'amour de ses parents l'un pour l'autre, leur joie de vivre peuvent donner une telle confiance dans la vie que nous n'avons pas à nous sentir égoïstes de priver l'enfant à certains moments de notre présence ou de notre attention (si nous utilisons ce qui est maintenant connu sur les séparations et la manière de les aménager). Parfois, soyez épouse avant d'être mère, un enfant n'a pas besoin que l'amour entre ses parents lui soit sacrifié.

---

contre, devraient être plus conscients de leurs responsabilités... Comme toujours, aucune généralisation n'est possible...)

Peu à peu, vous intégrerez l'incertitude comme un fait et non comme une insuffisance de votre part, vous savez maintenant **pourquoi** et **en quoi** vous pouvez faire confiance à votre enfant. Vos insuffisances font partie de sa réalité comme tout ce que vous lui donnez et tout ce que vous lui avez déjà donné de bon. (Quand le moral est bas, regardez-le : son corps, son intelligence qui s'éveille, toutes ses capacités différentes qui se développent, c'est vous – tous les deux – qui les lui avez donnés.)

• Quand nos enfants acquièrent une certaine autonomie intérieure, un plaisir à s'activer par eux-mêmes sans avoir besoin de nous, **ils devien-**

---

1. Sauf peut-être pendant les deux ou trois premiers mois.

nent moins vulnérables à nos difficultés personnelles, à notre autoritarisme ou volonté de pouvoir, à nos préoccupations, à nos angoisses... En leur permettant d'acquérir une identité plus claire d'eux-mêmes à partir de leurs propres réalisations, nous les protégeons un peu de nous-mêmes et nous leur permettons de devenir plus solides.

• Pensez à ceci qui est source de difficultés à notre époque : nous voudrions les voir toujours heureux, joyeux : comme s'ils devaient vivre dans un bonheur permanent (ce qui indiquerait que nous sommes de « bons parents »). Il n'en est rien : **le bonheur permanent n'existe pas** et le vouloir pour un enfant (sauf dans ses premières heures de vie peut-être) est le faire vivre dans la recherche permanente de quelque chose d'impossible : c'est risquer, au contraire, qu' il se sente toujours malheureux. Nous en sommes maintenant convaincus : **le bonheur c'est réaliser ses capacités dans la réalité telle qu'elle est, avec les efforts et les frustrations que cela suppose.** Et nous savons qu'à trop protéger un enfant, nous l'empêchons de développer ses capacités et de trouver ses propres solutions. C'est sans doute en leur permettant de vivre en intégrant les difficultés de la vie, que nous serons de « bons parents ».

Il y a des périodes où tout va bien et d'autres où c'est plus difficile

Profitez de ces moments de tendresse et d'émerveillements : ils sont inoubliables et nourrissent votre vie future. D'autres moments seront différents...

• **Si vous êtes débordés, fatigués,** avec trop de travail ou de soucis, veillez à préserver des moments de plaisir ensemble, même s'ils sont courts, et à ne pas compenser par des objets matériels ou par trop de laisser-faire en le plaignant un peu. Obligé de solliciter davantage ses propres ressources, et sentant votre amour, il en sortira peut-être plus fort pour l'avenir. Mais si vous le confiez, soyez d'autant plus attentifs à ce que nous avons dit de l'importance de l'accueil.

Rappelez-vous : c'est jusqu'à 3-4 ans que les enfants ont le plus besoin d'une relation très proche avec leurs parents ; après, ils sont plus solides. (Pensez-y pour vos projets comme les travaux dans la maison ou les voyages lointains... : sont-ils urgents ou peuvent-ils attendre un peu ?)

Pensez que, à cet âge, les enfants ont peu de besoins matériels (jouets, aménagements de la chambre, etc.), contrairement à ce que les médias et notre société de consommation essaient de vous faire croire. Beaucoup d'économies sont possibles – et souhaitables. Aux amis surpris de la simplicité de la chambre, vous pourrez faire observer la richesse de ses jeux, le calme de votre petit et comme il est peu quémandeur. Ils seront aussi surpris et... comprendront peut-être...

À l'époque des chèques-cadeaux, pourquoi ne pas demander quelques heures de baby-sitting ou de femme de ménage, une soirée pour vous deux, un week-end en famille, ou tout aménagement pratique ? **Le cadeau fait à l'enfant, ce sont ces bons moments avec papa et maman qui sont irremplaçables**[1]. Le temps passe très vite et cette petite enfance sera bientôt terminée.

• **À l'opposé sont les mamans qui ont décidé de s'occuper de leurs enfants** (avec joie et conviction souvent). Certaines le gèrent avec beaucoup de bonheur et d'activités variées. D'autres se centrent avec excès sur ce ou ces tout-petits, allant jusqu'à les stimuler à outrance, risquant ainsi de les voir devenir agités et exigeants. D'autres enfin, peu à peu, se sentent enfermées, harcelées par les tâches ménagères, ou désespèrent de trouver le travail dont elles et la famille auraient bien besoin. Certaines aussi sont seules pour élever leurs enfants.

Les pères interviennent souvent moins « puisqu'elles sont là ». Du coup, elles vivent en direct toutes les émotions de la famille, les conflits prennent des dimensions importantes et elles n'ont pas assez de dérivatifs pour prendre du recul. Certaines peuvent déprimer, car elles utilisent trop peu toutes les capacités qu'elles portent en elles.

Si vous vous sentez dans, ou glisser vers, cette situation, **réagissez tout de suite** : sortez, demandez-vous ce qui vous intéresse, vous, et trouvez

---

1. Que représente, à côté de ces moments, la énième peluche qu'il ne touchera pas, une décoration de chambre, ou un cheval à bascule carrément néfaste ?

258 ♦ L'éveil de votre enfant

le moyen de réaliser quelque chose pour vous. Pour que chacun puisse réaliser sa vie, il faut que vous réalisiez la vôtre.

Rappelez-vous que sans difficultés à assumer eux-mêmes, les enfants deviennent dépendants, exigeants, sans pouvoir découvrir leurs propres capacités... Utilisez les haltes-garderies ou battez-vous pour qu'il en existe (de bonne qualité). Allez au square, échangez de bonnes adresses et des recettes... D'autres mamans ont peut-être besoin de vous.

Les grands-parents sont extraordinairement précieux pour permettre aux enfants de vivre des moments plus détendus pendant que « maman récupère ». Mais ils peuvent habiter loin et, pour mûrir soi-même, il est parfois bon de ne pas trop compter sur ses parents. Alors, osez faire ce qui, en France du moins, n'est pas très évident : frappez à la porte de vos voisins, demandez un service, vous pourrez aussi leur en rendre... ils se sentent peut-être aussi isolés que vous ! Faites-vous confiance, vous avez votre valeur. Si ça ne marche pas, vous essaierez ailleurs, mais peut-être seront-ils surpris et contents. Chacun de nous a quelque chose à apporter à d'autres.

• Enfin, nous avons évoqué plusieurs fois comme l'arrivée des enfants peut fragiliser un couple. Les différences de conceptions éducatives, héritées de l'histoire de chacun, sont souvent difficiles à gérer, surtout si un des enfants manifeste quelques difficultés... Nous savons qu'il ne tire pas de profit à être le centre de la famille ni à mobiliser toute l'énergie de ses parents. Par contre, il a besoin de sentir entre eux une bonne qualité d'échange. N'hésitez pas à chercher l'aide d'un tiers dont la présence vous permettra de vous parler, d'aller jusqu'au bout de ce que vous avez à dire et peut-être de dissiper des malentendus ou d'élaborer une meilleure organisation. Chacun peut retrouver sa place entière en respectant les différences. Il se peut qu'après cette « épreuve », votre couple ressorte plus riche et plus vivant[1].

---

1. En plus des psy et bien que peu nombreux encore, il existe des médiateurs familiaux qui n'ont rien à voir avec la justice et qui aident à résoudre n'importe quel type de conflit.

Quand cet enfant est « difficile »

Il peut manifester à certains moments des réactions ou des difficultés qui vous étonnent ou vous inquiètent : manifestation saine de croissance ou difficulté réelle dans son développement ? Comment faire la différence et l'aider à passer le cap ?
Il est possible que quelque chose ne lui convienne pas dans l'organisation de sa vie ou qu'il réagisse à des difficultés (conscientes ou non) qui sont les vôtres.

• Première chose, avant de dire « il ne faut pas culpabiliser », distinguez bien deux formes de culpabilité :
– une culpabilité « malsaine » dans laquelle vous macérez et qui ne permet pas d'avancer : « je ne suis pas à la hauteur, etc. » ;
– une culpabilité « utile » qui permet de se rendre compte avec réalisme et courage de ce qui n'est pas au point dans vos attitudes, votre comportement, etc. À ce moment, les reproches, que vous vous adressez **avec raison**, vous aident à rectifier les choses.
Il n'y a pas de honte à avoir, bien au contraire ; chacun de nous se doit de progresser et il n'y a que la prise de conscience de nos manques qui nous le permette. À côté, il y a bien du positif !

• Si votre enfant dort mal, se referme un peu sur lui-même, pleure pour un rien ou fait partie de ces enfants agités pour lesquels certains utilisent, à tort le plus souvent, le terme « hyperactif », **ne restez pas impuissants**, débordés ou pensant que « ça s'arrangera » ; demandez-vous ce qui ne lui convient pas en ce moment. Devant le grand nombre d'enfants qui actuellement dorment mal ou sont agités, beaucoup de personnes semblent oublier qu'il existe des bébés calmes, heureux de vivre, qui dorment et mangent sans problème. Les adultes, y compris souvent les médecins, sont beaucoup plus attentifs à la santé physique qu'à la santé psychique des enfants. Le symptôme est utile, c'est une sorte de clignotant, l'enfant nous « dit » : « Quelque chose ne va pas, j'ai besoin d'aide. »

PENSEZ À PRENDRE DU RECUL

Quand un enfant vit une période difficile, la relation avec lui prend une intensité plus grande : inquiétude, sentiment d'échec, gêne par rapport à l'entourage, agressivité, fatigue, moments de découragement, tensions dans le couple parfois, émergence d'émotions intenses, réveil du passé mais sans qu'on en soit conscient. Alors, bien souvent, les attitudes inconscientes se manifestent davantage que celles que nous avions décidé d'avoir, bien au calme. Parfois « on ne se reconnaît plus ». Les semaines et les mois peuvent passer et on peut se retrouver dans un imbroglio difficile à dénouer.

Si vous passez un tel moment, n'attendez pas, prenez du recul, vous trouverez difficilement une solution si vous restez dans la même bulle que ce tout-petit qui vous en fait déjà voir autant ! Prenez le large, partez un week-end en couple, confiez-le quelques jours s'il n'est pas trop petit ou seulement dans la journée, ou faites venir quelqu'un à la maison[1]. Allez avec lui chez des amis qui s'en occuperont…

Vous pourrez regarder un peu de l'extérieur ce qui se passe – ce qui ne va pas et ce qui est bon, ce qu'il cherche, comment il peut s'en sortir – et vous retrouverez (un peu de) vos capacités à vous, vous vous retrouverez vous-même. Respirez, sentez votre corps, retrouvez le plaisir à vivre tel(le) que vous êtes. Lui « se reposera » de vous, pourra peut-être perdre un peu de ces automatismes qui sont en train de s'installer.

Voyez ce que vous pouvez changer, mettre en place. Faites-vous confiance, recherchez ce qui peut vous donner du plaisir à chacun et ensemble. Et les choses vont peut-être s'améliorer… Continuez à être attentif(ve).

Encore une fois, si c'est insuffisant, n'attendez pas pour aller en parler à quelqu'un de compétent qui mettra peut-être le doigt sur ce qui ne va pas, vous permettant d'en sortir rapidement.

• Ce livre vous aura donné beaucoup d'éléments de compréhension sur le fonctionnement et les besoins des enfants, des idées pour y répondre et améliorer ce qui ne va pas. Essayez réellement de les utiliser. L'expérience des consultations montre qu'il peut se produire des améliorations rapides.

---

1. Avec quelques précautions à prendre (voir chapitre 7 sur les séparations).

Si c'est insuffisant : nous avons évoqué plusieurs fois la possibilité d'entretiens avec des professionnels, qui donnent lieu à des échanges intéressants ; souvent, vous verrez rapidement, une amélioration.

Laisser s'enkyster les difficultés d'un enfant, même très jeune, peut être dangereux pour l'avenir : les habitudes prises se perdent difficilement alors que plus il est petit, plus la vie peut reprendre avec confiance, calme et plaisir !

Il s'agit parfois de choses simples qui vous faciliteront la vie.

Vous aurez peut-être aussi à réfléchir à **des attitudes plus intérieures** venant de votre éducation, de votre histoire ou de celle de votre famille, d'événements douloureux que vous croyiez oubliés et que la présence de votre petit enfant ravive de façon imprévue. En y travaillant, vous pourrez libérer beaucoup d'énergie. (Ces spécialistes auront toute estime pour vous : ils ont dû, pour leur formation, faire un travail de réflexion sur eux-mêmes ; ils le continuent souvent tout au long de leur exercice professionnel... ils savent donc ce que c'est !)

Ne vous affolez pas : nous sommes tous influencés par l'éducation que nous avons reçue, même si intellectuellement nous prenons une distance et que nous voulons surtout ne pas reproduire ce que nous avons subi.

> Une jeune femme a souffert des attitudes trop exigeantes de sa mère. Elle ne veut surtout pas les reproduire avec sa fille : elle est très cool pour les soins et l'ensemble de la vie. Et voici que, plusieurs jours de suite, le bébé ne veut pas boire au biberon les quantités « prévues ». La jeune femme supporte mal, elle a des accès de colère. Les relations se détériorent un peu : elle anticipe les difficultés du repas suivant. Elles s'entêtent toutes les deux, la maman devient plus exigeante et ne veut pas « céder ». Le bébé pleure et dort moins longtemps...

> Un père est horrifié des fessées qu'il a données à son fils de 4 ans qui n'obéit pas et s'est roulé par terre, alors qu'il en veut tellement à chacun de ses parents de lui en avoir donné.

Nous avons très souvent accumulé du ressentiment contre nos parents, et familles élargies parfois. Les reproches côtoient l'amour que nous éprouvons pour eux.

De même que nous ne sommes pas détruits par la colère de notre petite fille disant : « Je t'aimerai plus jamais », de même nous ne détruirons pas nos parents, ni l'amour que nous éprouvons pour eux, si nous reconnaissons aussi le regret ou la colère de ce qu'ils nous ont fait vivre. Le reconnaître et, si possible, en parler avec eux libère une grande énergie (cette énergie utilisée à nous « défendre » contre ces pensées...). Et deviendront plus rares ces actes manqués qui nous « échappent », blessent l'autre et nous épuisent parfois : « Pourquoi me suis-je encore mis en colère ? Pourquoi avoir dit ces paroles blessantes qui ne vont faire qu'empirer la situation ? »[1].

Demandez donc de l'aide si vous en êtes gênés. Les thérapies analytiques peuvent parfois être nécessaires mais il existe maintenant d'autres formes de thérapies, individuelles ou en groupes, beaucoup plus légères et actives, dont les fruits se font rapidement sentir. Ces « groupes d'évolution personnelle » peuvent être passionnants (assurez-vous de leur sérieux) et se déroulent souvent dans une atmosphère sympathique.

Il n'y a là aucun déshonneur : on accepte bien sans problème d'aller voir l'ophtalmologiste ou le cardiologue[2].

Sachez surtout qu'il ne suffit pas d'un rapprochement intellectuel : vous **savez** que vous avez vécu ceci ou cela dans votre enfance et, pourtant, cela ne change rien... En effet, ce qui soulage, c'est **d'exprimer l'émotion qui y est liée** : pleurs, rage, colère, angoisse, tristesse... à une personne en qui on a confiance. (parfois, même, devant le bébé s'il est directement concerné). Il faut donc chercher... et trouver cette personne et ce lieu.

---

1. Dans ce domaine, vous serez très intéressés par le livre d'Isabelle Filliozat, *Je t'en veux, je t'aime*, Lattès, 2004.
2. A. Miller (*Le Drame de l'enfant doué*, PUF, 1983) nous a montré comment les troubles affectifs surviennent plus souvent chez les enfants riches et sensibles.

Conclusion

La vie avec un petit enfant est tendresse et moments de bonheur. Elle n'est pas une fin en soi : elle ouvre, prépare, fonde la vie future. D'après les dires des parents, les enfants ayant démarré leur vie de la manière décrite dans ce livre sont en général (de façon différente bien sûr, selon leur tempérament, leur histoire, etc.) stables et concentrés dans leurs activités, curieux, autonomes, cherchant leurs propres solutions avant de solliciter les adultes. Ils sont plutôt à l'aise et confiants avec les adultes et les autres enfants ; ils se mettent rarement dans des situations matérielles dangereuses. (Ce sont là des atouts précieux pour démarrer la scolarité...)

Ils n'échappent pas aux périodes d'opposition, violentes parfois, et sont comme les autres confrontés aux multiples sollicitations matérielles et sociales de notre société. Leurs parents semblent souvent moins démunis que d'autres, ayant fait l'expérience de cette confiance possible, en leur enfant et en eux-mêmes.

D'autres cultures expriment cette confiance en chaque enfant différemment.

> En témoigne l'histoire de cette stagiaire française venue en Inde travailler dans une école. Elle fut intriguée par l'observation suivante : chaque matin, l'institutrice s'inclinait respectueusement devant chaque enfant lorsqu'il entrait dans sa classe. « Que signifie ce geste ? » demanda-t-elle. Silence, puis vint la réponse : « Ceci veut dire : "Je m'incline devant le dieu qui est en toi[1]." »

---

1. Cité par P. Lagier, congrès de Budapest, 1996.

Peut-on y voir le même respect que celui d'E. Pikler devant ce qu'elle voyait à l'œuvre en chaque enfant quelle que soit son origine, et qui le pousse à progresser sans cesse, en étant le sujet de sa propre progression ?

Cette énergie à grandir et à se réaliser soi-même, observée chez nos bébés – et qui fait la spécificité de l'être humain sans doute... –, n'a aucune raison de disparaître quand ils vont grandir. Il sera utile de nous le rappeler plus tard quand nous observerons l'originalité et les voies personnelles, parfois déroutantes, de chacun...

Cette confiance en eux, et en nous-mêmes, acquise et confortée peu à peu, dès qu'ils sont petits, nous aidera à les accompagner tout au long de leur adolescence avec la solidité et la conviction suffisantes, nous rappelant toujours que, à trop aider et protéger, nous les empêchons d'affronter et de vaincre eux-mêmes leurs appréhensions et leurs peurs.

Chantal de Truchis
Ollioules, juillet 2008

Pour en savoir plus

Bibliographie

♦ *Ceux qui aident tout de suite*

M. THIRION, *Le Sommeil, le Rêve et l'Enfant*, Albin Michel, 2002.
F. LEBOYER, *Shantala*, Le Seuil, 1976.
T. GORDON, *Parents efficaces*, Marabout, 2007.
I. FILLIOZAT, *Au cœur des émotions de l'enfant*, Lattès, 1999.
La revue *L'Enfant et la Vie*, le « trimestriel des parents chercheurs », inspirée de
 M. Montessori (79, rue de Trie, 59510 Hem – lenfantetlavie@free.fr)

♦ *Pour aller un peu plus loin, il y en a beaucoup...*

Association Pikler-Lóczy, « L'activité libre du jeune enfant », *Métiers de la petite
 enfance*, Elsevier-Masson, 2008.
M. DAVID et G. APPELL, *Lóczy ou le maternage insolite*, Érès, coll. « 1 001 bébés »,
 n° 94, 2008.
I. FILLIOZAT, *Je t'en veux, je t'aime*, Lattès, 2004.
C. BRISSET et B. GOLSE, *L'École à deux ans : est-ce bon pour l'enfant ?*, Odile
 Jacob, 2006.
S. H. FRAIBERG, *Les Années magiques*, PUF, 1986.

Adresses

◆ L'Association Pikler-Lóczy de France :
26, bd Brune, 75014 Paris
Tél. : 01 43 95 48 15
Site : www.pikler.fr
Mail : pikler.loczy@pikler.fr
Vous y trouverez informations et documents sur les recherches actuelles de l'Institut, et sur les formations proposées.

◆ Pour connaître les adresses des Maisons Vertes :
Tél. : 01 40 51 72 05

◆ Et celles des « Maisons ouvertes » :
École des parents et des éducateurs
Tél. : 01 44 93 24 10

Table

PRÉFACE À LA 3ᵉ ÉDITION 9
par le Pr Bernard Golse

INTRODUCTION.. 13

1. DÉCOUVRIR UN BÉBÉ 19

Les découvertes récentes sur les bébés................................ 19
La capacité d'activité libre chez le tout-petit........................ 23
    Le dynamisme intérieur du tout-petit.............................. 23
    L'Institut Pikler.. 24
Un regard différent.. 27
    La confiance... 27
    Une relation de collaboration 27
Le plaisir 28

2. LES SOINS QUOTIDIENS, MOMENTS D'ÉCHANGE, MOMENTS PRIVILÉGIÉS   31

Comment prendre et porter votre bébé.......................... 31
Les soins du corps 35
    La toilette 35
    Les soins désagréables.. 46
    Les soins médicaux.. 48
Les contacts corporels 49
    Un moyen de « faire connaissance » 49

Les massages et les caresses 50

Le sommeil 52

Les repas 53

Préparer le moment du repas 53

Une nourriture affective et psychique 54

La participation active du bébé 58

La composition des repas 64

Les horaires 66

3. LE TEMPS « ÉVEILLÉ », OU LA LIBERTÉ DE MOUVEMENT ET D'ACTIVITÉS   69

Ce que nous pouvons observer 70

Sur le dos, tous les bébés sont actifs 70

Un rythme propre à chaque enfant 73

Des manipulations fines 76

Où s'enracine l'intelligence 77

La richesse de ses expériences émotionnelles 77

La capacité d'autorégulation 79

Une sécurité intérieure 80

Ce qu'apporte la liberté de mouvement 82

L'harmonie des gestes 82

Un schéma corporel très précis 84

L'enfant mesure ses possibilités 85

Peu de sentiment d'échec 87

Concentration et créativité 88

La capacité d'être seul 90

Concrètement, quel est le rôle des parents ? 91

Ne posez jamais votre bébé dans une position
qu'il ne maîtrise pas 92

Favorisez sa liberté de mouvement 97

Aidez-le très peu dans ses entreprises 99

Ne lui apprenez à peu près rien au sens d'enseignement 104

Ne suggérez pas d'objectifs irréalistes 107

Pourquoi ces attitudes sont-elles si importantes ? 110

L'aide aux enfants qui ont eu, ou ont encore, des difficultés 112

4. Les jouets et les aménagements 117

L'aménagement de l'espace 117
  Les bases de l'aménagement 117
  Enrichir l'espace 118
  Un espace à lui 120
  Le parc, un espace protégé 121
Les jouets de la première année 122
  Les objets et jouets utilisés en « activité libre » 122
  Les objets qui suscitent la concentration 124
  Un peu plus tard 125
  Quelques « jouets » à l'intérêt discutable 127
L'âge de l'exploration (10-12 mois à 15-18 mois) 131
  Sa chambre ou son coin à lui 132
  La maison que l'on explore 133
  Dehors 140
Le début des activités organisées (15-20 mois) 141
  Favoriser l'initiative 141
  Permettre l'intervention dans les activités de la maison 142
  De nouveaux jeux 145
  À chacun son rythme 145

5. La force des émotions 147

La proximité du nouveau-né avec sa mère 149
Les pleurs 151
  Entendre 152
  Les pleurs du soir 154
  Les pleurs avant de s'endormir 155
  Pleurs par impossibilité d'investir ses capacités motrices 156
  Les pleurs de soulagement 157
  Les pleurs, écho d'une souffrance psychologique 159
  Quelques suggestions d'aide 159
  Que penser de la sucette ? 160
Aider un tout-petit à se « rassembler » 162
Pouvoir exprimer ses émotions 165
  La joie 167
  Lui parler, oui, mais écouter avant de parler 167

Parler ou expliquer ne supprime pas la difficulté...................... 171
Respecter l'amour-propre 173
Morale ou compréhension ?................................... 173
Les adultes aussi ont leurs émotions 174

6. L'APPRENTISSAGE DE LA RÉALITÉ ET DE LA VIE SOCIALE...................... 177

Quelques prises de conscience pour les parents 178
Le bébé n'est pas le centre du monde................................ 178
Trois conceptions de l'éducation 179
Se représenter ce qui est possible et ce qui est interdit............... 182
Du côté des parents.. 182
Du côté de l'enfant... 191
Permettez-lui de faire ses expériences...................... 195
Les comportements d'allure agressive...................... 200
Quelques moments particuliers 203
Et nous encore ! 205
Apprendre à être propre...................................... 208
Attendre la maturation physiologique 208
L'« apprentissage » se fait par étapes...................... 209

7. LA SÉPARATION, HISTOIRE DE TOUTE VIE HUMAINE............................ 215

L'apprentissage de la séparation 216
Premières expériences....................................... 224
Quand on se quitte 224
Le temps de faire connaissance 225
Le temps de séparation.................................... 226
Quand on se retrouve 226
Les séparations plus longues................................ 228
Et pour vous ? 230
Quand ce sont les parents qui se séparent 231

8. ACCUEIL, MODE D'EMPLOI 237

L'accueil au quotidien...................................... 238
À la crèche 238
Chez l'assistante maternelle 243
Autres possibilités d'accueil 244

L'adoption, accueil fondamental..................................... 245
    Créer ce lien fondamental 245
    Un bouleversement intérieur 245
    Une adaptation progressive................................. 246
    Rester à l'écoute 248
    Attention aux séparations.................................. 249

9. POUR NOUS, LES PARENTS 253

Allégez votre tâche : incertitudes et désir de perfection............... 254
Il y a des périodes où tout va bien et d'autres
où c'est plus difficile... 256
Quand cet enfant est « difficile ».................................. 259

CONCLUSION.. 263

POUR EN SAVOIR PLUS 265

Composition IGS-CP
Impression CPI Bussière en mars 2016
à Saint-Amand-Montrond (Cher)
Éditions Albin Michel
22, rue Huyghens, 75014 Paris
www.albin-michel.fr
ISBN : 978-2-226-18745-1
ISSN : 1251-6791
N° d'édition : 18334/06. – N° d'impression : 2022307.
Dépôt légal : janvier 2009.
Imprimé en France.